보육교사론

신혜원 민성혜 김의향 신윤승 공저

양서원

머리말

보육교사의 전문성을 높이기 위해서는 예비보육교사 시기에 보육관련 전문지식 함양뿐만 아니라 영유아의 인권에 대한 신념을 확고히 수립해야 한다. 보육교사에게는 영유아가 건강하게 성장할 수 있도록 보호하고 그들의 권리를 존중해야 할 책임과 의무가 있기 때문이다. 또한 예비보육교사는 영유아발달 특성에 대한 이해를 토대로, 영유아를 적절한 환경만 제공하면 스스로 탐색하여 자신을 긍정적으로 발달시키는 능동적인 존재로 인식해야 한다. 그리고 영유아의 단점이 아닌 강점에 집중하여 격려하고 지지하는 관점을 형성해야 하며, 보육교사직 수행에 필요한 전문지식을 학습하고 활용하여 보육 현장에서 일어나는 많은 상황들을 설명하고 지원하는 계획 및 방법을 수립할 수 있는 능력을 갖추어야 한다.

이 책은 예비보육교사가 보육교사직 수행에 앞서 갖추어야 할 전문능력 함양을 위해 총 3부, 13장으로 구성하였으며, 이론과 실제를 연계성 있게 다루었다. 특히 영아와 유아의 발달 차이를 고려하여 보육 직무 내용을 제시하고자 노력하였고 영유아와 부모, 보육교직원 및 관련기관들과의 관계에서 필요한 직무를 실행할 수 있는 지침을 마련하고자 하였다.

제1부 '보육교사로서의 출발'에서는 보육교사직이란 무엇인지, 보육교사직을 수행하기 위해 갖추어야 하는 인성과 직무 내용에는 어떤 것들이 있는지 등을 다루어 보육교사직에 대한 이해를 다지고 올바른 관점과 신념을 갖출 수 있도록 하였다.

제2부 '보육교사직의 수행'에서는 보육교사의 자격기준, 채용과 처우 및 복무 등에 대한 기준을 설명하여 정확히 이해하도록 하였다. 또한 제1부의 내용을 통해 학습한 보육교사직의 신념과 관점을 적용하는 보육의 실제를 다루었다. 특히 보육 상황에서 자주 발생하는 어려움 및 문제해결 과정을 연습해 봄으로써 실무 능력을 증진할 수 있도록 구성하였다. 그리고 보육 현장에서 발생하는 딜레마와 갈등해결 과정을 통해 영유아를 존중하는 보육교사가

될 수 있도록 학습하게 함으로써 이론과 실제가 연계된 능력을 함양하는 데 중점을 두었다.

마지막으로 제3부 '보육교사의 성장'에서는 교사의 발달단계에 대한 이해를 토대로 이후 보육교사가 되었을 때 자신의 전문성을 발달시키고 미래를 설계할 수 있도록 각 발달단계에 필요한 내용을 제시하였다. 또한 다양한 사람과 관계를 맺어야 하는 보육교사직의 특성상 경험하기 쉬운 직무 스트레스에 대해 이해시킴으로써, 보육교사 스스로 스트레스를 관리할 수 있는 실제적인 방법을 학습하도록 하였다.

바쁜 일정에도 불구하고 현장의 생생한 사진들을 제공해 준 연세대학교 유진어린이집의 이민주 원장님과 출판을 허락해 주신 양서원의 박철용 회장님께 감사드린다. 마지막으로 집필 기간 내내 무한한 사랑으로 응원해 준 가족들에게 깊은 감사의 마음을 전한다.

다소 부족함이 있다 할지라도 이 책이 보육 현장에서 영유아의 건강한 성장을 지원하는 보육교사직 수행에 도움이 되기를 바라며, 예비보육교사들이 보육교사라는 직무가 진정으로 행복하고 가치 있는 일이라는 자부심을 가졌으면 한다.

2016년 4월

저자 일동

목차

PART 01

보육교사로서의 출발

1장 보육교사직 이해하기

2장 보육교사 인성

3장 보육교사 직무

CHAPTER 01

보육교사직 이해하기

1. 교사직의 이해
2. 보육교사직의 본질
3. 보육교사직의 의의

1. 교사직의 이해

교사란 누구인가? 결코 새로운 것이 아닌 이 용어에 대해 명확히 "이것이다"라고 단정적으로 이야기하기는 쉽지 않다. 대부분은 교직의 전문성에 대한 이야기로 흘러가거나 교사지향성, 교사의 직무, 교사의 역할과 자질 등으로 이야기가 넘어가기 일쑤이다. 현재도 '교사가 누구인가?'라는 질문에는 그저 '가르치는 사람'이라고만 이야기할 수 있을 뿐이다. 교사직에 대한 개념 정의를 찾기 위해 문헌이나 여러 연구들을 고찰해 보았지만 명확한 답을 얻지 못하기는 마찬가지였다. 본서에서 교사의 직무나 역할, 자질과 태도, 전문성에 대해 언급하겠지만 그러기에 앞서 직업으로서의 교사에 대해 잠시 언급하고 지나가고자 한다. 교사직만큼 많은 고민이 필요한 직업도 드물고 선택에 심혈을 기울여야 하는 직업도 없다고 보기 때문이다.

생각해 보기

다음 밑줄을 채운 후 함께 이야기해 보시오.

교사는 ____________________ 이다.

그렇게 생각한 이유는 무엇입니까?

____

본서에서는 교사직이 공공성을 띈 직업이라는 점, 한 종류의 노동이라는 점, 그리고 가르치는 기술과 관련된 장인이라는 점에 대해 설명해 보고자 한다.

첫째, 교사직에 대해 많은 사람들이 다소 인정(人情)적인 개념 정의를 한다. '대상을 사랑하고 존중하는 마음으로 가르치는 자'라는 개념 정의이다. 하지만 교사직이 헌법에 명시된 공공성을 띤 교육받을 권리와 연결되어 있다고 본다. 우리나라의 모든 국민은 헌법에 규정된 대로 교육받을 권리를 가지고 있다. 이에 교직은 헌법에 보장된 국민의 권리를 보장하려는 목적을 가진 공익적, 즉 공공성을 가진 직업이다. 그래서 일차적으로 교사는 '가르치는 일을 통해 국민의 권리를 보장하는 임무를 띤 자'라고 정의할 수 있다.

> 내가 제안하는 교육은 인간에게 적절한 모든 것을 포함하는, 그리고 이 세상의 모든 사람이 공유하는 교육을 의미한다. 우리들의 첫째 소망은 국적, 남녀노소, 빈부귀천에 관계없이 모든 사람이 충분히 교육되는 것이며, 우리들의 둘째 소망은 모든 사람이 몇 가지 지식, 기술 또는 능력, 특성에 국한되지 않고 전인격체로서의 인간본성을 완성하도록 교육되어야 한다는 것이다(김수천, 2005, 재인용).

이는 Comenius의 교육관을 이야기하는 문장이다. 이는 모든 교사가 염두에 두어야 할 내용이다. 우리나라 헌법에도 제시되어 있다.

> 헌법 제31조
> 1. 모든 국민은 능력에 따라 균등하게 교육을 받을 권리를 가진다.
> 2. 모든 국민은 그 보호하는 자녀에게 초등교육과 법률이 정하는 교육을 받게 할 의무를 진다.
> 3. 의무교육은 무상으로 한다.
> 4. 교육의 자주성, 전문성, 정치적 중립성 및 대학의 자율성은 법률이 정하는 바에 의하여 보장된다.
> 5. 국가는 평생교육을 진흥하여야 한다.

6. 학교교육 및 평생교육을 포함한 교육제도와 그 운영, 교육 재정 및 교원의 지위에 관한 기본적인 사항은 법률로 정한다.

교사는 일차적으로 이러한 국민의 권리를 적절히 보장받을 수 있도록 하는 중간자라고 해도 과언이 아니다. 그래서 교사가 되고자 하는 이는 국가에서 지정한 과정에 따라 자격을 갖추게 된다.

둘째, 교사도 한 명의 근로자이다. 우리나라 헌법 제32조 제1항의 규정에 따르면 모든 국민은 근로할 권리를 가지고 있으며 노동조합법 제4조에 따르면 근로자는 직업의 종류를 불문하고 급여와 이에 준하는 수입에 의해 생활하는 자라고 규정한다. 이에, 교사 또한 근로자이다. 직업을 선택할 때 자신의 생활을 영위할 수 있는 적절한 보수를 받고자 함은 직업선택의 중요한 동기이다. 교사가 전문직이라고 하는 데 가장 걸림돌이 교사의 보수일 수 있다. 최근에 특히 보육교사의 처우에 대한 논쟁이 있었음은 주지의 사실이다. 근로는 자신과 가족의 생활 유지 수단을 마련하기 위한 방편이며 사회적 · 경제적 지위를 결정하는 주요한 요인이다. 교사는 이러한 것에 합의하여 교사직을 택하는 근로자이다.

셋째, 교사는 가르치는 일이 무엇보다 적성에 맞고 교육에 관련된 기술을 가지고 그를 전문적으로 발휘하는 장인이라고 볼 수 있다. 교사 효능감과도 연결된다고 볼 수 있는 측면이다. 얼마나 능숙하게 학습을 운영하며 학습자가 학습에 능동적이고 적극적으로 참여하도록 하는가와 관련된다. 대상에 대한 충분한 지식과 이해를 가지고 상황에 적절하게 상호작용하고 문제 상황을 해결해 나간다. 이돈희(2000)도 교사 전문성 구성요인에 '효과적으로 지도할 수 있는 기술'이 포함된다고 하였고, 윤정일과 신효정(2006)도 교사의 전문성에는 교수기술이 포함된다고 하였다.

2. 보육교사직의 본질

보육의 개념을 이야기하라고 하면 보호와 교육이라고 설명한다. 보호는 양육(care)의 개념에 가깝다고 보고 있지만 교육의 개념이 대두되면서 영유아기의 발달을 촉진하는 교육적 역할도 강조되었다. 그러나 보육교사직의 본질에 대한 혹은 개념에 대한 연구는 많지 않은 상황이다.

보육교사는 보육의 개념을 실행에 옮기는 사람이라고 할 수 있다. 즉, 보육교사는 심신의 보호와 건전한 교육을 통하여 영유아를 건강한 사회구성원으로 육성하고, 더불어 보호자를 지원하여 궁극적으로는 가정 복지 증진에 기여하는 자라고 할 수 있다. 무엇보다 보육교사는 영유아들을 대상으로 영유아가 자신의 잠재력을 충분히 발휘하고 성숙한 인격을 가진 기능적인 인간으로 성장 · 발달할 수 있도록 돕는 사람을 의미한다(민성혜, 신혜원, 김의향, 2012).

보육교사직의 본질에 대한 고민은 그동안 '역할'이나 '자질', 그리고 '의무' 등으로 다루어져 왔다. 그러나 본서에서는 예비보육교사의 이해를 돕기 위해 보육교사에 대한 10개의 비유를 통해 살펴보고자 한다.

1) 보육교사는 사랑이 많은 사람이다.

많은 영유아들을 돌보는 일은 쉽지 않다. 한 가정에서 한 명의 아이를 돌보는 것도 쉬운 일이 아닌데 다수의 영유아들을 안전하고 건강하게, 발달을 촉진하면서 보육하는 것은 쉬운 일이 아니다. 그런 이유로 보육교사에 대해 많은 이들은 "아이를 정말 좋아하고 사랑이 많은 사람"이라고 비유한다.

보육교사의 많은 면들을 설명해 주는 비유임에 틀림없다. 매일 아침 등원하는 아이들을 밝은 미소로 환영해 주고 보육시간 내내 건강을 책임지며 정서적 안녕까지 돌보기 때문이다. "선생님~"이라고 아이들이 부르면 웃으면서 대답하고 그들의 욕구를 충족시켜 주는 사랑이 많은 사람이다.

"힘들지 않으세요?"라는 학부모의 질문에 김 선생님이 답했다.
"힘들어요. 그래도 아이들 웃음만 보면 전 피로가 다 풀려요."

2) 보육교사는 신체적으로 힘든 일이다.

보육교사는 거의 쉬는 시간 없이 매일 영유아들을 돌보는 사람이다. 그래서 신체적으로 힘든 것이 사실이다. 0세반의 경우 세 명의 영아들을 돌본다고는 하나 아직 많이 안아 주어야 하고 기본적인 욕구를 충족해 주어야 하는 연령이므로 세 명의 영아들을 돌보는 것은 신체적으로 매우 힘든 일이다. 영아반 초임교사들의 경험을 질적으로 연구한 박선미, 신세니, 조희숙(2009)의 연구에 따르면 영아반 초임교사들은 기관에서 하루를 살아야 하는 아이들에게 지속적으로 교육적인 경험을 제공해 주어야 한다는 교사로서의 현실적인 부담감을 가지고 있었다. 교사의 직무가 영유아 보육, 건강관리 및 보호자와의 상담, 그 밖에 어린이집 관리 · 운영 등임을 볼 때 직무 자체가 신체적으로 힘든 일임은 명확하다(조혜진, 김옥주, 2012).

"전 이상해요. 금요일 밤부터 무지 아프거든요. 열도 나고 거의 토요일과 일요일은 누워서 지내요. 그런데 월요일 아침이 되면 언제 그랬냐는 듯이 벌떡 일어나게 된답니다. 영락없는 선생인가 봐요."

3) 보육교사는 만능인이다.

보육교사가 신체적으로 힘든 일이라는 은유와 연결되는 문구이지만 현장에서 보육교사들을 만나 보면 '만능인'이라는 생각이 가장 많이 든다. 보육교사가 서 있는 모습을 보면 그 뒤에 영유아들이 대체로 5~10명 정도 있다고 가정해 볼 수 있다. 한 명 정도는 울고 있을 수 있고 몇 명은 다투고 있을 수도 있다. 그러나 보육교사는 누구보다도 전문적으로, 그리고 기술적으로 교실 상황을 운영하는 자로서 만능인이라고 칭해도 지나침이 없다. 경력이 쌓이다 보면 영유아들의 입술색만 봐도 건강 상태를 알아볼 수 있고, 선생님을 찾는 목소리만으로도 왜 찾는지를 알아차릴 수 있기 때문이다.

"얘들아, 실외놀이터 나갈 시간이네. 우리 이제 세 살이니까 혼자서 옷 입어 볼까?"

"네!"

"그래, 옷 입고 교실 문 앞에 한 줄 서기 하자. 천천히 걸어서~ 교실 문 앞에 도착하면 자리에 앉기!"

4) 보육교사는 진정한 공부를 하는 사람이다.

보육교사는 직무교육과 승급교육 이외에도 영유아들에게 적절한 교육을 시키기 위해 많은 공부를 해야 하는 사람이다. 새로운 활동들을 연구하고 같은 동화라도 다른 방식으로 전달하기 위해 준비해야 하고, 보육대상 아이 중에 특별한 행동을 보이는 아이가 있으면 그 행동의 특징과 문제점을 분석하기 위해 공부하고 자기평가와 장학, 동료장학도 이루어진다. 장학활동을 통해 자신의 수업방식에 대해 반성하고 수정 · 보완하게 되며 이러한 경험이 쌓이면 후배 교사가 들어왔을 때 적절한 도움을 주게 된다.

"원장선생님, 성태가 온 지 얼마 안 되어서 그런지 밥 먹을 때 엄마를 많이 찾아요. 제가 끼고 앉아서 먹여도 되지만 다른 아이들도 도와야 해서요. 이럴 때는 어떻게 하는 것이 좋을까요?"

5) 보육교사는 제작자이다.

점점 영유아들은 영특하게 태어나고, 출생 초기부터 많은 방법을 통해 교육을 받아 어린이집에 입소할 때 이미 많은 경험을 하고 오는 경우가 있다. 고정적인 원비를 받아서 매일매일 새로 구입한 놀잇감으로 수업을 할 수도 없고 그렇다고 몇 개의 놀잇감으로 1년을 보낼 수도 없다. 교육적으로 필요하다면 제작도 해야 하고 영유아들의 발달단계에 맞추어 제시하기 위해서 교수자료를 살펴보고 수정 · 보완도 해야 한다.

흥미롭게도 어린이집들을 방문하면 교사들 사이에서 '가위손'이라고 불리는 교사가 있다. 모든 보육교사들이 다 교구나 교수자료를 잘 만들 수는 없다. 최근에 많이 생겨난 유아교사 혹은 보육교사 카페에서 도움을 받을 수 있다. 그러나 본인이 보육하는 영유아들의 연령에 맞게 크기를 정하고 쉽게 망가지지 않도록 단단하게 제작하는 것이 필요하다.

> "선생님, 작년에 선생님이 만드신 것 중에 10조각 퍼즐 교통기관 있던데 한 조각이 없더라고요. 그거 보수해서 제가 이번 달에 써도 되나요?"

6) 보육교사는 검색유능자이다.

최근에는 인터넷의 발달로 수많은 정보를 쉽게 얻을 수 있게 되었다. 교사들이 보육하는 영유아들은 2030~2040년의 사회를 담당할 인재들이기에 현재 '정보'로 이미 확정된 것들을 지도하기에는 부족함이 있다. 세상은 빠르게 변화하고 있고, 그에 대한 정보들이 인터넷에 있다. 따라서 보육교사는 검색유능자가 되어야 하고 검색한 정보들을 영유아들의 발달 수준에 맞게 제시해 주고 설명해 주는 능력 또한 보유하고 있어야 한다.

> "얘들아, 어제 우리 미끄럼틀에서 물 뿌리는 놀이할 때 폭포 같다고 했지? 그래서 선생님이 전 세계에서 제일 큰 폭포들을 찾아봤어. 같이 한 번 볼까?"

7) 보육교사는 재미있는 사람이다.

어린이집의 교실에서 웃음꽃이 핀다. 안정애착은 반복적으로 즐거운 경험을 할 때 형성될 가능성이 높다(민성혜 등, 2012). 영유아들이 편안하게 어린이집을 가정처럼 느끼며 생활하도록 돕기 위해서는 교실에 유머가 넘치고 서로 보고 웃는 경험들이 많아야 한다. 친구가 재미있는 이야기를 하면 교사도 아이들도 함께 웃고 친구가 새로운 작품을 만들면 다같이 모여 박수도 치고 칭찬도 해 주는 분위기를 만드는 것이다. 보육자라면 "야, 그게 웃기냐?"라는 말보다는 "우아~ 정말 재밌다"라는 말을 사용해야 한다.

"우아, 그거 누구 흉내 내는 거야?"
"개그콘서트에 나오는 거예요. 선생님 이거 몰라요?"
"하하하, 너무 재미있다. 나도 가르쳐 줘. 이렇게? 하하하."
"히히 선생님~ 그렇게 말고요. 이렇게 해 보세요."

8) 보육교사는 반 의료인이다.

영유아들은 말로써 자신의 몸 상태를 이야기하기 어렵다. 지나가면서도 아이들의 얼굴과 목덜미, 손을 만져 보는 보육교사는 반(半) 의료인이다. 얼굴이 빨개진 아이의 얼굴만 봐도 더워서 빨간 것인지 열이 나는 것인지 알 수 있고, 손이 차면 지금 막 손을 씻어서 찬 것인지 체한 것인지 알 수 있다. 다친 상처를 보면 소독만 해도 되는 상처인지 병원에 가서 치료를 받아야 하는지 알 수 있고, 물집의 형태만 봐도 데인 것인지 아니면 특정 질병으로 인한 것인지를 알 수 있다.

"주임선생님, 현태 목에 빨간 반점들이 생겼어요. 한 번 봐 주실래요?"
"저런~ 언제부터 그래요? 열은 안 나고요?"
"오늘 아침에 등원할 때 보니까 그렇더라고요. 열은 안 나요."

"아, 그럼 어머니께 전화 드려서 어제저녁에 뭐 드셨는지 물어보세요."

9) 보육교사는 유능한 조직인이다.

보육교사는 사회인이고 한 조직의 구성원이다. 원장과의 관계를 형성하고 동료 교사들과 원활한 관계를 유지하면서 조직 내에서 자신이 조직 구성원으로서 해야 할 일을 감당하는 사람이다. 전체 행사를 진행할 때 역할을 분담하여 수행하며 조직이 경제적으로 어려울 때는 함께 힘을 합해 절약하는 구성원이다. 또한 어린이집의 교육이념이 적절히 전개될 수 있도록 노력하는 구성원이다.

"이번에 누가 토요근무 하지요?"
"네, 이번 토요근무자는 저입니다. 어린이집은 제게 맡기고 편안한 토요일 보내세요!"

10) 보육교사는 상담자이다.

보육교사는 영유아와 관련된 상담을 하는 사람이다. 부모들은 교사에게 자신의 자녀에 대한 상담을 하고 때로는 가족의 대소사도 의논하게 된다. 특히 자녀에게 어려움이 있는 경우나 특별한 상황(예: 장애)에 놓인 경우 교사와 부모는 수시로 상담을 하게 된다. 상담은 일정한 훈련을 받는 것이 좋다. 대학교에서 보육 관련 과목을 들은 것만으로 상담하는 것은 다소 위험하다. 만약 갑자기 부모가 가족생활에 대한 상담을 원하는 경우 본인이 상담을 하는 것이 적절하지 않다고 판단되면 원장이나 주임교사에게 그 역할을 넘기는 것도 현명한 방법이다.

"선생님, 우리 아이가 어린이집에서는 잘 먹는다고 하는데 집에서는 먹여주지 않으면 아예 먹지를 않아요. 어떻게 하면 될까요?"
"네, 집에서는 잘 먹지 않아도 된다고 생각한 거죠. 어린이집에서는 자기가 스스로 밥을 받고, 식사예절도 잘 지키고, 젓가락질도 잘하거든요. 다 먹으면 식기 정리도 잘하고요. 우선 집에서 어린이집에서의 식사 습관을 칭찬해 주시고요. 처음에는 밥 양을 좀 줄인 상태에서 식습관 지도를 해 주시면 좋아요."

생각해 보기

1. 각자의 의견을 적으시오.

   보육교사는 ______________________ 이다.

   그렇게 생각하고 적은 이유는 무엇인가?

   ____

   ____

   ____

2. 우리 조 의견 중 가장 동의를 많이 얻은 의견을 발표하시오.

3. 보육교사직의 의의

1) 국가·사회적 의의

대한민국에서 보육이 가지는 국가적 의의는 보육정책의 변화에서 쉽게 찾을 수 있다. 저출산·고령화 현상은 보육에 대한 필요성을 주장하기에 부족함이 없다. 최근 들어 보육서비스가 여성정책이나 아동정책 혹은 사회복지정책의 한 분야로서 차지하는 비중이 점차 늘어나는 이유는, 만약 국가에서 지원하는 보육서비스에 대한 신뢰가 있으면 저출산이 해결될까 해서이다.

우선 국가의 보육에 대한 관심은 보육재정 지원에서 나타난다. 2003년 3,000억 원 규모였던 중앙정부 보육재정은 보육료 지원 확대가 본격화된 2004년 4,000억 원

규모로 30% 정도 증가하였고 이명박 정부 초기인 2008년 1조 4,000억 원, 박근혜 정부 초기인 2013년에는 4조 1,300억 원으로 증가하였다. 2014년에는 5조 2,700억 원으로 늘어났다. 주요 보육지원 정책 추진 성과는 그림 1-1 에서 확인할 수 있다.

	추진 항목	추진 성과
보육비 부담 경감	차등보육료	저소득층 중심 → 중산층으로 확대(2007)
	만 5세아 무상보육료	보육료 전액 지원으로 확대
	장애아 무상보육료	미취학 만 12세 이하까지 지원
	다자녀 보육료 감면	2005년 신설. 둘째부터 보육료 지원
	기본보조금제도	2006년 도입. 민간보육시설 이용자 부담 완화
국공립 보육시설 확충	공동주택 보육시설	설치기준 확대(500세대 → 300세대)
	신축시설 지원	지자체 신축시설 국고보조율 상향(40% → 50%)
	민간시설의 국·공립화	민간 보육시설 무상 임차로 지자체 운영
보육서비스 다양화	영아보육	영아전담 시설 인건비 지원 민간 보육시설 기본보조금 지원
	장애아보육	장애아 통합시설 지정 확대 전문인력 배치기준 강화
	농어촌보육지원	농어업인 자녀 보육료 지원대상 확대 (2ha 기준 → 5ha 기준)
	시간연장·방과후보육	휴일보육시설 확대 취학아동에 대한 방과후보육 실시
	직장보육서비스	직장보육서비스 의무 사업장 범위 확대 (여성 300인 이상 사업장 → 남녀 500인 이상 사업장)
보육환경 개선	보육시설 운영	보육행정전산망 구축 보육시설 이용불편신고센터 개선 보육시설 운영위원회 설치 의무화
	보육서비스 질	시설 평가인증제도 도입으로 질적 향상 보육시설 환경개선 및 종사자 배치 강화 표준보육과정 개발
	보육인력 전문성	보육교사 국가자격증제도 도입 보육교사 보수교육 전액 지원(2005)

그림 1-1 주요 보육지원 정책 추진 성과

출처: 정책브리핑, (2007).http://www.korea.kr/policy/mainView.do?newsId=148617302

그러나 이러한 정책의 제시는 보육교사와 직접 연결이 된다. 국가는 보육이 저출산 문제를 해결해 주고 여성의 경제참여를 안정시킨다고 보기 때문에 보육의 질과 방향에 일정 부분 직접 개입을 하고 있다. 이러한 보육의 방향을 전달하는 이들이 보육교사이기 때문에 보육교사의 국가적 의의를 찾을 수 있다.

우선 보육교사는 국가가 시도하는 무상보육 방향에 따라 '보편적 보육'을 담당하며 보육서비스 다양화의 방향에 따라 '다양한 보육'을 담당하고 보육서비스 질에 대한 국가의 관심과 개입에 따라 현장에서 '보육서비스 질'을 담당한다.

(1) '보편적 보육' 담당

보편적 보육이란 그 누구도 예외가 되지 않는 보육을 의미한다고 할 수 있다. 보육재정지원 범위를 늘리면서 보다 많은 영유아들이 보육서비스의 혜택을 받게 된다.

통계청 보도자료에 따르면 0~11개월의 영아들 중 383,000명이 가정양육을 하는 데 비해 12개월이 되면 310,000명, 그리고 24개월이 되면 145,000명으로 줄어든 것을 볼 수 있다. 반면 만 1세부터는 보육시설 이용 아동 수가 급증함을 확인할 수 있다.

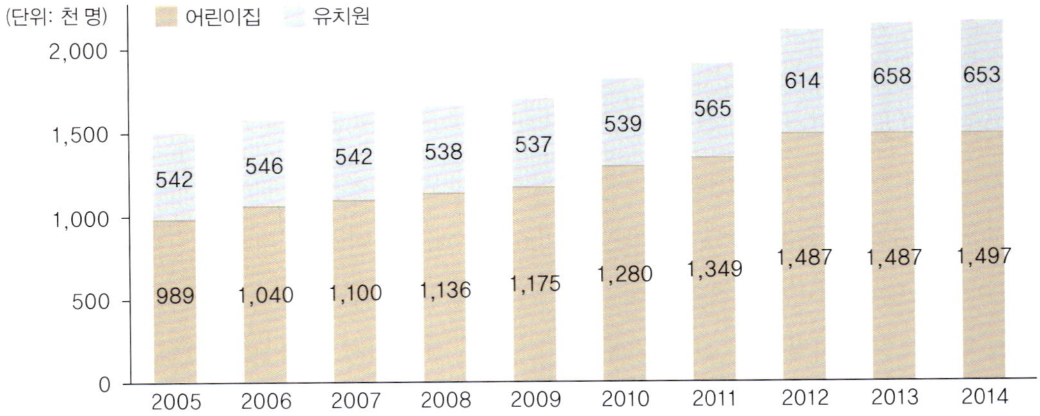

그림 1-2 시설이용 아동 수 현황

표 1-1 자녀연령별 시설이용 및 가정양육 아동 수 (단위: 천 명)

	시설이용 아동 수										가정양육 아동 수[2]				
	계	어린이집[1]					유치원				계	0~11개월	12~23개월	24~35개월	36개월~취학 전
		소계	만 0세	만 1세	만 2세	만 3세 이상	소계	만 3세 이하	만 4세	만 5세 이상					
2005	1,531	989	34	89	179	687	542	75	177	290	–	–	–	–	–
2010	1,818	1,280	125	229	332	594	539	111	181	246	52	24	27	–	–
2011	1,914	1,349	147	250	343	609	565	134	197	234	90	37	38	15	–
2012	2,101	1,487	178	322	373	615	614	131	230	253	103	38	44	18	2
2013	2,145	1,487	148	326	401	612	658	146	234	278	1,060	386	347	145	183
2014	2,149	1,497	139	342	410	606	653	156	228	268	1,012	383	310	145	174
비중	100.0	69.6	9.3	22.9	27.4	40.5	30.4	23.9	35.0	41.1	100.0	37.9	30.6	14.3	17.2

자료 : 보건복지부, 「보육통계」 각 연도, 교육부, 「교육통계」 각 연도

주 : 1) 어린이집 반은 동년도 출생아(동년도 1. 1. ~12. 31. 출생아)를 함께 편성

2) 2009년 7월부터 도입되었으며, 2013년부터는 0~5세 가구로 지원대상 확대
장애아동 및 농어촌 아동 지원 포함

출처: 통계청 보도자료 '2015 일가정양립지표'

(2) '다양한 보육' 담당

보육서비스 영역이 확장되는 것과도 관련이 있지만 국가 정책에 따라 다양한 보육서비스가 이루어지고 있다. 영아전담, 장애아전담과 통합, 다문화뿐 아니라 최근에는 시간제 보육서비스도 이루어지고 있다. 보육서비스를 이용하는 어머니들의 요구에 맞춰 서비스를 확장하여 양육수당을 받는 어머니들의 자녀에 대해 시간제보육서비스를 시작하고 실행 중에 있다. 이런 상황에서 교사는 이런 다양한 보육서비스를 실행할 준비가 되어 있어야 한다.

(3) '보육서비스 질' 담당

질적인 보육서비스를 제공하겠다고 국가가 공약할 때 그 부분 또한 보육교사에게 바로 연결된다. 국가는 보육교사들에게 그에 맞는 교육을 실행하고 지원하며 평가인증을 통해 지도하고 평가한다. 이를 통해 국가는 보육서비스의 질적 관리를 한다고 볼 수 있기 때문이다.

다만 이를 위해서는 보육교사의 전체적인 처우가 개선되어야 한다. 보육교사의 근무형태에 따라 적절한 보수가 지급되는 부분은 좀 더 보완이 되어야 하며 아직도 교사 대 아동 비율은 다른 나라에 비해 높은 편이다.

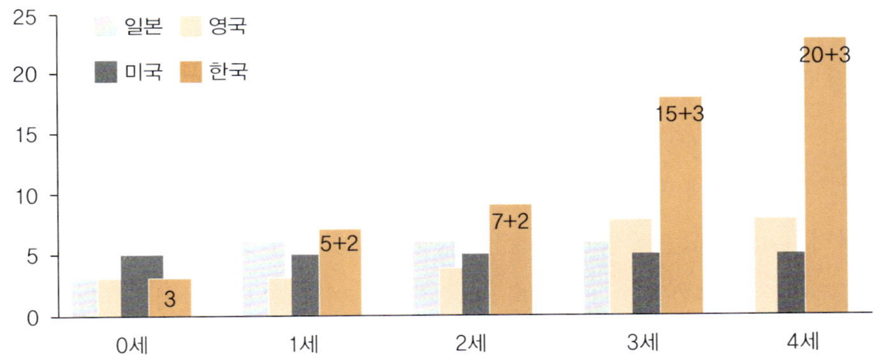

그림 1-3 OECD 기준 보육교사 대 담당아동 비율

출처: 통계청(2014)

OECD 기준으로 볼 때 다른 나라에 비해 월등하게 높은 보육교사 대 담당아동 비율이다. 이러한 부분이 점차 좋아지면서 질적 수준이 같이 좋아지리라 기대한다.

2) 가정적 의의

보육교사는 보육의 대상이 되는 영유아와 그 가족에게 의미 있는 존재이다. 어린 자녀를 키우면서 양육의 어려움을 교사와 의논하고 상담하면서 도움을 받는 부모들이 늘고 있고 한 가정에 자녀수가 많지 않은 상황에서 어린이집에서의 또래관계 형성 등은 직접적으로 가정에서의 부모역할을 대신한다고 해도 과언이 아닐 것이다.

(1) 양육 안내

어머니가 자녀의 어린이집 담임교사와 신뢰하고 협력적인 동반자적 관계를 맺고 서로 간에 관심을 공유하는 경우, 그렇지 않은 어머니보다 유의미하게 가정에서 자신의 자녀를 양육하는 방법과 관련된 아이디어를 많이 얻게 된다(이찬주, 2002). 실제로 최근에 자녀를 양육하는 젊은 어머니들을 만나다 보면 기본적인 양육지식조차 잘 모르고 있다고 느끼는 경우가 많다. 이전보다 훨씬 많은 정보와 인터넷 사이트들이 있고, 다양한 부모교육이 이루어지며 양육지도서가 있지만 정작 부모들은 어떤 정보를 받아들어야 할지, 자녀를 키우는 데 직접적인 도움을 주는 정보는 무엇인지 선택하기 어렵다. 보육교사가 학부모에게 양육 안내를 하는 것는 영유아의 적절한 발달을 위해 매우 필요한 일이다.

물론 어머니들 중에는 자신보다 어린 교사에게 양육 안내를 받을 때 불안해하고 신뢰하지 못하는 경우가 있다. 그러나 보육교사는 연령에 상관없이 대학에서 전문적인 교육을 받았으며 실습을 통해 영유아들에 대한 교육 전문가로 훈련되었기에 이 부분은 교사들 또한 인식하여야 할 것이다.

"선생님 애 낳아 보셨어요? 애도 안 낳아 보고 어떻게 알아요?"

꽤 많은 어머니들이 어린 교사들에게 많이 하는 질문이고 항의이다. 초임 교사들은 어머니들로부터 이런 질문을 받을 때 가장 많이 당황한다고 한다. 그러나 보육교사는 아이를 낳아본 경험이 전문성을 키워 주는 직업이 아니다. 보육교사들도 주지해야 할 사실이다.

"어머니 저는 아직 결혼 전이고 아이도 낳아 보지 않았답니다. 하지만 영유아들의 발달특성, 그리고 어떻게 영유아들을 적절하게 발달시키는지 그

방법을 전문적으로 배웠고 충분한 실습을 하였답니다. 그래서 제가 드리는 말씀은 제 개인적인 의견이 아니라 전문적인 지식과 기술에 근거한 것이랍니다."

(2) 일정 시간 부모 역할 대체

현재 어린이집의 운영시간은 '7:30~19:30'으로 되어 있으며 토요일은 '7:30~15:30'으로 되어 있다. 보호자의 근로시간 등을 고려하여 미리 보호자의 동의를 받은 경우에는 영유아 및 그 보호자에게 불편을 주지 않는 범위에서 어린이집 운영일 및 운영시간 조정이 가능하고, 토요일에도 토요 휴무제 확대에 따라 보육아동수가 감소할 경우에는 보육에 지장을 주지 않는 범위 내에서 교사 배치를 달리 할 수 있다고 명시되어 있다. 19:30을 넘는 경우에는 시간 연장 보육을 시행한다. 시간연장 보육은 평일 19:30~24:00, 그리고 토요일은 15:30~23:00이고, 비정기적 보육을 원하는 경우 시간제보육을 이용하게 된다.

보육시간 동안에 교사는 부모 역할을 한다. 보육이 보호와 교육의 개념이라서 발달에 적합한 실제를 제공하고, 가치로운 교육적 자극을 주는 것과 동시에 안전하게 보호하고 따뜻하게 보살피는 역할 또한 있기 때문이다.

3) 개인적 의의

보육교사직이 개인적으로 어떤 의의를 가지느냐를 교과서에서 논하기는 무리가 있다. 각자에게 주는 의미가 다를 것이기 때문이다. 또한 그에 대한 연구들도 찾아보기 어려운 상황이다. 이에 보육교사직이 가지는 개인적 의의는 3장 '보육교사직 선택'에서 좀 더 자세히 다루도록 한다. 이곳에서는 현장에서 만났던 교사들과의 경험을 통해 들었던 세 가지, 즉 "교사가 되고 싶었다", "중요한 사람이 된 것 같다", "아이들과의 생활이 즐겁다"에 대해 이야기해 보도록 한다.

(1) 교사가 되고 싶었다.

"어릴 적부터 교사가 되고 싶었어요. 교사는 아이를 좋아하면 되고 돌보기만 하면 되는지 알았어요. 그런데 공부할수록 그게 아니라는 생각이 들어요"(이부미, 임현숙, 2013).

많은 보육교사들이 교사가 되고 싶어서 이 길을 선택한다. 누군가를 가르치는 일, 특히 어린아이들을 만나고 그들을 지도한다는 것은 즐거운 일임에 틀림이 없기 때문이다. 그리고 어릴 때 만났던 좋은 선생님에 대한 이미지는 나 자신을 교사로 성장하도록 하는 데 충분한 요인이 된다.

(2) 중요한 사람이 된 것 같다.

영유아기는 발달에서 매우 중요한 시기이다. 급격한 성장과 발달이 일어나고 환경에서 주는 자극에 따라 질적 변화도 많이 일어나기 때문이다. 내가 질적인 보육교사가 되어 전문적인 보육서비스를 제공하면 영유아들이 성장해 나가는 모습이 보이고, 그 부모의 만족도가 올라가니 직업에서 주는 즐거움이 크다. 직무 자체가 즐거움을 주는 정도와 인식은 아마도 모든 직업에서 만족도와 관련된 가장 중요한 요인일 것이다.

(3) 아이들과의 생활이 즐겁다.

'아이들을 좋아해서 보육교사가 되었다'는 사람들을 가장 많이 만날 수 있다. 아이들을 보기만 해도 웃음이 나고 아이들의 웃음소리를 들으면 힘이 어디선가 나는 듯한 착각이 들 정도로 아이들을 좋아해서 아이들과의 생활이 즐거울 때 행복지수가 올라간다면 충분한 개인적 의의가 있다고 할 수 있다. 보육교사직을 선택하는 직업 동기 중 가장 많이 나타난 동기가 "유아들과 지내며 유아들을 가르치는 즐거움"임(이수정, 2008)은 이를 잘 보여주는 결과이다.

CHAPTER 02

보육교사 인성

1. 보육교사에게 요구되는 인성
2. 보육교사로서의 자신 이해하기
3. 보육교사직의 선택

1. 보육교사에게 요구되는 인성

최근 우리 사회는 영유아를 성인의 돌봄을 받아야만 하는 수동적인 존재에서 주체적인 인격체로 인식하기 시작하였다. 연령이 어린 영유아도 성인과 마찬가지로 기본적인 인권을 존중받으며 생활해야 한다. 그러나 영유아는 발달특성상 자신의 욕구 및 권리를 주장할 능력이 부족하기 때문에 보육교사는 반드시 영유아의 인권을 존중하는 태도와 직무 능력을 갖추어야 한다. 또한 최근 학교 폭력 등 심각한 사회적 문제의 예방을 위해 관용과 배려, 타문화에 대한 이해와 포용 등 기본적인 인성교육이 어린 연령부터 이루어져야 함이 강조되고 있다. 인성 교육은 기본적으로 올바른 가치관과 인성을 갖춘 교사가 모범을 보이며 영유아를 지도할 때 효과적이다(권동택, 2012). 따라서 어린 영유아를 보육하는 보육교사의 인성은 무엇보다도 중요하므로 보육교사 양성과정에서 교사로서의 인성 함양이 중요하게 다루어져야 한다.

인성은 매우 포괄적이고 추상적인 개념이어서 한마디로 정의하기 어렵다. 다음 표 2-1 과 같이 학자마다 각기 다르게 인성을 정의하고 있지만 영유아를 교육하는 교사에게 강조되어야 하는 인성은 휴머니즘의 핵심적인 요인들을 기초로 인격을 갖추도록 하는 것이다. 즉, 지(知), 덕(德), 체(體)가 겸비된 조화로운 인격을 갖추도록 하는 것이다.

표 2-1 여러 학자들의 인성 정의

접근	학자	인성의 정의
인간특성 접근	조연순 (2008)	자신의 내면적 욕구와 사회 환경적 필요를 지혜롭게 잘 조화시킴으로써 세상에 유익함을 미치는 인간의 특성
	남궁달화 (1999)	사람의 성품이며 성품은 성질과 품격으로, 성질은 마음의 바탕이고 사람됨의 바탕을 가리키는 말
	이근철 (1996)	좁게는 도덕성, 사회성 및 정서(감정) 등을 의미하지만 넓게는 지 · 덕 · 체 또는 지 · 정 · 의를 모두 골고루 갖춘 전인성을 의미
	현주 (2009)	보다 긍정적이고 건전한 개인의 삶과 사회적 삶을 위한 심리적, 행동적 특성
가치접근	이윤옥 (1998)	다른 사람에게 주는 그 사람의 전체적인 인상으로 성품, 기질, 개성, 인격 등 가치 개념의 의미를 내포
행동접근	미국교육부 (2008)	개인 또는 집단의 정서적, 지적, 도덕적 자질은 물론 이러한 자질들이 친사회적 행동으로 발현되는 것
종합접근	한국 교육학회 (1998)	사람의 마음의 바탕이 어떠하며, 사람된 모습이 어떠하다는 것을 말하는 개념으로 사람의 마음과 사람됨이라는 두 가지 요소로 이루어짐
	황응연 (1992)	환경에 대응함으로써 나타나게 되는 행동 및 태도, 동기, 경향성, 인생 과정들의 총합을 뜻하며 사람들에게 있어 시간과 상황에 걸쳐 지속되는 독특한 구조이며, 인성은 어떠한 경험을 하느냐에 따라 크게 변화될 수 있다는 의미를 포함
	미국 교육부 (2007)	존중, 공정성, 보살핌 등의 도덕적, 윤리적 가치와 책임감, 신뢰, 시민성 등을 망라하는 개념이며 이러한 가치들을 행동하고 추론하며 정서 속에서 증명하는 것을 의미

출처: 권동택(2012), 인성교육 비전 수립을 위한 정책 연구

영유아를 가르치는 보육교사의 인성이 중요한 이유를 다음과 같이 요약해 볼 수 있다.

1 영유아를 대신하여 권리를 주장하고 주변 사람이 영유아를 존중하도록 해야 하기 때문이다.

자신을 독립된 인격체로 인식하는 능력이 부족한 영유아를 돌보는 보육교사는 영유아를 대신하여 이들의 권리를 주장하여 가족 및 주변 사회구성원들이 영유아를 존중할 수 있도록 해야 한다.

2 영유아에게 바람직한 모델이 되어야 하기 때문이다.

영유아는 발달 특성상 자신에 중요한 성인을 모방하면서 일상생활에서 필요한 많은 지식과 기술을 습득한다. 즉, 영유아는 자신에 중요한 성인인 교사가 질서와 규칙을 지키는 행동, 교사가 다른 사람을 배려하는 태도와 행동, 교사가 이해하는 사회적 상황에 대한 이해 등을 지속적으로 관찰하면서 이를 모방하여 좋은 행동을 내면화하기 때문이다(김은설, 2015).

3 발달적으로 민감한 영유아 시기의 교사이기 때문이다.

인간 생애 발달 초기 경험의 중요성은 이미 널리 알려진 바, 영유아의 건강한 성장과 발달을 위해 하루 종일 영유아와 상호작용하는 교사의 영향력이 중요하기 때문이다. 올바른 인성을 갖춘 교사이어야만 영유아를 배려하고 존중하는 상호작용을 할 뿐만 아니라 영유아의 욕구 및 필요에 민감하게 반응하고 충족시켜 줄 수 있기 때문이다.

1) 보육 교사의 인성 특징

대체로 바람직한 인성은 도덕적 지식, 도덕적 정서, 도덕적 행위로 구성된다(Licokna, 1991). 그러나 보육교사는 어린 연령의 영유아를 대상으로 하기 때문에 정의적인 측면을 더 강조하여 인간애, 긍정적 자아개념, 사회관계, 직무수행(태도), 창의 · 인성을 구성요소로 제시하거나(서현, 임지윤, 박미자, 2013; 전재선, 2011), 자기조절, 반성적 실천, 지속적 배움, 존중, 의사소통, 협력, 윤리의식, 정의감, 책임감을 구성

요소로 제시하기도 한다(서경혜, 최진영, 노선숙, 김수진, 이지영, 현성혜, 2013). 이는 보육교사에게는 다른 직업과 달리 영유아의 무한한 가능성을 인정하고 전인적인 성장을 돕는 책임이 있기 때문이다. 여러 연구자들이 제시한 영유아 교사의 인성에 대한 내용은 다음 표 2-2 와 같다.

표 2-2 영유아 교사의 인성 요소

연구자	인성요소	
조운주(2014)	계획성 소명감 · 교직관 문제해결력 · 판단력 봉사 · 희생 · 협동성 독립성 · 자주성 창의 · 응용력	성실 · 책임감 언어 · 의사소통능력 심리적 안정성 지식 · 정보력 사려성 · 타인존중 열정
김혜경(2012)	대인관계능력 창의성 및 자기개발 영유아에 대한 안전관리 능력 긍정적 정서	영유아에 대한 수용성과 민감성 영유아에 대한 친화력 업무에 대한 소명감
전재선(2011)	인간애: 이타심, 용서 긍정적 자아개념: 자기개발, 주도적 자아성취 사회관계: 자기조절, 의사소통, 공감적 이해 직무수행: 직무수행태도 창의성: 유머 및 위트, 사회문제인식, 창의적 성향	

출처: 이미화, 강은진, 박진아, 윤재석, 조아라, 신혜원, 신나리(2015) 재구성

영유아를 가르치는 교사의 인성에 대한 관점에 다소 차이가 있을 수 있으나 대체로 영유아를 가르치는 실천적 행위에 초점을 둔 가치관과 윤리의식을 강조하고 있다. 영유아의 발달 특성상 보육교사의 실천적 행위가 보다 중요하기 때문이다. 여러 학자들이 제시한 실천적 인성과 영유아의 발달특성을 고려한 보육교사의 인성 특성은 다음과 같이 요약해 볼 수 있다(이미화, 강은진, 박진아, 윤재석, 신나리, 신혜원, 조아라, 2015).

1 인간애

인간에 대한 보편적인 사랑을 의미한다. 개인적인 특성으로 인간과 유아를 존중하고 이해하며 애정적 관계를 형성하는 것이다. 이타심, 봉사, 용서 등의 속성이 필요하다. 또한 누군가를 가르치기 위해서는 가르치는 대상에 대한 인간지향성에 기초한 순수한 사랑이 있어야 한다. 따라서 보육교사는 영유아에 대해 관심을 갖고 건강하고 균형감 있는 사랑을 발달시킨다.

2 긍정적 자아개념

자아개념이란 자신을 독특한 개인으로 인정하게 하는 태도, 행동, 가치 등을 의미하므로(Kail, 2007) 긍정적 자아개념이란 자신을 긍정적으로 평가하는 태도, 행동이라 하겠다. 자신에 대해 긍정적으로 평가하는 경우 현재보다 더 발전적인 미래를 계획하고 이를 실행하기 위한 노력한다. 따라서 긍정적 자아개념을 형성한 보육교사는 자신의 담당한 보육 업무를 좀 더 발전적이 되도록 연구할 뿐만 아니라 적극적으로 실천력을 토대로 보다 건강하고 효율적인 보육을 제공할 수 있을 것이다.

Tip 2-1 나의 자아존중감 알아보기

다음 문항을 주의 깊게 읽고 자신을 잘 나타내는 번호에 ○표 하시오.

		전혀 아니다	약간 그렇다	보통 그렇다	대부분 그렇다	매우 그렇다
1	나는 결심을 하고 그 결심대로 밀고 나갈 수 있다	1	2	3	4	5
2	나는 내 또래의 친구들 사이에 인기가 있다.	1	2	3	4	5
3	부모님은 내 기분을 잘 맞춰 주신다.	1	2	3	4	5
4	나는 학교에서 실망하는 일이 가끔 있다.*	1	2	3	4	5
5	나는 나에게 주어진 일에 최선을 다하려 한다.	1	2	3	4	5

		전혀 아니다	약간 그렇다	보통 그렇다	대부분 그렇다	매우 그렇다
6	나에게는 친구가 많다.	1	2	3	4	5
7	부모님은 나를 잘 이해해 주신다.	1	2	3	4	5
8	내가 원하는 만큼 학교생활이 원만하지 않다.*	1	2	3	4	5
9	나는 주저하지 않고 결심할 수 있다.	1	2	3	4	5
10	누구든지 나를 좋아한다.	1	2	3	4	5
11	나는 집에서 상당히 행복하다.	1	2	3	4	5
12	나는 학교에서 가끔 화날 때가 있다.*	1	2	3	4	5
13	내 문제는 주로 내가 해결할 수 있다.	1	2	3	4	5
14	사람들은 나와 함께 있는 것을 좋아한다.	1	2		4	5
15	나는 부모님과 함께 즐거운 시간을 많이 가진다.	1	2	3	4	5
16	교수님은 나를 착하지 않다고 생각하시는 것 같다.*	1	2	3	4	5
17	나는 나 자신을 잘 알고 있다.	1		3	4	5
18	나는 남을 재미있게 해 주는 사람이다.	1	2	3	4	5
19	나는 가족들과 함께 있을 때 기분이 좋다.	1	2	3	4	5
20	나는 학교 성적에 실망이 든다.*	1	2	3	4	5
21	나는 나 자신에 대해 매우 만족한다.	1	2	3	4	5
22	나는 남에게 좋은 친구이다.	1	2	3	4	5
23	우리 가족은 이 세상에서 제일 훌륭하다.	1	2	3	4	5
24	나는 학교에서 하는 일이 서툴다.*	1	2	3		5
25	내 친구들이 내 생각을 귀담아 들어 준다.	1	2	3	4	5
26	나는 좋은 자녀이다.	1	2	3	4	5
27	내가 좀 더 나은 학생이면 좋겠다.*	1	2	3	4	5
28	친구들은 주로 내 생각에 따른다.	1	2	3	4	5

		전혀 아니다	약간 그렇다	보통 그렇다	대부분 그렇다	매우 그렇다
29	부모님이 나를 자랑스러워 하실 만하다.	1	2	3	4	5
30	교수님이 설명할 때 내가 좀 더 잘 이해할 수 있으면 좋겠다.*	1	2	3	4	5
31	나는 원하면 항상 친구를 사귈 수 있다.	1	2	3	4	5
32	나는 우리 가족 중 중요한 사람이다.	1	2	3	4	5

*역채점 문항

◈ **결과해석**

각 하위 영역에 속하는 문항의 점수를 모두 합산한 후 평균을 내시오.

하위영역	문항번호	문항 수
총체적 자아존중감	1, 5, 9, 13, 17, 21	6
사회적 자아존중감	2, 6, 10, 14, 18, 22, 24, 28, 31	9
가정에서의 자아존중감	3, 7, 11, 15, 19, 23, 26, 29, 32	9
학교에서의 자아존중감	4,8,12,16,20,24,27,30	8

각 하위 영역의 평균점수가 중간점수인 3점보다 높은 경우에는 해당 영역의 자아존중감이 높은 것으로 해석할 수 있으며 3점보다 낮은 경우에는 해당 영역의 자아존중감이 낮은 것으로 해석할 수 있다. 각 하위 영역 자아존중감에 대한 내용은 다음과 같다.

1. 총체적 자아존중감은 자기 자신에 대한 좀 더 일반적인 평가이며 자신의 모든 부분에 대한 전반적인 평가이다.
2. 사회적 자아존중감은 다른 사람에 대한 친구로서, 자기 자신에 대해 느끼는 감정을 포함한다.
3. 가정에서의 자아존중감은 가정생활에서 자신의 가치가 얼마나 인정되고 있으며 부모와의 관계가 얼마나 원만한가에 대한 평가적 태도이다. 가족 구성원으로서의 자신에 대하여 느끼는 감정이다.
4. 학교에서의 자아존중감은 학업적 평가는 물론 학교생활에서 자신이 느끼는 유능감을 포함한다. 즉, 학생으로서 자신에 대한 평가이다.

출처: 최보가, 전귀연(1993)

3 사회관계

사회관계란 더불어 살아가는 능력으로 다른 사람과 관계를 맺고 이를 원만하게 유지하는 능력이다. 보육교사는 영유아뿐만 아니라 부모, 보육교직원, 직역사회 구성원 등 다양한 사람들과 관계를 맺고 유지해야 하므로 원만한 대인관계 능력을 갖추어야 한다. 보육은 영유아뿐만 아니라 다양한 사람들의 요구를 반영해야 함과 동시에 어떠한 상황에서 영유아가 존중받을 수 있도록 해야 한다. 따라서 보육교사는 영유아, 부모 및 가족, 보육교직원 등 보육현장과 관련된 모든 사람들의 특성 및 욕구를 이해하여 효과적으로 사회관계를 유지하되 항상 영유아의 전인적 발달을 무엇보다 우선시하도록 유의한다.

4 직무수행

교사로서 자신의 역할에 대한 깊은 애정과 책임을 가지고 교사의 다양한 역할에 최선을 다하려는 태도를 의미한다. 보육교사는 영유아의 무한한 가능성을 인정하고 이상적인 인간으로 성장 · 발달하도록 교육하는 과정에서 보람을 경험하고 교사 자신이 영유아에게 중요한 영향을 미치는 존재라는 것을 알게 되어 교사로서 맡은 역할과 책임에 최선을 다한다. 또한 교사는 끊임없이 배우려고 하는 학습자 정신이 있어야 한다. 보육교사는 빠르게 변화되는 보육환경과 다양한 사회적 요구, 개인차가 큰 영유아의 발달적 특성 등에 대해 끊임없이 배우고 연구해야 하기 때문이다.

5 창의 및 인성

주변의 변화 및 문제 상황에 능동적, 긍정적으로 대처하고 적응하는 능력이다. 보육교사는 일상생활에서 영유아의 발달 특성상 예측하지 못한 상황을 자주 접하게 되므로 이를 긍정적으로 대처하고 적응하는 능력을 갖추어야 한다. 대처능력이란 문제 상황에서 주관적인 안녕감을 유지하면서 새로운 상황을 유쾌하게 받아들이는 것이다(권석만, 2008). 즉, 보육교사는 새로운 변화에 긍정적인 의미를 부여하고 합리적으로 행동하고 필요할 때는 도움을 요청할 줄 알고 역경 속에서 분발하며 문제 해결적 대처 능력을 갖추어야 한다.

2. 보육교사로서의 자신 이해하기

보육교사직에 적합한 인성을 갖추기 위해서는 먼저 자신에 대해 정확하게 이해하고 이를 토대로 자신의 인성을 함양하도록 노력해야 한다. 보육교사의 인성은 다음 그림 2-1 과 같이 예비 보육교사의 개인적인 인성과 특성을 토대로 발전할 수 있기 때문이다.

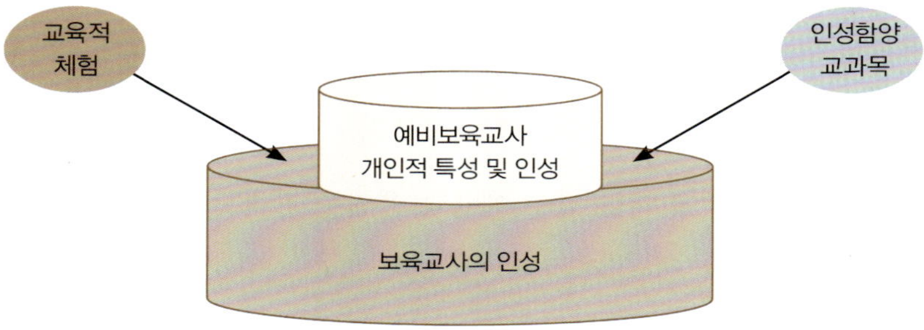

그림 2-1 보육교사 인성 함양

인성은 선천적으로 타고난 재능이 아니므로 타고난 성격적 특성과 구분되어야 한다. 동서양의 다양한 시대와 문화에서 소중하게 여겨왔던 인간의 덕성과 관련된 특질을 연구한 Peterson과 Seligman, VIA(Virtues in Action) 연구진은 지혜(wisdom), 자애(humanity), 용기(courage), 절제(temperance), 정의(justice), 초월(transcendence) 6개의 핵심덕목을 제시하였고, 이런 덕목은 선천적으로 타고난 재능과 구별된다고 하였다(권석만, 2008, 재인용). 즉, 다른 사람보다 운동기술을 빨리 배우고 다양한 스포츠에서 우수한 능력이 발휘된다면 이것은 개인의 선천적인 탁월한 능력이다. 반면에 인성에 해당되는 속성은 주변 환경이나 개인의 의도적인 노력에 의해 높일 수 있는 것이다. 여기서는 권석만(2008)이 요약한 VIA 분류체계(VIA Classification of Character Strengths and Virtues)에 포함된 지혜, 자애, 용기, 절제, 정의, 초월 등 6개의 내용을 살펴보고자 한다. 이에 따라 자신의 인성적 속성을 살펴보고 자신의 강점을 발견하여 이를 토대로 보육교사직에 적합한 인성을 함양하기 위해 어떤 노력을 해야 하는지 알아보고자 한다.

1) 지혜

지혜는 더 나은 사람을 위해서 지식을 습득하고 활용하는 인지적인 덕성이다. 삶에서 지혜로운 판단과 지적인 성취를 돕는다. 이 덕목은 창의성, 호기심, 개방성, 학구열, 지혜 등 다섯 가지로 구성된다. 각 속성의 내용을 읽고 자신의 수준을 점검해 볼 수 있다.

속성		다소 부족	중간	다소 높음
창의성 (creativity)	어떤 일을 하면서 새롭고 생산적인 방식으로 생각하는 능력으로 참신한 사고와 생산적인 행동방식			
호기심 (curiosity)	일어나고 있는 모든 경험과 현상에 대해서 흥미를 느끼는 능력으로 다양한 주제와 화제에 매혹되어 조사하고 발견하는 능력			
개방성 (open-mindedness)	사물이나 현상을 다양한 측면에서 철저하게 생각하고 검토하는 능력으로 모든 증거를 동등하게 취급하고 새로운 증거에 따라 신념을 수정하는 태도			
학구열 (love of learning)	새로운 기술, 주제, 지식을 배우고 숙달하려는 동기와 능력			
지혜 (wisdom)	사물이나 현상을 전체적인 관점에서 생각하고 다른 사람에게 현명한 조언을 제공해 주는 능력			

창의성, 호기심, 개방성, 학구열, 지혜 등 다섯 가지 속성 중에서 '다소 높음'으로 분석된 속성은 자신의 강점으로 발전시키고 '다소 부족'으로 분석된 속성은 좀 더 보완하기 위한 전략을 계획해 보도록 한다.

Activity '지혜' 덕목 점검

자신의 강점 속성	자신의 부족한 속성
강점 속성을 발전시키기 위한 전략	부족한 속성을 발전시키기 위한 전략

Tip 2-2 나의 호기심 알아보기

다음 문항을 주의 깊게 읽고 당신이 지난 1년간 실제로 어떠했는지에 근거하여 가장 적절한 숫자에 ○표 하시오.

	전혀 아니다	약간 그렇다	어느 정도 그렇다	상당히 그렇다	매우 그렇다
나는 세상이 매우 흥미 있는 곳이라고 생각한다.	1	2	3	4	5
나는 결코 지루해 하지 않는다.	1	2	3	4	5
나는 다른 나라나 문화에 대해 이야기 듣는 것을 매우 좋아한다.	1	2	3	4	5
나는 어떤 상황에서든 흥미로운 것을 매우 좋아한다.	1	2	3	4	5
나는 흥미 있는 일을 하느라 항상 분주하다.	1	2	3	4	5
나는 새로운 것을 알아보거나 색다른 일을 하게 될 때, 호기심이나 흥미를 많이 느끼는 편이다.	1	2	3	4	5

◈ 결과해석

6~9점 : 호기심이 부족한 상태이므로 계발을 위한 적극적인 노력이 필요함.
10~20점: 호기심이 보통 수준으로 계발을 위한 노력이 필요함.
21~25점: 상당히 호기심을 지니고 있으므로 강점으로 계발하기 바람.
26~30점: 매우 탁월한 호기심을 지니고 있으며 대표 강점으로 계발하기 바람.

출처: 권석만(2008). 『긍정 심리학』

◈ Activity 호기심 증진하기

다음과 같은 내용으로 조별 활동을 실시하고 각각의 경험을 나누거나 발표하도록 한다.

1. 조원들 모두가 전혀 알지 못하는 낯선 주제에 대한 강의를 조사하고 이를 함께 듣는다.
2. 지역사회 내에 음식점 중에서 가 본 적 없는 음식점이나 조원들이 한 번도 먹어 보지 않은 음식에 도전해 본다.
3. 지역사회 내에서 가 본 적 없는 장소나 기관에 대해서 알아보고 직접 방문해 본다.

2) 자애

다른 사람을 보살피고 친밀해지는 것과 관련된 대인관계적인 속성이다. 다른 사람과 일대일 관계에서 나타나는 덕목으로 사랑, 친절성, 사회지능으로 구성된다. 각 속성의 내용을 읽고 자신의 수준을 점검해 볼 수 있다.

속성		다소 부족	중간	다소 높음
사랑 (love)	다른 사람과의 친밀한 관계를 소중히 여기고 실천하는 능력. 다른 사람을 사랑할 수 있고 다른 사람으로부터 사랑을 받아들일 수 있는 능력			
친절성 (kindness)	다른 사람을 위해서 호의를 보이고 선한 행동을 하려는 동기와 실천력으로, 다른 사람을 돕고 보살피는 행동			
사회지능 (social intelligence)	자신과 다른 사람의 동기와 감정을 잘 파악할 뿐만 아니라 다양한 사회적 상황에서 어떻게 행동하는 것이 적절한지를 잘 아는 능력			

사랑, 친절성, 사회지능 등 세 가지 속성 중에서 '다소 높음'으로 분석된 속성은 자신의 강점으로 발전시키고 '다소 부족'으로 분석된 속성은 좀 더 보완하기 위한 전략을 계획해 보도록 한다.

Activity '자애' 덕목 점검

자신의 강점 속성	자신의 부족한 속성
강점 속성을 발전시키기 위한 전략	부족한 속성을 발전시키기 위한 전략

Tip 2-3 나의 친절성 알아보기

다음 문항을 주의 깊게 읽고 당신이 지난 1년간 실제로 어떠했는지에 근거하여 가장 적절한 숫자에 ○표 하시오.

	전혀 아니다	약간 그렇다	어느 정도 그렇다	상당히 그렇다	매우 그렇다
나는 다른 사람들을 행복하게 해 주는 것을 즐긴다.	1	2	3	4	5
친구가 어려움에 처해 있으면 나는 아무리 바빠도 그를 돕는다.	1	2	3	4	5
나는 다른 사람에게 친절을 베푸는 것을 좋아한다.	1	2	3	4	5

	전혀 아니다	약간 그렇다	어느 정도 그렇다	상당히 그렇다	매우 그렇다
나는 지난 한 달 동안 자발적으로 이웃을 도운 적이 있다.	1	2	3	4	5
나는 친구를 위해 조그만 호의를 베푸는 것을 매우 즐긴다.	1	2	3	4	5
나는 평소에 다른 사람에게 친절하고 관대한 편이다.	1	2	3	4	5

◈ **결과해석**

6~9점 : 친절성이 부족한 상태이므로 계발을 위한 적극적인 노력이 필요함.
10~20점: 친절성이 보통 수준으로 계발을 위한 노력이 필요함.
21~25점: 상당히 친절성을 지니고 있으므로 강점으로 계발하기 바람.
26~30점: 매우 탁월한 친절성을 지니고 있으며 대표 강점으로 계발하기 바람.

출처: 권석만(2008). 『긍정 심리학』

◈ **Activity 친절성 증진하기**

다음과 같은 내용으로 조별 활동을 실시하고 각각의 경험을 나누거나 발표하도록 한다.

1. 조원들과 '마니또' 게임을 하도록 한다.
2. 일상생활에서 다른 사람에게 양보하는 일을 실행한 후 그 경험을 나눈다.
   (예: 주변 사람들을 잘 관찰한 후 사정이 급한 사람에게 차례 양보하기 등)
3. 어린이집, 방과후 교실 혹은 청소년센터 등 아동 관련 기관에서 자원봉사를 한다. 가능한 조원들과 함께 일회성이 아닌 일정기간 동안 자원봉사 하도록 한다.

3) 용기

내면적 혹은 외면적 난관에 직면하더라도 추구하는 목표를 성취하려는 의지와 관련된 덕목이다. 용감성, 끈기, 진실성, 활력으로 구성된다. 각 속성의 내용을 읽고 자신의 수준을 점검해 볼 수 있다.

속성		다소 부족	중간	다소 높음
용감성 (bravery)	위협, 도전, 난관, 고통으로부터 위축되지 않고 이를 극복하는 능력을 의미하며 저항이 있더라도 무엇이 옳은지 이야기하고 신념에 따라 행동하는 것			
끈기 (persistence)	시작한 일을 마무리하여 완성하는 능력을 말하며 난관에도 불구하고 일련의 계획된 행동을 지속하거나 과업을 성취하는 과정에서 기쁨을 느끼는 것			
진실성 (authenticity)	진실을 말하고 자신을 진실한 방식으로 제시하는 능력으로 자신을 거짓 없이 드러내고 행동이나 감정을 수용하고 책임지는 것			
활력 (vitality)	활기와 에너지를 가지고 열정적인 삶과 일에 임하는 태도를 의미하며 생기와 생동감을 느끼고 삶을 도전적으로 사는 것			

용감성, 끈기, 진실성, 활력 등 네 가지 속성 중에서 '다소 높음'으로 분석된 속성은 자신의 강점으로 발전시키고 '다소 부족'으로 분석된 속성은 좀 더 보완하기 위한 전략을 계획해 보도록 한다.

Activity '용기' 덕목 점검

자신의 강점 속성	자신의 부족한 속성
강점 속성을 발전시키기 위한 전략	부족한 속성을 발전시키기 위한 전략

Tip 2-4 나의 활력 알아보기

다음 문항을 주의 깊게 읽고 당신이 지난 1년간 실제로 어떠했는지에 근거하여 가장 적절한 숫자에 ○표 하시오.

	전혀 아니다	약간 그렇다	어느 정도 그렇다	상당히 그렇다	매우 그렇다
나는 깨어날 때 새로운 하루의 시작이 흥분된다.	1	2	3	4	5
나는 어떤 일을 할 때 온 힘을 다한다.	1	2	3	4	5
나는 에너지가 많다.	1	2	3	4	5
나는 어떤 일을 시작하고 싶어서 몸이 근질근질하다.	1	2	3	4	5
사람들은 나에게 열정이 가득한 사람이라고 한다.	1	2	3	4	5
나는 평소에 활기에 차 있으며 어떤 일을 할 때 열정을 가지고 열심히 매진하는 편이다.	1	2	3	4	5

◈ 결과해석

6~9점 : 활력 부족한 상태이므로 계발을 위한 적극적인 노력이 필요함.
10~20점: 활력 보통 수준으로 계발을 위한 노력이 필요함.
21~25점: 상당한 활력을 지니고 있으므로 강점으로 계발하기 바람.
26~30점: 매우 탁월한 활력을 지니고 있으며 대표 강점으로 계발하기 바람.

출처: 권석만(2008). 『긍정 심리학』

◈ Activity 활력 증진하기

다음과 같은 내용으로 조별 활동을 실시하고 각각의 경험을 나누거나 발표하도록 한다.

1. 일주일 동안 매일 10시경에 잠자리에 들되 잠들기 전에 누워서 스마트폰 사용하지 않는다. 또한 반드시 영양가 있는 아침을 먹도록 한다.
2. 매일 해야 하는 일들 속에 자신이 진정으로 원하는 일을 한 가지 포함시키고 실행한다. 진정으로 원하는 일이란 평소에 자신이 하고 싶어 하던 일, 그 일을 함으로써 자신이 즐겁고 행복한 일이다.
3. 매일 아침, 저녁에 거울 속에 비친 자신을 보면서 '참 잘했어요', '오늘 하루도 수고했어' 등과 같이 스스로 격려하는 말을 한다.

4) 절제

절제는 지나침으로부터 우리를 보호해 준다. 극단적인 독단에 빠지지 않는 중요적인 덕목이다. 이 덕목은 용서, 겸손, 신중성, 자기조절로 구성된다. 용서는 미움과 증오로부터 우리를 보호하며 겸손은 교만으로부터, 신중성은 단기적 쾌락으로부터 자기조절은 모든 극단적인 감정적 동요로부터 우리를 보호한다. 각 속성의 내용을 읽고 자신의 수준을 점검해 볼 수 있다.

속성		다소 부족	중간	다소 높음
용서 (forgiveness)	나쁜 일을 한 사람들을 용서하는 능력으로 잘못을 행한 자를 용서하고 다시 기회를 주며 앙심을 품지 않는 것			
겸손 (modesty)	자신이 이루어낸 성취에 대해서 불필요하게 과장된 허세를 부리지 않는 태도로 자신의 성취나 업적을 떠벌리지 않고 세인의 주목을 구하지 않으며 스스로 특권적인 존재로 생각하지 않는 것			
신중성 (prudence)	선택을 조심스럽게 함으로써 불필요한 위험을 초래하지 않으며 나중에 후회할 일을 말하거나 행하지 않는 능력			
자기조절 (self-regulation)	자신의 다양한 감정, 욕구, 행동을 적절하게 잘 조절하는 능력			

용서, 겸손, 신중성, 자기조절 등 네 가지 속성 중에서 '다소 높음'으로 분석된 속성은 자신의 강점으로 발전시키고 '다소 부족'으로 분석된 속성은 좀 더 보완하기 위한 전략을 계획해 보도록 한다.

Activity '절제' 덕목 점검

자신의 강점 속성	자신의 부족한 속성
강점 속성을 발전시키기 위한 전략	부족한 속성을 발전시키기 위한 전략

Tip 2-5 나의 용서능력 알아보기

다음 문항을 주의 깊게 읽고 당신이 지난 1년간 실제로 어떠했는지에 근거하여 가장 적절한 숫자에 ○표 하시오.

	전혀 아니다	약간 그렇다	어느 정도 그렇다	상당히 그렇다	매우 그렇다
누가 나에게 한 불쾌한 일을 잘 잊어버리는 편이다.	1	2	3	4	5
나는 결코 다른 사람에게 복수를 하지 않는다.	1	2	3	4	5
비록 나의 적이라 하더라도 그들이 고통받는 것을 원하지 않는다.	1	2	3	4	5
용서하고 잊는 것이 최선이라고 믿는다.	1	2	3	4	5
나에게 함부로 대하는 다른 사람의 행동을 이해하려고 노력한다.	1	2	3	4	5
다른 사람이 상처를 주거나 피해를 입힌 경우에도 나는 그들을 잘 용서하고 자비롭게 대하는 편이다.	1	2	3	4	5

◈ 결과해석

6~9점 : 용서 능력이 부족한 상태이므로 계발을 위한 적극적인 노력이 필요함.
10~20점: 용서 능력이 보통 수준으로 계발을 위한 노력이 필요함.
21~25점: 상당한 용서 능력을 지니고 있으므로 강점으로 계발하기 바람.
26~30점: 매우 탁월한 용서 능력을 지니고 있으며 대표 강점으로 계발하기 바람.

출처: 권석만(2008). 『긍정 심리학』

◈ Activity 용서능력 증진하기

다음과 같은 내용으로 조별 활동을 실시하고 각각의 경험을 나누거나 발표하도록 한다.

1 조원들과 둘러 앉아 그날 혹은 전날 경험한 불쾌한 분노 감정에 대해 이야기하면서 풀어 버리도록 한다.
2 분노를 느끼게 되었을 때 즉시 표출하기보다는 1, 2, 3 숫자를 세면서 자신의 분노 감정을 억제한 후, 최대한 상대와의 관계를 해치지 않는 방법으로 자신의 감정을 전달하도록 한다. 이런 자신의 경험의 조원들과 나누면서 효과적인 분노 조절 및 분노 표현 방법을 공유한다.
3 오랫동안 혹은 반복적으로 자신을 불편하게 하거나 분노하게 하는 사람이 있다면 그 사람을 용서하는 글을 쓴 후, 매일 읽으면서 상대를 용서하도록 한다.

5) 정의

정의는 건강한 공동체 생활과 관련된 덕목이다. 개인과 집단 간의 상호작용을 건강하게 만드는 속성으로 시민정신, 공정성, 리더십으로 구성되어 있다. 각 속성의 내용을 읽고 자신의 수준을 점검해 볼 수 있다.

속성		다소 부족	중간	다소 높음
시민정신	자신이 속한 집단의 이익을 추구하고자 하는 책임의식으로서 사회나 조직 속에서 자신에게 주어진 임무와 역할을 인식하고 부응하려는 태도			

속성		다소 부족	중간	다소 높음
공정성	편향된 개인적 감정의 개입 없이 모든 사람을 동등하게 대하고 모두에게 공평한 기회를 주는 태도			
리더십	집단 활동을 조직화하고 활동이 진행되는 것을 파악하여 관리하는 능력으로 구성원을 고무시켜 좋은 관계를 창출해 내고 사기를 진작시켜 각자의 일을 해내도록 지휘하는 것			

시민정신, 공정성, 리더십 등 세 가지 속성 중에서 '다소 높음'으로 분석된 속성은 자신의 강점으로 발전시키고 '다소 부족'으로 분석된 속성은 좀 더 보완하기 위한 전략을 계획해 보도록 한다.

Activity '정의' 덕목 점검

자신의 강점 속성	자신의 부족한 속성
강점 속성을 발전시키기 위한 전략	부족한 속성을 발전시키기 위한 전략

Tip 2-6 나의 공정성 알아보기

다음 문항을 주의 깊게 읽고 당신이 지난 1년간 실제로 어떠했는지에 근거하여 가장 적절한 숫자에 ○표 하시오.

	전혀 아니다	약간 그렇다	어느 정도 그렇다	상당히 그렇다	매우 그렇다
나는 모든 사람을 동등하게 대하려고 노력한다.	1	2	3	4	5
어떤 사람이 나와 가까운 사이라고 해서 그에게 남다른 특별한 혜택을 주지는 않는다.	1	2	3	4	5
모든 사람의 의견을 경청하는 것은 가치 있는 일이다.	1	2	3	4	5
비록 내가 어떤 사람을 좋아하지 않더라도 나는 그 사람을 공평하게 대한다.	1	2	3	4	5
나는 내가 하지 않은 일에 대해서 공로를 인정받는 것을 거부한다.	1	2	3	4	5
두 명 이상의 사람들에게 영향력을 미칠 수 있는 위치에 있을 때 나는 사적인 감정보다는 공평한 원칙에 따라 그들을 공정하게 대하는 편이다.	1	2	3	4	5

◈ **결과해석**

6~9점 : 공정성이 부족한 상태이므로 계발을 위한 적극적인 노력이 필요함.
10~20점: 공정성이 보통 수준으로 계발을 위한 노력이 필요함.
21~25점: 상당한 공정성을 지니고 있으므로 강점으로 계발하기 바람.
26~30점: 매우 탁월한 공정성을 지니고 있으며 대표 강점으로 계발하기 바람.

출처: 권석만(2008). 『긍정 심리학』

◈ **Activity 공정성 증진하기**

다음과 같은 내용으로 조별 활동을 실시하고 각각의 경험을 나누거나 발표하도록 한다.

1. 오늘 하루 동안 지키지 않았던 공중도덕이나 규칙 등을 점검하고 자신의 잘못을 인정하며 그것에 대한 책임의식을 나눈다.
2. 나와 다른 특성을 가진 사람을 한 명 선정한 후 그 사람의 장점을 10개 이상 적는다.
3. 가족 중 자신과 자주 부딪히는 사람과의 대화에서 상대방의 주장을 끝까지 경청한다.
   예: 동생의 이야기 끝까지 듣기

6) 초월

초월은 현상과 행위에 대한 의미를 부여하고 커다란 세계인 우주와의 연결성을 추구하는 초월적 또는 영적인 능력을 의미한다. 이 덕목은 감상력, 감사, 낙관성, 유머감각, 영성으로 구성된다. 각 속성의 내용을 읽고 자신의 수준을 점검해 볼 수 있다.

속성		다소 부족	중간	다소 높음
감상력 (appreciation of beauty and excellence)	다양한 삶의 영역에서 나타나는 아름다움, 수월성, 뛰어난 수행을 인식하고 평가하는 능력			
감사 (gratitude)	좋은 일을 잘 알아차리고 그에 대해 감사하는 태도			
낙관성 (optimism)	최선을 예상하고 그것을 성취하기 위해 노력하는 태도			
유머감각 (humor)	웃고 장난치는 것을 좋아하며 다른 사람에게 웃음을 선사하는 능력			
영성 (spirituality)	인생의 궁극적 목적과 의미에 대한 일관성 있는 신념을 가지고 살아가는 태도			

감상력, 감사, 낙관성, 유머감각, 영성 등 네 가지 속성 중에서 '다소 높음'으로 분석된 속성은 자신의 강점으로 발전시키고 '다소 부족'으로 분석된 속성은 좀 더 보완하기 위한 전략을 계획해 보도록 한다.

Activity '초월' 덕목 점검

자신의 강점 속성	자신의 부족한 속성
강점 속성을 발전시키기 위한 전략	부족한 속성을 발전시키기 위한 전략

Tip 2-7 나의 유머감각 알아보기

다음 문항을 주의 깊게 읽고 당신이 지난 1년간 실제로 어떠했는지에 근거하여 가장 적절한 숫자에 ○표 하시오.

	전혀 아니다	약간 그렇다	어느 정도 그렇다	상당히 그렇다	매우 그렇다
나는 내가 무슨 일을 하든지 유머를 곁들이려고 노력한다.	1	2	3	4	5
나는 다른 사람들을 웃게 하고 즐겁게 하는 것에서 만족을 느낀다.	1	2	3	4	5
대부분의 사람들은 나와 함께 있으면 즐겁다고 한다.	1	2	3	4	5
나는 유머로 다른 사람의 하루를 기쁘게 하는 것을 좋아한다.	1	2	3	4	5
나는 유머감각이 뛰어난 사람으로 알려져 있다.	1	2	3	4	5
나는 평소에 다른 사람을 즐겁게 하거나 웃게 만드는 유머감각이나 장난기가 많은 편이다.	1	2	3	4	5

◈ 결과해석

6~9점 : 유머감각이 부족한 상태이므로 계발을 위한 적극적인 노력이 필요함.
10~20점: 유머감각이 보통 수준으로 계발을 위한 노력이 필요함.
21~25점: 상당한 유머감각을 지니고 있으므로 강점으로 계발하기 바람.
26~30점: 매우 탁월한 유머감각을 지니고 있으며 대표 강점으로 계발하기 바람.

출처: 권석만(2008). 『긍정 심리학』

◈ Activity 유머감각 증진하기

다음과 같은 내용으로 조별 활동을 실시하고 각각의 경험을 나누거나 발표하도록 한다.

1. 책이나 인터넷을 통해 재미있는 이야기를 찾아 조원들을 즐겁게 만든다.
2. 매일 가족들에게 재미있는 이야기를 들려주어 즐겁게 만든다.
3. 1주일에 2~3회 이상 가족이나 친구와 함께 유머나 코믹 영상을 보면서 최대한 크게 웃는다.

최근 보육교사 자격을 취득하기 전인 예비보육교사 시기에 적합한 인성을 갖추도록 하기 위한 다양한 시도들이 시행되고 있다. 보건복지부는 2016년 1월부터 어린이집 보육교사 자격취득을 위한 교육과정에 인성교육에 해당되는 '보육교사론(인성)'과 '아동권리와 복지' 두 과목을 필수 교과목으로 추가하였으며(보건복지부, 2015), 보육교사의 인성 함양을 위한 연구들과 정책적 접근이 시도되고 있다. 앞으로도 보육교사의 인성 함양을 위한 보다 다양한 정책들이 개발될 것이다.

Tip 2-8 Waggoner와 Herndon의 영아 인성교육을 지원하기 위해 교사가 갖추어야 할 개인적 특성

요소	특성
발달단계에 대한 민감성 (be sensitive to development stage)	영아의 인성발달을 지원하기 위해 교사가 갖추어야 할 개인적인 특성은 발달 단계에 대한 민감성임. 교사는 영아가 성장함에 따라 기대할 수 있는 수준이 어느 정도인지 명확히 알고 있어야 하며, 이를 기반으로 발달적으로 적절한 기대를 할 수 있어야 함. 교사가 나쁘거나 부적절하다고 규정하는 대부분의 문제행동은 이 시기 영아가 자연스럽게 하는 행동들일 경우가 많음. 이런 행동을 한다고 영아의 인성이 그릇될 것이라고 염려할 필요는 없음
인내심 (be patient)	영아에게 인성을 가르친다는 것은 특정 인지 기술이나 행동을 교육시켜 구체적으로 평가할 수 있는 산출물을 내는 과정이 아님. 영아가 인성을 발달시키는 과정은 누적적이고 점진적이며 대개는 관찰할 수 없는 것일 경우가 대부분임. 즉, 영아의 인성발달은 블록을 차례대로 쌓는 것이 아니라 전체 발달 영역을 통해 통합적으로 이루어지는 것임

출처: 이완정, 이윤선, 권기남(2015), 재인용

Tip 2-9 Colker(2008)의 유아 인성교육을 지원하기 위해 교사가 갖추어야 할 개인적 특성

요소	특성
열정(passion)	영유아에 대한 열정으로 신체적, 경제적, 어려움에도 불구하고 이 직업을 선택하도록 동기화시키는 기반이 됨
끈기 (perseverance)	영유아의 요구나 교육 문제에 대한 자신의 신념을 향해 노력하고자 하는 의지이며 영유아와 그 가족의 삶을 지원하겠다는 자세를 갖게 함
위험에 대한 감수 (willingness to take risks)	영유아를 위한 목표를 구현하기 위해 현재의 기준을 되짚어 보고 보다 나은 해결책을 구하겠다는 태도로 나타남

요소	특성
실용주의 (pragmatism)	끈기나 위험에 대한 감수의 반대 측면으로 영유아를 위한 목표의 달성을 위해 언제, 어떻게 자신의 자원을 사용해야 하는지 알고 이를 위해 협상함
인내(patience)	실용주의와 같은 측면으로 영유아의 가족과 의사소통하거나 시스템을 다루고자 할 때는 인내심이 필요하다는 것을 인식하고 있음
유연성(flexibility)	예기치 않은 변화(날씨의 변화, 운영비의 갑작스러운 삭감 등)에도 영유아의 복리를 위해 이를 감당할 수 있게 함
존중(respect)	영유아의 가족에 대한 존중이 교사의 가장 기본적인 자질이 되어야 함을 인식함
창의(creativity)	충분하지 않은 물리적 환경 속에서도 작업할 수 있으며, 서로 다른 방식으로 배우는 영유아의 특성을 인식하고 개별적 교수를 해 줄 수 있는 기반으로 작용함
진정성 (authenticity)	자기 인식(self-awareness)이 잘되어 있으며, 자신이 무엇을 지향하고 있는지 객관화시켜 파악하고 있음
배움에 대한 열의 (love of learning)	스스로 항상 배우는 사람이 되고자 함
생기 (hight energy)	대부분의 영유아가 에너지 수준이 높은 상태로 교사에게 자신의 요구를 표시하기 때문에 이를 수용하고자 할 때 필요함
유머감각 (sense of humor)	배우는 과정을 재미있게 여기며 심지어 영유아가 교사를 놀릴 때라도 그것이 재미있다면 함께 웃을 수 있는 여유를 줌

출처: 이완정, 이윤선, 권기남(2015), 재인용

3. 보육교사직의 선택

사람은 누구나 자신이 선택한 직업을 통해 생계를 유지하고 생산적 사회구성원으로서의 역할을 수행하며 행복한 개인으로서의 자기실현을 한다. 자신에게 맞는 직업을 선택하여 일할 때 가장 행복한 것은 당연한 이치일 것이다. 다른 직업과 마찬가지로 보육교사직도 세 가지 요인, 즉 개인의 적성 및 흥미라는 개인내적 요인, 의미 있는 역할을 담당하는 사회적 요인, 안정성을 보는 경제적 요인을 나누어 살펴보기로 한다. 무엇보다 직업은 개인 내적 요인과 관련이 가장 많기에 이는 보다 상세히 다루기로 한다.

1) 개인 내적 요인: 적성 및 흥미

개인 내적 요인이란 자신의 적성 및 흥미에 맞다고 판단하여 선택하는 것이다. 적성(aptitude)이란 일반적으로 어떤 특정한 활동이나 직업을 수행하는 데 필요한 능력이 어느 정도인가를 의미하는 것이다. 적성에 따라 직업을 선택하는 경우에는 해당 직업에 대한 효능감도 높고 보다 더 흥미를 가지고 몰입할 수 있다. 다시 말해 보육교사의 업무가 개인의 적성에 적합한 경우 큰 어려움이나 긴장 없이 효율적으로 업무를 수행하게 될 것이고, 이는 업무에 대한 성취감을 증진시켜 결과적으로 교사의 효능감을 높이게 된다(오숙자, 최진아, 2014). 김혜경(2013)은 보육교사 적성검사를 개발하였다. 이 항목들에 의하면 적성은 일곱 가지 하위요인으로 나뉜다. 보육교사의 직무에 맞추어진 적성검사를 개발한 점이 매우 긍정적으로 평가되기에 제시한다.

(1) 대인관계 능력

보육시설의 인적 구성원, 학부모, 기타 운영진과 협력적이고 원만한 대인관계를 이룰 수 있는 적성을 말한다. 각 항목을 소개하면 다음과 같다.

- 가정에서 지도하는 학부모들에게 자녀가 어린이집 생활을 잘할 수 있도록 알려줄 수 있다고 생각하는지?
- 어린이집 활동에 부모들을 참여하게 할 수 있는지?
- 어린이집의 효과적인 운영을 위하여 교사와 운영진 간의 협력을 촉진시킬 수 있는지?
- 학부모와 원만하게 잘 지낼 수 있는지?
- 동료교사들이 성공적으로 영유아들을 지도할 수 있도록 도와줄 수 있는지?
- 동료교사, 원장과 원만하게 잘 지낼 수 있는지?

(2) 영유아에 대한 수용성과 민감성

영유아의 잠재력, 특성, 능력, 인격의 차이를 있는 그대로 수용하고 민감하게 알아차리며 적절히 반응하는 적성을 말한다. 각 항목을 소개하면 다음과 같다.

- 영유아가 모두 개별적 능력이 있음을 인정하여, 존중해 주는 태도를 갖추었다고 생각하는지?
- 영유아 간의 차이를 받아들일 수 있을 정도의 열린 마음을 가졌는지?
- 영유아를 있는 그대로 받아들일 수 있다고 생각하는지?
- 서로 다른 영유아를 차별하지 않고 공평하게 대할 수 있다고 생각하는지?
- 영유아의 말과 행동에 민감하고 적절하게 반응할 수 있다고 생각하는지?
- 영유아의 지나치게 느리거나 빠른 행동을 보고, 영유아 각자의 다른 특성으로 이해해 줄 수 있는지?
- 영유아와 계속 같은 대화를 반복하게 되는 경우 그것을 영유아의 특성으로 인정해 줄 수 있는지?
- 영유아의 환경이 아닌 그 영유아 자체를 인격적으로 볼 수 있는지?
- 모든 편견을 버리고, 영유아의 잠재력을 끌어낼 수 있다고 생각하는지?

- 성격이 모난 쪽으로 갈 가능성이 있는 영유아를 빨리 알아보고 원인과 해결방법을 찾을 수 있다고 생각하는지?
- 영유아의 정신적 육체적 건강과 신호를 민감하게 알아차릴 수 있는지?
- 다방면의 지식이 있어 영유아의 교육에 도움을 줄 수 있다고 생각하는지?
- 새로운 것을 탐색하고자 하는 호기심이 있는 편인지?
- 자신이 가진 재능, 흥미, 성격을 고려해서 하고 싶은 일을 선택하는 편인지?

(3) 창의성과 자기개발

새로운 것을 탐색하고 자신의 능력, 흥미, 성격 등을 잘 파악하여 이를 발전시키기 위한 노력을 할 수 있는 적성을 말하며 각 항목을 소개하면 다음과 같다.

- 자신이 어떤 것을 잘하는지를 알고 그런 능력을 향상시키고자 노력하는지?
- 궁금한 것이 있으면 해결될 때까지 다양한 자료를 찾아보는지?
- 자기방전에 관심을 가지고 있는지?
- 어떤 일에 대하여 뜻한 대로 이루어질 수 있다고, 스스로의 능력을 믿는 마음이 강한 편인지?
- 학교나 집에서 개인적인 목표를 세우고 목표달성을 위해 열심히 하는지?
- 영유아의 눈높이에 맞게 상상력이 풍부한 편인지?
- 어떤 생각이나 느낌을 언어나 몸짓으로 나타낼 수 있는 능력이 좋은 편인지?
- 가르치거나 지도하거나 상담하는 일에 흥미를 가지고 있는지?

(4) 영유아에 대한 친화력

영유아들을 돌보고 놀이하는 것을 선호하며 잘할 수 있는 적성으로 각 항목을 소개하면 다음과 같다.

- 영유아를 좋아하는지?
- 기분 상하는 일이 있어도 영유아 앞에서는 항상 웃으며 생활할 수 있는지?

- 영유아가 잘 따르는지?
- 영유아와 놀이하는 것을 좋아하는지?
- 항상 웃는 얼굴로 영유아를 반길 수 있다고 생각하는지?
- 보육교사 일을 억지로 하지 않고 편안한 마음으로 할 수 있다고 생각하는지?
- 영유아와의 자유놀이에 적극적으로 참여할 수 있다고 생각하는지?
- 다정하고 자상한 성격인지?
- 영유아를 돌보는 일을 좋아하는지?

(5) 영유아에 대한 안전 관리 능력

영유아의 위험을 체크하고, 규칙에 어긋나는 행동을 세심하게 파악하고 단호하게 대처하여 안전하게 관리할 수 있는 능력을 말하는 것으로 각 항목을 소개하면 다음과 같다.

- 교실 내의 문제행동을 통제할 수 있다고 생각하는지?
- 영유아가 위험하거나 해서는 안 되는 행동을 할 때 단호하게 대처할 수 있다고 생각하는지?
- 여러 가지 상황을 판단할 수 있는 상황 판단력이 있는 편인지?
- 영유아에게 발생하는 갑작스러운 사고를 예방할 수 있을 정도로 주의력이 깊고 조심스러운 편인지?
- 영유아를 꼼꼼하게 챙길 수 있을 정도로 세심한 편인지?

(6) 업무에 대한 소명감

업무에 대한 직업가치를 가지고 있고, 책임감을 가지고 있는지 등의 적성을 말하는 것으로 각 항목을 소개하면 다음과 같다.

- 다른 사람들의 교육, 건강, 또는 복지를 개선하는 직업이 가치 있다고 생각하는지?

- 영유아가 하는 말은 모두 의미가 있으므로 잘 들어야 한다고 생각하는지?
- 아동을 둘러싼 가족에 대해서도 이해해 줄 수 있다고 생각하는지?
- 맡아서 해야 할 임무나 의무를 중히 여기는 편인지?
- 규칙을 준수하고, 규칙 안에서의 이해와 타협을 중요시하는 편인지?
- 식사하던 중에 기저귀를 갈 수 있다고 생각하는지?
- 영유아발달과 보육에 관한 전문지식이 필요하다고 생각하는지?
- 부모와 떨어져 있어 부모를 그리워하는 영유아를 보면 애처롭다는 생각이 드는지?
- 영유아의 삶에 영향을 줄 수 있는 보육교사는 책임감을 가져야 한다고 생각하는지?
- 보호만을 중시하거나 교육만을 중시하기보다 보호와 교육 모두를 중요하게 여겨야 한다고 생각하는지?

(7) 긍정적 정서

평소에 긍정적이고 안정적인 정서 상태인지, 스스로 정서를 안정되게 조절하는지에 대한 적성으로 각 항목을 소개하면 다음과 같다.

- 평소에 긍정적으로 생각하는 편인지?
- 힘든 일이 있어도, 내일이 되면 잊어버리는 편인지?
- 감정 기복이 심하지 않고 마음의 안정을 잘 유지하는 편인지?
- 맡은 업무를 적극적이고 즐겁게 찾아서 할 수 있는 편인지?

Tip 2-10 좋은 교사의 자질

범주	개념	내용	특성
인격을 갖춘 교사	학생들과 강한 유대와 신뢰를 형성하고 있는 교사	• 교사와 학생의 지속적인 상호 관계 형성	돌봄
전문성을 갖춘 교사	잘 가르치는 교사	• 교과의 성격이나 목적에 맞게 가르침 • 학습자의 학습 성공 가능성을 최대화함	배움
미래사회가 요구하는 역량을 갖춘 교사	지도적인 교사	• 수업능력 개발 • 학생들의 다양한 관심과 능력을 심화시키기 위해 자신의 재능과 역량을 충분히 발휘할 수 있어야 함	공동체적 활동에 참여

출처: 김희용(2007). 「좋은 교사의 자질」

2) 사회적 요인: 의미 있는 역할 담당

직장인들의 행복도에 영향을 미치는 요인들을 조사한 삼성경제연구소(2013)의 보고서는 소명의식을 가지고 자신의 일에 의미를 부여하도록 하는 것을 직장인의 행복 증진 방안 가운데 하나로 제시하고 있다(장진이, 이지연, 2014, 재인용). 소명(calling)이란 삶의 의미와 목적을 부여하게 하고 자신의 일이 사회에 기여할 수 있다는 인식을 가능하게 함으로써 특정 직업을 선택하게 할 뿐 아니라 일이나 업무를 소명으로 재구조화하여 수행할 수 있도록 한다(신윤정, 2013).

여러 어려움 속에서도 보육직을 수행하는 교사들은, 요즘처럼 사회적으로 보육의 의미가 강조되는 시점에는 자신이 사회에서 중요한 역할을 담당하고 있다는 소명의식을 가지고 있다. 이와 관련하여 보육교사직의 사회적 요인을 국가 사회적인 역할을 담당하는 면과 영유아들에 대한 사회적 책임 면에서 다루도록 한다.

(1) 국가 사회적인 역할을 감당

보육은 현재 국가 사회적인 의의를 많이 가지고 있다. 특히 우리나라의 경우 저출산 현상으로 인해 질적인 보육이 모든 사람의 관심을 받고 있는 실정이다. 이런 상황이지만 보육교사는 여전히 쉽지 않은 직업임에 틀림이 없다. 만약 똑같은 보수의 일과 비교한다면 오히려 더 어려운 일이라 할 수도 있다. 그러나 보육교사는 본인이 국가 사회적으로 의미 있는 보육을 담당한다는 소명의식을 가지고 그 일을 수행한다.

(2) 영유아들에 대한 사회적 책임

사회적 책임성이란 사회적으로 어려움에 처해 있거나 도움이 필요한 사람을 도와야 한다는 미시적 개념으로부터, 사회의 복지를 위한 적극적인 관심의 지향으로 보는 거시적 개념으로 정의된다. 무엇보다 한 사회의 구성원으로서 본인이 적절히 기능하는 능력을 가지는 것이고 이로 인해 사회적 헌신을 하고 사회적 변화에 공헌한다는 의미를 가진다.

보육교사로서 영유아들에 대해 사회적 책임을 가지는 사람이 보육교사직을 선택한다. 다른 어떤 대상보다도 영유아들을 보육하면서 그들의 발달시기가 매우 중요함을 인식하고 "내가 이 아이들의 발달에 대해 책임이 있지"라는 생각을 가지고 직업을 택하게 되는 것이다.

3) 경제적 요인: 안정성

최근 국가 경제가 위축되고, 젊은 층의 취업난이 가속화되고 있어 직업 선택에서 경제적 요인이 최우선으로 손꼽힌다. 보육교사도 예외가 될 수 없다. 어떤 사람이 영유아를 담당하는 교사가 되고자 하는가에 대한 연구를 한 Huberman(1993)은 크게 세 가지로 동기를 분류하였는데, 하나가 일과 어린이와의 상호작용을 포함하는 능동적 동기이고, 둘째가 잠정적 직업으로 택하는 수동적 동기, 그리고 세 번째가 바로 경제적 측면, 근무조건, 안정성 등을 고려한 물질적 동기(민성혜, 신혜원, 김의향, 2012, 재인용)라고 하였다. 물질적 동기란 생활비를 벌거나 경제적으로 독립하기 위하여, 유리한 근무조건, 일의 자유로움, 직무안정성, 여성 직업으로써의 선호 등을 들 수 있다. 보육교사의 처우개선이 항상 이슈가 됨에도 불구하고 보육교사직에 대한 인기는 그다지 식지 않고 있다.

김선영(2000)의 오래전 연구에서는 여성의 직업 선택 시 남성과 다른 직업가치를 가지고 있다고 보고하고 있다. 그에 따르면 여성의 직업 선택 시 남성과는 다른 가치를 추구하는데 여성은 수입, 승진가능성, 직업적 지위와 같은 외적이고 물질적인 보상보다는 인간관계 지향적이고 애타적인 영역의 직업을 통한 내적 보상을 추구한다는 것이다. 물론 시대적으로 많은 변화가 있지만 아직도 관계지향적인 부분이 있는 직업 중 안정성을 부여하는 직종에 대한 여성의 선호는 있을 수 있다.

Activity '보육교사직 선택 동기' 점검

※ 나의 보육교사직 선택 이유는 무엇인지를 각 내용에 따라 적으시오.

개인 내적 요인	사회적 요인	경제적 요인

※ 앞에서 정리한 자신의 보육교사 선택 이유들을 우선순위대로 나열해 보고 다른 사람의 경우와 비교해 보시오.

나의 우선적인 동기		타인의 우선적인 동기	
1순위		1순위	
2순위		2순위	
3순위		3순위	
4순위		4순위	
5순위		5순위	
6순위		6순위	

〈공통점과 차이점〉

대체로 영유아를 가르치고 영유아의 전인적 발달을 지원하는 일이 가치 있다는 신념에 근거하여 보육교사직을 선택한다면 이 일이 재미있을 뿐만 아니라 성취감을 느끼며 자아를 실현할 수 있다.

Tip 2-11 Huberman(1993)의 교직을 선택하는 동기

1 능동적 동기

- 영유아들과의 접촉이 편해
- 선호하는 교과목
- 영유아에 교사직에 대한 자신의 발견
- 영유아를 가르치며 지식을 전달하고자 하는 욕구
- 영유아에게 중요한 영향을 미치는 역할을 수행하고자 하는 욕구

- 영유아 관련 학문적인 분위기에 머물러 있고 싶어 하는 욕구
- 배운 학문과 선택의 기호로서의 자연적인 경향
- 다른 사람(영유아)에게 지시하고자 하는 욕구
- 교육에 대해서 부족하다고 인지한 것에 대한 보상

2 물질적 동기

- 생활비를 벌거나 경제적으로 독립
- 유리한 근무조건
- 일의 자유로움
- 근무의 유동성과 다양성
- 직무의 안정성
- 가정생활과 병행할 수 있는 가능성
- 현재보다 높은 사회적 지위로 상승

3 수동적 동기

- 더 좋은 직업이 없어서
- 직업이나 미래 비전을 선택하는 순간에 우발적으로 선택(예: 대학입학 성적을 기준으로 전공 선택, 비상상태에서 우연히 영유아를 가르치는 일에 참여한 경험 등)
- 잠정적으로 교직을 수행하다가 바꾸지 못해서

출처: 홍화연(2015), 재인용

Tip 2-12 Kronus의 교직에 대한 세 가지 매력

1 직무 내적인 보상

교사직을 수행하면서 영유아 및 부모들과의 상호 간의 접촉에서 경험하는 즐거움과 성취감을 매력으로 생각하여 교직을 선택하는 것이다.

2 직무 외적인 보상

교사직이 다른 사람의 삶에 영향을 미치는 기회를 갖는 것과 봉급 및 교직에 대한 위신을 매력으로 생각하여 선택하는 것이다.

3 직무 보상적인 보상

교사직의 안정성과 방학과 같은 자유로운 시간을 갖는 유리함을 매력으로 생각하여 선택하는 것이다.

출처: 홍화연(2015), 재인용

CHAPTER 03

보육교사 직무

1. 보육교사의 역할
2. 보육교사 직무 내용
3. 국가직업능력표준(NCS)에 따른 보육교사 직무

1. 보육교사의 역할

보육교사의 역할에 대해 학자들의 관점에 따라 또는 시대의 변화에 따라 다양하게 제시되고 있는데 이는 보육교사의 직무에 대한 관점이 달라지고 있기 때문이다. 여기서는 보육교사가 직무를 수행해야 하는 대상이 누구인지에 따라 각기 다른 특성의 역할을 수행해야 한다. 보육교사가 직무를 수행하는 대상에 따라 보육교사의 역할을 살펴보고자 한다.

1) 영유아와의 관계에서의 역할

첫째, 영유아와의 관계에서 보육교사는 보호자 및 양육자의 역할, 훈육자의 역할, 보육과정 계획 및 운영 역할, 교수 및 촉진자 역할, 의사결정자 역할 등을 수행한다.

1 보호자 및 양육자 역할

보육교사는 영유아가 안전하고 건강하게 성장할 수 있도록 기본적인 욕구를 해결해 주어야 하고 건강과 안전을 돌보아야 한다. 최근 가족구조의 변화 등으로 인해 어린 연령부터 어린이집에서 생활하는 영유아가 건강하게 성장하기 위해서는 보호자 및 양육자 역할이 더욱 중요하다.

2 훈육자의 역할

자기중심적인 성향이 강하고 자기 조절능력이 부족한 영유아가 어린이집에서 다른 사람과 함께 생활하기 위해서는 질서와 규칙을 이해하고 이를 실행하는 능력을 발달시켜야 한다. 그러나 영유아는 질서와 규칙을 이해하고 수행하는 데 필요한 도덕적 발달이 부족한 시기이므로 교사가 일상생활 속에서 일정한 질서와 규칙에 대한 모델링을 제시하고 문제 상황을 예방하는 역할을 해야 한다.

3 보육과정 계획 및 운영 역할

영유아 발달 특성에 적합한 보육과정을 계획해야 한다. 개별적으로 흥미와 욕구가 다양한 영유아의 특성을 고려하고 효율적인 보육 환경을 구성하고 제공함으로써 영유아의 건강한 성장과 발달을 지원해야 한다.

4 교수 및 촉진자 역할

보육교사는 각 영유아의 개별적인 발달 수준과 흥미 및 욕구를 정확히 분석하여 각 수준에 적절한 교육적 경험과 활동이 될 수 있도록 정보를 제공하고 영유아와 상호작용하면서 영유아의 발달을 촉진해야 한다.

5 의사결정자 역할

영유아는 항상 다양한 요건과 상황에 영향을 받을 뿐만 아니라 매일 영유아 각자의 정서 및 신체적 상태에 따라 반응이 다르기 때문에 보육교사는 수많은 의사결정을 해야 한다. 보육활동의 계획과 조직, 집단 구성원의 구성과 집단 활동 시간, 일과 시간 운영 등에서 보육교사는 영유아에게 가장 효과적인 보육이 될 수 있도록 끊임없이 의사결정을 해야 한다. 따라서 보육교사는 항상 영유아를 주도면밀하게 관찰하고 평소에 분석한 영유아의 개별적인 특성을 고려해야 하며 보육과정 계획 및 실행에 적극적으로 반영할 뿐만 아니라 영유아와의 상호작용에도 반영해야 한다.

2) 부모 및 가족과의 관계에서의 역할

영유아 부모 및 가족과의 관계에서 보육교사는 교류자의 역할과 정보제공자의 역할을 해야 한다.

1 교류자 및 정보제공자의 역할

보육교사는 부모 및 가족과 함께 협력하여 영유아를 보육해야 한다. 영유아 및 가족의 욕구를 파악하여 보육에 반영해야 하므로 부모와 원활한 의사소통을 해야 한다. 부모 및 가족과 신뢰로운 관계를 형성하여 매일 보육상황에 반영해야 하므로 각 영유아에 대한 정보를 수집하고 일상생활에서 나타난 영유아의 성장과 특성에 대한 정보를 부모에게 제공함으로써 부모 및 가족과 조화롭게 협력해야 한다.

2 상담 및 정서 지원자의 역할

보육교사는 영유아 발달 및 보육에 대한 전문지식과 각 영유아에 대한 관찰 및 평가 자료를 토대로 부모 및 가족이 영유아를 건강하게 양육할 수 있도록 도와주어야 한다. 대체로 부모와 가족들은 영유아에 대한 전문지식이 부족하고 자신의 아이만을 양육하기 때문에 자녀에 대한 이해가 부족하기도 하고 자신의 부모 역할에 대해 자신감이 없어지기도 한다. 이런 부모들에게 전문적인 지식을 토대로 건강한 양육지침을 제공하거나 정서적 지지를 해 줌으로써 건강한 부모-자녀 관계를 형성하도록 도울 수 있다.

3) 보육교직원과의 관계에서의 역할

어린이집 구성원과의 관계에서 보육교사는 상호협력자로서의 역할과 연구자로서의 역할을 해야 한다.

1 상호협력자의 역할

보육교사는 자신의 직무를 수행하려면 모든 보육교직원과 밀접한 관계를 형성하고 협력해야만 한다. 보육교사의 모든 직무는 어린이집의 원활하나 행정 및 재정적 운영과 밀접하게 연관되어 있기 때문이다. 따라서 보육교사는 한 조직의 구성원으로써 다른 보육교직원과 상호작용하면서 업무적으로 긴밀하게 협력하는 능력을 갖추어야 한다.

2 연구자로서의 역할

보육교사는 영유아에게 보다 전문적이고 효과적인 보육을 제공하기 위해 연구하고 이를 일상생활에서 실천하도록 노력해야 한다. 이를 위해 자신의 보육활동 및 역할에 대해 스스로 장학하거나 다른 구성원들과의 세미나 및 외부 교육 등을 통해 연구해야 한다.

4) 지역사회와의 관계에서의 역할

지역사회와의 관계에서 보육교사는 지역사회와 교류자의 역할과 보육서비스 전문가 역할을 해야 한다.

1 지역사회와의 교류자 역할

보육교사는 어린이집이 속한 지역사회의 다양한 프로그램이나 사회적 지원을 파악해야 한다. 영유아 및 가족의 욕구나 필요를 분석하여 영유아와 및 가족과 지역사회의 다양한 프로그램 및 사회적 지원을 효과적으로 연계해야 하기 때문이다. 또한 지역사회에 어린이집의 프로그램 등을 소개하고 자원봉사자의 지원을 얻어 보다 효과적으로 보육을 운영해야 한다.

2 보육서비스 전문가 역할

사회적인 변화 등으로 인해 건강하게 영유아를 성장시키기 위한 보육서비스의

Tip 3-1 학자들에 따른 보육교사 역할

학자	영유아 교사 역할
Katz(1970)	모친유형, 수업모형, 치료모형
Poole(1979)	보호자, 촉진자, 교수자, 실험자, 교육적 협력자, 평가자, 전이자, 대리적 지지자, 교육과정계획자
Spodek(1985)	양육 역할, 교수 역할, 인격함양 역할
이은화(1985)	환경제공자, 관찰자, 프로그램 계획자, 연구자, 부모교육 담당자, 평가자
Schickedanz et al., (1990)	지식전달자, 계획 · 조직 · 평가자, 훈육자, 의사결정자
Saracho(1997)	교수조직자, 교육과정 설계자, 진단자, 상담자 및 조언자
유희정(1997)	양육자, 교수자, 관계기관과의 관계 형성 및 유지자, 부모 및 지역사회와의 관계 형성 및 유지
오문자(2001)	능동적 지식 구성자, 문화형성 주체, 유능한 의사결정자, 연구자, 공동학습자
김은설 외(2009)	교사, 대리 양육자, 상담자/부모교육자, 사회복지실천가, 교류자, 보육서비스 전문가

출처: 박은혜(2013)

정책 및 방법 등은 급속히 변화되고 있다. 따라서 보육현장에 대한 정보와 영유아의 건강한 성장에 필요한 요구 등에 대한 보육전문가로서의 견해를 제시해야 한다.

한편, 영유아를 지도하는 교사의 역할을 모성적 역할(maternal model), 치료적 역할(therapeutic model), 교수적 역할(instructional model) 등 세 가지 유형으로 제시한 Katz(1972)의 모형을 살펴보면 다음과 같다.

1 모성적 역할(maternal model)

모성적 역할이란 영유아들이 안전하고 편안하며 행복하게 성장하도록 하는 데 강조점을 두는 것이다. 이는 대리 양육자 역할(보건복지부, 1997)로 주로 언급된다. 영유아를 안전하게 보호하고 신체적 · 심리적 요구를 충족시켜 주는 양육자의 역할을 함으로써 영유아에게 심리적인 안정감과 신체적인 편안함을 제공해 줄 수 있어야 한다는 것이다.

영유아들은 부모와 분리되어 어린이집에서 오랜 시간 교사와 지내게 된다. 최근 이루어지고 있는 영유아와 교사와의 애착을 살펴보는 연구에 의하면 교사와 영유아 간의 애착이 영유아의 성장과정에 지대한 영향을 미친다고 보고되고 있다(김영명, 1997; 김은희, 1992;, 이현호, 1997; Goossens & van IJzendoorn, 1990). 이들 연구에 따르면 보육교사와 영유아 간에도 어머니와 자녀 간에 이루어지는 애착과 같은 질적인 관계가 형성되며 그 관계의 질에 따라 영유아 발달이 달라진다고 한다. 즉, 애착 대상인 교사가 자신의 요구에 민감하게 반응해 줄 것이라고 믿는 신뢰감이 형성된 영유아는 교사를 안전기지(secure base)로 삼아 적극적으로 탐색활동을 하여 인지발달, 언어발달 등이 증진되었다. 또한 어머니와 불안정 애착을 형성한 영유아라도 교사와 안정적인 애착을 형성하게 되면 교사-영유아 간의 안정애착이 이를 보완할 수 있다(Goossens & van IJzendoorn, 1990). 보육교사가 영유아의 정서적 필요에 반응하고, 집단 보육상황에서 또래와의 갈등을 해결해 주는 동시에 사회적 관계의 모델이 되므로 영유아 발달에 지대한 영향을 주기 때문이다.

2 치료적 역할(therapeutic model)

치료적인 역할이란 영유아가 자신의 감정을 표현하도록 돕고, 긴장을 풀어주고, 내적 갈등을 해결하도록 돕는 데 중점을 두는 역할이다. 보육교사의 치료적 역할은 두 가지 방향에서 살펴볼 수 있다. 첫째, 영유아가 놀이를 통해 자신의 부정적인 감정을 발산하고 자신을 적절하게 표현하는 방법을 익히며 사회적 규칙을 배우도록 지원하는 것이다. 보육교사는 놀이의 치료적 효과를 정확히 인식하고 이를 토대로 영유아를 지도해야 한다. Freud는 놀이의 가치가 정서적인 것이며 영유아의 불안감을 감소시키는 데 효과가 있다고 하였다(이영 외, 2015). 예를 들어 질병으로 인해 오랜 시간 치료를 받았던 영유아가 병원놀이를 하면서 인형에게 '아프게 주사 놓기'를 반복한다면 교사는 영유아가 주사에 대한 두려움을 발산하고 있음을 인식하고 이를 지원해 주어야 한다. 아픈 주사 놓기 놀이를 반복함으로써 영유아는 힘들게 주사를 맞았던 부정적 경험을 치료할 수 있다. 보육교사는 놀이 과정에 치료적 효과가 있음을 인식하고 영유아들의 놀이를 주의 깊게 살펴보고 적절히 지원함으로써 개입해야 한다.

둘째, 발달에 따른 정확한 평가와 측정을 통해 부적절한 행동을 감소시키고 적절한 행동을 지도하며 영유아의 원활한 발달을 돕는 역할이다. 보육교사는 영유아의 욕구가 어떠한지, 건강한지, 기분이 어떤지, 부적응 행동이 있는지, 친구와의 관계는 어떠한지, 정서적으로 안정되어 있는지 기본생활습관을 잘 형성되었는지, 가족과의 관계는 어떠한지 등을 잘 파악해야 한다. 영유아가 심각한 부적응 행동을 보이기 전에 적절한 평가와 측정을 통해 적절하게 교육을 해 줌으로써 건강한 발달을 지원할 수 있기 때문이다.

3 교수적 역할(instructional model)

교수적 역할은 지식과 정보를 전달하고 영유아가 기술을 발달시키도록 하는 역할이다. 보육교사는 전문적인 지식과 태도, 전문적인 자질을 토대로 국가수준의 보육과정을 자신이 담당한 영유아의 발달적 특성, 보육시설의 상황, 그리고 학부모와 지역사회의 요구 등을 고려하여 교육내용을 계획하고 이를 실행해야 한다. 교수적 역할은 영유아의 연령이 많아질수록 더욱 강조되는데, 영유아의 연령이 높아질수록 발달에 적합한 교육적 자극이 제공되어야 하고 오랜 시간 어린이집에서 생활하는 영유아의 발달을 위해 매우 중요한 역할이다.

Tip 3-2 영아발달과 교사의 역할 관계

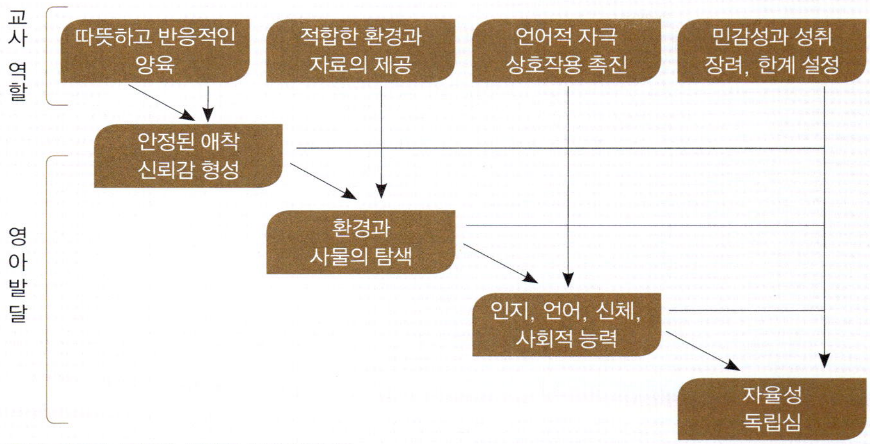

출처: 이은해, 김온기, 이미화, 이재선(1995)

Tip 3-3 보육교사 역할 수행 질문지

다음 문항들은 선생님 자신의 역할 수행 정도를 스스로 평가해 보는 문항이다. 각 문항을 읽고 선생님의 현재 역할 수행 정도를 가장 잘 나타내 준다고 생각되는 것을 표시하시오.
1. 전혀 그렇지 않다. 2. 거의 그렇지 않다. 3. 보통이다. 4. 대체로 그렇다. 5. 매우 그렇다.

교육과정 설계자로서의 역할		1	2	3	4	5
1	기관의 철학에 근거하여 교육목적을 세운다.					
2	교육목표, 내용, 방법의 일치 정도를 고려한다.					
3	교육내용 선정 및 조직 시 융통성을 부여한다.					
4	발달적으로 적합한 학습내용을 선정하고 조직한다.					
5	영유아의 요구와 발달에 적합한 교실 구성을 계획한다.					
6	영유아의 흥미에 기초한 경험을 선정하고 조직한다.					
7	보육계획안을 체계적으로 수립한다.					

	교육과정 설계자로서의 역할	1	2	3	4	5
8	다양한 교수전략을 모색한다.					
9	교육활동 전개에 필요한 세부적인 교육계획을 세운다.					
10	여러 가지 교육활동을 통합적으로 조직한다.					
11	실내 환경구성을 계획한다.					
12	실외 환경구성을 계획한다.					
13	평가유형과 방법을 계획한다.					
14	지역사회의 특성을 반영한다.					

	일과 계획 및 수행자로서의 역할	1	2	3	4	5
1	체계적인 일과 계획을 세운다.					
2	일과 계획에 따라 활동을 전개한다.					
3	효과적인 교수-학습방법을 통하여 학습활동을 촉진한다.					
4	영유아의 흥미 요구를 고려하여 발달수준에 맞게 개별적으로 지도한다.					
5	상황에 따라 활동을 전개한다.					
6	발생된 문제의 내용에 따라 적절히 개입하여 중재한다.					
7	일과 계획 시 활동의 융통성과 다양성을 고려한다.					
8	영유아의 긍정적인 상호작용을 도모한다.					
9	필요한 교재 및 교구를 활용한다.					
10	활동과 활동 간의 연결(전이)을 적절히 이끈다.					
11	교재와 교구를 정리 · 정돈 한다.					
12	하루 일과를 평가한다.					

	상담자 및 조언자로서의 역할	1	2	3	4	5
1	영유아에게 관심 및 애정을 표현한다.					
2	영유아의 정서 상태를 파악한다.					
3	영유아 스스로 의사결정을 하도록 도와준다.					
4	영유아의 창의적인 성장을 도모한다.					
5	영유아의 개별성을 인정한다.					
6	영유아의 자아실현을 도와준다.					
7	문제해결을 위해 조언하며 중재한다.					
8	특별한 요구를 지닌 영유아에 대해 지원해 준다.					
9	부모협의회를 운영한다.					

	연구자로서의 역할	1	2	3	4	5
1	프로그램 평가에 대한 계획을 세운다.					
2	프로그램에 대한 평가를 실시한다.					
3	현장을 기초로 한 연구를 수행한다.					
4	영유아의 성장과 발달에 대한 이해를 증진시킨다.					
5	문제행동의 원인을 분석한다.					
6	영유아에 대한 평가결과를 교육과정에 반영한다.					
7	적절한 평가기술을 습득한다.					
8	교수기술을 향상시키기 위해 노력한다.					
9	현장의 문제 및 실태 파악을 통하여 현장개선을 위해 노력한다.					
10	영유아 학습 정도를 파악한다.					
11	새로운 이론 및 활동을 현장에 적용한다.					
12	교사 자신의 교육관 및 가치를 탐구하고 정립한다.					

	연구자로서의 역할	1	2	3	4	5
13	자기장학 및 동료장학에 참여한다.					
14	전문가 단체 및 협회에 참여하여 활동한다.					

	행정업무 관리자로서의 역할	1	2	3	4	5
1	교재 및 교구 구입에 대한 계획 수립에 참여한다.					
2	교재 및 교구를 기준에 따라 목록화한다.					
3	교육적인 행사를 준비하고 실시한다.					
4	필요 시 활용할 수 있도록 학부모와의 긴밀한 연락체계를 수립한다.					
5	영유아에 대한 각종 기록을 보관한다.					
6	원장과 원만한 인간관계를 유지한다.					
7	학부모와 상호 협조하고 유대관계를 맺는다.					

	건강 및 영양관리자로서의 역할	1	2	3	4	5
1	영유아에게 건강 및 영양에 대한 기본교육을 실시한다.					
2	생활기록부에 전염병, 예방접종, 건강검진 결과, 병력, 알레르기, 발달상황 등을 기록한다.					
3	각종 전염성 질환에 대한 정보를 가지고 있으며 발생 시 부모에게 알리고 격리 조치한다(예: 볼거리, 수족구, 수두 등)					
4	영유아를 대상으로 연 1회 이상 건강검진과 체력검사를 실시하여 부모에게 알린다.					
5	투약은 반드시 보호자의 투약의뢰서나 의사의 처방에 따른다.					
6	상해 발생에 대비한 절차가 수립되어 있으며 상해 발생 시 절차에 따라 조치하고 부모에게 알린다.					

	건강 및 영양관리자로서의 역할	1	2	3	4	5
7	영유아의 손에 닿지 않는 곳에 구급상자를 비치하고 수시로 점검하고 보충한다.					
8	투약사항을 투약일지에 기록한다.					
9	영유아의 영양요구와 알레르기에 대한 정보를 파악하고 이를 반영한다.					
10	영양사가 제공하는 식단에 따라 영유아에게 급 · 간식을 제공한다.					

	안전관리자로서의 역할	1	2	3	4	5
1	실내 시설, 설비와 놀잇감의 청결 및 안전에 대한 점검을 수시로 실시한다.					
2	보완되어야 할 시설과 설비에 대한 계획 수립에 참여한다.					
3	위험한 물건은 영유아의 손이 닿지 않는 곳에 보관한다.					
4	영유아는 항상 교사의 보호하에 있다.					
5	영유아를 보호자에게 인계하는 과정에 대한 규칙을 정하고 실시한다.					
6	영유아의 사고에 대해 보육시설이 갖는 책임의 한계를 정하고 이를 부모에게 알린다.					
7	비상 시 연락처를 전화기 근처에 게시하며 대처방안이 마련되어 있다.					
8	영유아에게 정기적으로 안전교육을 실시한다(예: 소방훈련, 재난대피, 교통안전 등)					

출처: 최수아(2005)

2. 보육교사 직무 내용

'직무'란 인적자원관리 용어사전에 의하면 생산 활동에 종사하는 개별 종사자 한 사람에 의하여 정규적으로 수행되었거나 또는 수행되도록 설정, 교육, 훈련되는 일련의 업무 및 임무이다. 보육교사는 영유아에게 보육을 제공하는 사람이므로 보육교사의 직무는 영유아를 건강하고 안전하게 보호하고 양육하며 가정 내 양육을 지원할 뿐만 아니라 영유아의 발달 특성에 적절한 교육을 제공하는 것이라 할 수 있다. 보육교사의 직무는 각 업무의 특성으로 구분하기도 하고 보육교사가 매일 규칙적으로 수행하는 일과로 구분하기도 한다.

보육교사가 대체로 많이 하는 일들은 보육관련직무, 보육지원직무, 운영관련직무로 구분한다(이미화, 유희정, 2004). 다음 표 3-1 과 같이 보육계획을 작성하고 보육활동을 실시하는 등 보육서비스를 제공하는 것과 관련 직무들은 '보육관련직무'이

표 3-1 보육교사가 많이 하는 직무

직무구분	보육관련직무	보육지원직무	운영관련직무
직무영역	보육계획안 작성	식단작성	교사회의
	보육활동 실시	음식재료주문, 장보기	각종문서 및 공문처리
	영유아와 상호작용	간식 및 점심 준비	업무일지/연수보고서
	교재 · 교구 제작	우유병 소독 및 세척	출석부 정리
	일상양육활동	세탁하기	실습생지도
	영유아관찰일지	교구장 청소	자원봉사활동 관리
	건강특별활동일지	교실, 화장실, 복도 청소	차량지도
	행사준비	기기류 세척	시설물보수점검
	부모상담		전화 받기
	기타		

다. '보육지원직무'는 영유의 건강, 안전, 위생 등과 관련된 직무들이고, '운영관련 직무'는 문서관리 및 행정과 관련된 직무들이다.

교사의 직무를 보다 세부적으로 분류하면 다음 표 3-2 와 같이 교수학습 준비영역, 교수학습 실제직무영역, 교수학습 평가, 전문성 신장, 대인관계 및 사회적 업무, 영유아보호관련 업무, 학부모관련 업무, 행사관련 업무, 사무관련 업무, 시설설비관련으로 분류하기도 한다(김은영, 2013).

표 3-2 영유아 교사 직무

직무영역	직무구분
교수학습 준비영역	교육계획, 교재 · 교구준비, 환경구성, 수업준비, 수업협의
교수학습 실제직무영역	등 · 하원지도, 놀이지도, 생활지도, 상호작용, 활동운영
교수학습 평가	영유아평가, 수업평가, 교육 · 보육평가
전문성 신장	연수, 연구, 장학, 전문가로서 책무
대인관계 및 사회적 업무	대인관계, 지역사회와의 관계
영유아보호관련 업무	건강, 청결, 안전
학부모관련 업무	부모와의 연계, 부모 상담, 부모교육, 가족지원
행사관련 업무	행사준비, 행사진행, 행사 마무리
사무관련 업무	문서작성 및 관리, 사무관리, 물품관리, 운영관리
시설설비관련	시설관리, 기자재관리

보육교사의 직무를 분류하는 또 다른 방법은 영유아를 보육하는 일련의 활동들을 실행하는 순서인 하루 일과에 따라 직무를 구분하는 것인데, 이는 6장에서 상세히 다룰 것이다.

Tip 3-4 일과를 중심으로 한 보육교사 직무

구분	직무
등원 전	• 영유아 등원 전 교실 점검 • 당일 수업 계획에 따른 교재 · 교구 정비 및 수업 준비 • 화장실 청결 상태 점검, 수건 등 비품 준비
등원 및 맞이하기	• 오전 당직교사는 어린이집의 현관 또는 통합보육놀이실에서 일찍 등원하는 영유아 맞이하기 • 부모와 간단한 대화, 영유아 상태 확인 • 영유아들이 조용한 음악을 들으며 그림책 보기, 조작놀이 등의 조용한 개별활동 돕기 • 현관에 일일보고서를 비치하여 부모들이 영유아의 등원 시 심신의 상태와 전달사항 기록하도록 준비 • 담임교사가 통합보육실로 와서 영유아들과 함께 놀잇감을 정리, 각 놀이실로 이동 • 담임교사는 전체 교실환경을 점검(교실환기, 정리 · 정돈, 안전점검)하고 그날 실시될 활동 자료를 미리 준비해 놓은 상태에서 영유아 맞이하기
오전 실내 자유놀이	• 각 흥미영역에서 계획된 활동이나 유아의 자발적인 자유놀이 지원. 이때 교사는 영유아와 적극적이고 민감한 상호작용을 통해 영유아가 놀이를 통해 자연스럽게 학습할 수 있도록 돕기. 교사의 언어적 자극과 적절한 놀이 개입 중요 • 같은 종류의 놀잇감을 충분히 준비하여 불필요한 분쟁을 막고 효과적인 놀이 환경 마련 • 놀이 중에 교사는 유아를 관찰하여 유아 개인적인 특성을 파악하고 그것을 기초로 각 아동에게 적절한 방법으로 상호작용하기(놀이 촉진자, 상호작용자, 환경 조성자, 관찰자로서의 역할)
전이	• 정리 · 정돈 시간 5분 전쯤 예고, 영유아들이 놀잇감을 제자리에 정리할 수 있도록 지도 • 정리 · 정돈도 가능하면 즐거운 활동이 될 수 있도록 분위기를 이끌기 • 배변 안내 및 지도
실외 자유놀이	• 비 오는 날, 너무 추운 날을 제외하고는 가능한 한 실외 자유놀이 실시 • 실외환경의 안전점검에 유의하여 안전사고 예방 • 실외놀이와 활동은 실내놀이와 동일하게 미리 계획하고 자료 준비, 적극적으로 상호작용하고 놀이 촉진 • 신체영역, 물 · 모래놀이영역, 탐구영역에서의 활동이 고르게 일어날 수 있도록 돕기

구분	직무
집단활동	• 영유아의 주의집중이 쉽고, 교사가 전체 유아를 볼 수 있는 영역에서 실시 • 게임, 이야기 나누기, 동화 및 언어활동, 음률활동, 과학활동 등 다양한 활동계획 및 실시 • 교사가 일방적으로 주도하기보다는 영유아들의 생각을 묻고 영유아의 반응에 따라 적절하게 활동전개 • 영유아가 집중할 수 있는 시간을 고려하여 너무 지루하지 않도록 하며, 집단에 모이기 힘든 영유아는 강요하지 말고 서서히 집단에 참여하도록 돕기
간식 및 점심	• 영유아들이 감사하는 마음으로 즐겁게 식사할 수 있도록 분위기를 이끌기 • 식사시간을 통해 영양교육, 바람직한 식습관 형성, 기본 생활습관 훈련이 이루어지도록 지도(스스로 먹기, 음식 골고루 먹기, 바른 자세로 먹기, 음식과 건강에 대한 이야기 나누기) • 식사 속도가 개인에 따라 다를 수 있으므로 두 명의 교사가 적절히 영유아들을 나누어 돌보기 • 전이공간이 가까이에 있으면 활용하고 한 팀이 먼저 교실로 이동 가능 • 학기 초에는 두 명의 교사 중 한 명이 먼저 식사를 마치고 영유아 돕기
낮잠	• 놀이실의 조용하고 넓은 영역을 택해 잠자리 준비, 놀이실의 간단한 청소, 이부자리 준비, 적당한 밝기와 조용한 음악 등 준비 • 양치질, 손씻기가 끝나면 각자 잠자리에 누워 조용히 휴식하거나 낮잠을 자도록 돕기 • 낮잠 자기를 힘들어 하는 영유아는 너무 강요하지 말고 조용히 쉬도록 돕기 • 영유아들이 잠든 다음 교사는 관찰일지, 일일보고서, 자료준비 등 가능
오후실내 자유놀이	• 새로운 교육활동(교사가 미리 계획, 준비하는 학습 센터)은 너무 강조하지 말고 오전활동을 연장하거나 확장하도록 돕기 • 영유아들이 선택하는 활동을 충분히 즐길 수 있도록 교사는 교구와 자료를 제공하고 적절히 개입하기
개별활동 및 귀가준비	• 실내에서 조용하고 개별적인 활동이 이루어지도록 지도 • 귀가준비(소지품 챙기기, 옷차림과 머리 등 단정하게 챙기기) • 영아의 경우, 기저귀를 점검하고 화장실 다녀오기 • 일일보고서 현관 비치 • 귀가하는 부모와 영유아의 상태와 그날 활동 등에 관해 간단히 대화를 나눈 후 보육실 문 앞에서 인사 • 당직교사에게 남아 있는 원아들을 인도하고 전달사항 알려주기

구분	직무
영유아 하원 후	• 하루를 정리하고 다음 날 수업 및 활동 준비 • 일지, 영유아관찰기록, 작품정리 등 각종 유아 파일 정리 • 교실청소 • 교구제작 • 어린이집 전체의 문단속, 소등상태를 점검한 후 퇴근

출처: 서문희, 이미화, 구미진(2006)

보육교사의 직무는 매우 다양하고 광범위하다. 보육교사는 영유아의 개별적인 특성을 고려한 보육과정을 계획하고 실행하는 주요한 직무뿐만 아니라 영유아를 둘러싼 물리적 · 인적 환경이 안전하게 유지되도록 관리하는 직무, 원장 및 동료교사와 상호 협력적인 관계를 형성하고 또한 영유아와 가족과의 상호 협력적인 관계를 형성하는 직무도 효과적으로 수행해야 하기 때문이다.

Tip 3-5 영유아보육법에 명시된 보육교직원 직무와 책무

영유아보육법 제3장 제18조에 보육교직원의 직무를 다음과 같이 명시하였다.

① 어린이집의 원장은 어린이집을 총괄하고 보육교사와 그 밖의 직원을 지도 · 감독하며 영유아를 보육한다.

② 보육교사는 영유아를 보육하고 어린이집의 원장이 불가피한 사유로 직무를 수행할 수 없을 때에는 그 직무를 대행한다.

제18조의 2(보육교직원의 책무) 보육교직원은 영유아를 보육함에 있어 영유아에게 신체적 고통이나 고성 · 폭언 등의 정신적 고통을 가하여서는 아니 된다.

3. 국가직업능력표준(NCS)에 따른 보육교사 직무

최근 우리나라는 보육 직무를 성공적으로 수행하기 위해 요구되는 능력을 국가차원에서 통일된 기준으로 제시하였다. 산업현장에서 직무를 수행하기 위해 요구되는 지식 · 기술 · 태도의 내용을 산업 부문별, 수준별로 체계화한 국가직무능력표준이 개발되었다(NCS, 2014). 보육 직무능력표준에서는 보육을 「영유아의 보호와 양육, 보육과정 운영과 교수, 영유아의 평가 및 안내, 상담 및 정서적 지원 등의 일을 하는 직무」라고 정의하였다. 표 3-3 과 같이 보육 직무의 능력단위는 **1** 어린이집 운영방침 수립, **2** 어린이집 환경 구성, **3** 보육활동 운영, **4** 영유아 놀이지도, **5** 신체 · 예술활동지도, **6** 언어, 수 · 과학활동지도, **7** 영유아 건강 · 안전 · 영양지도, **8** 보육평가, **9** 영유아 발달지원, **10** 가정 · 지역사회와의 협력, **11** 보육운영 관리, **12** 보육연구 등 총 12개이다(김명순, 황혜정, 박영림, 김지연, 2013).

표 3-3 보육 직무능력표준 능력단위 및 능력단위요소

능력단위	능력단위요소	능력단위	능력단위요소
1. 어린이집 운영방침 수립	연간운영방안 수립하기	7. 영유아 건강 · 안전 · 영양지도	영유아 건강지도
	반 구성하기		영유아 안전지도
	보육계획안 수립하기		영유아 영양지도
	연간행사 계획하기		
2. 어린이집 환경 구성	보육실 놀이환경 구성하기	8. 보육평가	영유아 관찰 · 평가하기
	실내외 환경 구성하기		
	시설 · 설비와 비품 관리하기		보육과정 평가하기
	활동자료 관리하기		보육운영 평가하기

능력단위	능력단위요소	능력단위	능력단위요소
3. 보육활동 운영	흥미영역 운영하기	9. 영유아 발달 지원	사례별 발달지원하기
	영유아 생활 지도하기		아동 상담하기
	대 · 소집단 활동 운영하기		전문가 연계하기
	실외활동 운영하기		장애아 발달 지원하기
4. 영유아 놀이지도	기능놀이 참여 · 촉진하기	10. 가정 · 지역사회와의 협력	부모상담하기
	상상놀이 참여 · 촉진하기		부모교육하기
	구성놀이 참여 · 촉진하기		부모참여 지원하기
	놀이연계 및 통합하기		지역사회 협력하기
5. 신체 · 예술 활동지도	신체활동 진행하기	11. 보육운영 관리	보육통합정보시스템 이용하기
	음률활동 진행하기		어린이집 인사 관리하기
	미술활동 진행하기		어린이집 회계 관리하기
			보육실습 관리하기
6. 언어, 수 · 과학 활동지도	언어활동 진행하기	12. 보육연구	보육 현장 연구하기
			보육프로그램 개발하기
	수 · 조작활동 진행하기		보육교사교육 참여하기
			보육인력 멘토링하기
	과학활동 진행하기		보육관련 전문단체 및 기관에 참여하기

출처: 김명순, 황혜정, 박영림, 김지연(2013)

본장에서는 국가직무능력표준에서 제시하고 있는 보육교사의 12개 능력단위를 중심으로 보육교사의 직무를 살펴보고자 한다.

1 어린이집 운영방침 수립

이는 어린이집 운영철학에 입각하여 당해 연도 운영방안과 보육계획을 수립하는 능력으로 연간 운영방안 수립하기, 반 구성하기, 보육계획안 수립하기, 연간행사 계획하기 등이 포함된다.

2 어린이집 환경 구성

이는 영유아의 성장과 발달을 도모하기 위해 영유아의 흥미와 발달적 특성에 적합하도록 물리적 환경을 구성하고 이를 체계적 · 지속적으로 관리하는 능력이다. 보육실 및 실내 · 외 환경구성하기, 시설 · 설비와 비품 관리하기, 활동자료 관리하기 등의 자질이 포함된다.

3 보육활동 운영

이는 영유아들이 자신의 흥미와 관심에 기초하여 보육활동에 참여할 수 있도록 흥미영역활동, 대소집단활동, 실외활동을 준비하여 운영하고 기본생활을 지도하는 능력이다. 흥미영역 운영하기, 영유아 생활지도하기, 대소집단 활동 운영하기, 실외활동 운영하기 등이 포함된다.

4 영유아의 놀이지도

이는 영유아의 놀이 발달 수준을 높이고 활성화하기 위하여 기능놀이, 상상놀이, 구성놀이, 실외놀이를 준비하고 놀이참여를 촉진하여 놀이를 다른 활동과 연계 · 통합하는 능력이다. 기능놀이 참여 · 촉진하기, 상상놀이 참여 · 촉진하기, 구성놀이 참여 · 촉진하기, 놀이연계 및 통합하기 등이 포함된다.

5 신체 · 예술활동지도

이는 영유아의 신체능력, 예술 감각 및 심미감을 증진시키기 위하여 신체활동, 음률활동, 미술활동에 필요한 활동자료를 준비하여 영유아의 흥미와 발달 수준에 적합한 다양한 보육활동을 지도하는 능력이다. 신체활동 진행하기, 음률활동 진행하기, 미술활동 진행하기 등이 포함된다.

6 언어, 수 · 과학활동지도

이는 영유아의 의사소통 능력과 수학적 · 과학적 탐구능력을 증진시키기 위하여 언어활동, 문학활동, 수학활동, 조작활동, 과학활동, 감각탐색활동에 필요한 활동 자료를 준비하여 영유아의 흥미와 발달 수준에 적합한 보육활동을 지도하는 능력이다. 언어활동 진행하기, 수 · 조작활동 진행하기, 과학활동 진행하기 등이 포함된다.

7 영유아의 건강 · 안전 · 영양지도

이는 영유아가 신체적 · 정신적으로 건강하고 안전하게 지내기 위하여 영유아의 발달단계 특성을 토대로 건강하고 안전하게 생활할 수 있도록 지원하는 능력이다. 영유아 건강지도, 영유아 안전지도, 영유아 영양지도 등이 포함된다.

8 보육평가

이는 영유아 평가, 보육과정 평가, 보육운영평가를 통해 어린이집 운영 전반에 걸쳐 운영방침에 따라 적절하게 운영되었는지를 파악하는 능력이다. 영유아 관찰 · 평가하기, 보육과정 평가하기, 보육운영 평가하기 등이 포함된다.

9 영유아 발달지원

이는 발달에 어려움이 있는 영유아와 장애 영유아를 위한 지도 및 상담의 내용과 방법을 계획 · 결정하여 지원하는 능력으로 아동상담하기, 전문가 연계하기, 장애아 발달지원하기 등이 포함된다.

10 가정, 지역사회와의 협력

이는 부모와의 상담, 교육, 참여지원을 통해 가정과 협력하고 어린이집이 지역사회의 일원으로 기여할 수 있도록 지역사회와의 협력을 확대하는 능력이다. 부모상담하기, 부모교육하기, 부모참여 지원하기, 지역사회 협력하기 등이 포함된다.

11 보육운영 관리

이는 어린이집에 의한 직접적인 서비스 제공에 있어 부수적인 활동을 지원하거나 촉진하는 과정으로 보육통합정보시스템 이용, 인사, 회계, 보육실습을 관리하는 능력이다.

⑫ 보육연구

이는 교사의 전문성 신장을 위해 보육현장 관련 연구, 보육활동 및 프로그램 개발, 교사교육 참여, 동료교사와의 멘토링 등을 통해 교사의 전문적인 자질을 계발·관리하는 능력이다.

이와 같은 보육 전문성과 관련된 능력 외에도 직무를 효과적으로 수행하기 위해 필요한 직업기초능력인 ① 의사소통능력, ② 수리능력, ③ 문제해결능력, ④ 자기개발능력, ⑤ 자원관리능력, ⑥ 대인관계능력, ⑦ 정보능력, ⑧ 기술능력, ⑨ 조직이해능력, ⑩ 직업윤리능력이 필요하다. 다음 Tip 3-6 '직업기초능력 평가'를 통해 직업기초 능력이 어느 정도 갖추어졌는지 알아볼 수 있다.

Tip 3-6 직업기초능력 평가

평가 영역	평가문항	매우 미흡	미흡	보통	우수	매우 우수
의사소통능력	• 직장생활에서 필요한 문서를 읽고 내용을 이해할 수 있다.	①	②	③	④	⑤
	• 직장생활에서 목적과 상황에 적합한 아이디어와 정보를 전달할 수 있는 문서를 작성할 수 있다.	①	②	③	④	⑤
	• 다른 사람의 말을 주의 깊게 듣고 적절하게 반응할 수 있다.	①	②	③	④	⑤
	• 목적과 상황에 맞는 말과 비언어적 행동을 통해 아이디어와 정보를 효과적으로 전달할 수 있다.	①	②	③	④	⑤
수리능력	• 실제적이고 복잡한 업무 상황에서 문제를 해결하기 위해 측정도구를 설계·활용하고, 결과물을 분석해서 제시할 수 있다.	①	②	③	④	⑤

평가 영역	평가문항	매우 미흡	미흡	보통	우수	매우 우수
수리 능력	• 연속적인 과제를 포함하는 업무 상황에서 사용한 수학적 사고와 기법의 효과성을 평가하고, 조사결과물을 제시할 수 있다.	①	②	③	④	⑤
	• 간단한 업무 상황에서 적절한 수학적 사고와 기법을 선택해서 정확한 측정을 하고, 획득한 정보를 해석할 수 있다.	①	②	③	④	⑤
문제해결 능력	• 직장생활에서 발생한 문제를 해결하기 위해서 창의적, 논리적, 비판적으로 생각할 수 있다.	①	②	③	④	⑤
	• 직장생활에서 발생한 문제를 적절한 해결책을 적용하여 해결할 수 있다.	①	②	③	④	⑤
자기개발 능력	• 자신의 부족한 점에 대한 개선책을 찾으며, 수행결과에 대한 조정과 평가를 할 수 있다.	①	②	③	④	⑤
	• 자신의 장점에 대한 자부심을 가지며, 수행계획을 세우고 능력을 발휘할 수 있다.	①	②	③	④	⑤
	• 자신에 대한 최소한의 인식을 하며, 수립된 목표를 이해할 수 있다.	①	②	③	④	⑤
자원관리 능력	• 직장생활에서 필요한 시간을 확인하고, 확보하여 업무 수행에 이를 할당할 수 있다.	①	②	③	④	⑤
	• 직장생활에서 필요한 물적 자원을 확인하고, 확보하여 업무 수행에 이를 할당할 수 있다.	①	②	③	④	⑤
정보능력	• 직장생활에서 컴퓨터 관련이론을 이해하여 업무수행을 위해 인터넷과 소프트웨어를 활용할 수 있다.	①	②	③	④	⑤
	• 직장생활에서 필요한 정보를 찾아내고, 업무수행에 적합하게 조직 · 관리하여 활용할 수 있다.	①	②	③	④	⑤
기술능력	• 실제적이고 복잡한 업무 상황에서 다양한 기술들을 비교하여 적합한 기술을 선택, 적용하고, 향후에 필요한 새로운 기술을 확인할 수 있다.	①	②	③	④	⑤

평가 영역	평가문항	매우 미흡	미흡	보통	우수	매우 우수
기술능력	• 연속적인 과제를 포함하는 업무 상황에서 기술 매뉴얼을 참고하여 필요한 기술을 선택하고, 활용에 따라 현장 적용성을 평가할 수 있다.	①	②	③	④	⑤
	• 간단한 업무 상황에서 상사의 지시에 따라 업무에 필요한 기술의 원리와 절차의 이해와 선택을 바탕으로 안전하게 기술을 활용할 수 있다.	①	②	③	④	⑤
대인관계 능력	• 직장생활에서 다른 구성원들과 목표를 공유하고 원만한 관계를 유지하며, 자신의 역할을 이해하고 책임감 있게 업무를 수행할 수 있다.	①	②	③	④	⑤
	• 직장생활 중 조직구성원들의 업무향상에 도움을 주며 동기화시킬 수 있고, 조직의 목표 및 비전을 제시할 수 있다.	①	②	③	④	⑤
	• 직장생활에서 조직구성원 사이에 갈등이 발생하였을 경우 이를 원만히 조절할 수 있다.	①	②	③	④	⑤
	• 직장생활에서 필요한 경우 다른 사람과 효과적으로 협상할 수 있다.	①	②	③	④	⑤
조직이해 능력	• 새로운 조직체제를 설계하고 다양한 조직의 운영을 이해하며, 국제적 상황변화를 업무에 적용할 수 있다.	①	②	③	④	⑤
	• 조직 간의 관련성을 이해하고 역할에 따른 업무를 수행하며, 다른 나라와의 관습 및 제도의 차이를 이해할 수 있다.	①	②	③	④	⑤
	• 조직의 체제 및 구조, 문제점을 확인하며 다른 나라와의 문화적 차이를 이해할 수 있다.	①	②	③	④	⑤
직업윤리	• 근로자에게 요구되는 기본적인 윤리를 준수할 수 있다.	①	②	③	④	⑤
	• 공동체의 유지 · 발전에 필요한 기본적인 윤리를 준수할 수 있다.	①	②	③	④	⑤

국가직업능력표준(NCS)의 보육 직무는 보육교사 자격 취득 수준 등을 고려하여 직무수행 수준을 1~8단계 수준으로 구성하고, 이 중에서 적어도 3수준 이상 전문성을 갖추어야만 보육교사 직무를 수행할 수 있는 것으로 개발되었다(표 3-4 참고).

표 3-4 NCS 보육 능력단위에 따른 보육직무능력

능력단위 (수준)	능력단위요소	수준 3	수준 4	수준 5	수준 6	수준 7	수준 8
어린이집 운영방침 수립	연간운영방안수립하기						
	반구성하기						
	보육계획안 수립하기						
	연간행사 계획하기						
어린이집 환경구성	보육실놀이 환경구성하기						
	실내외 환경구성하기						
	시설 · 설비와 비품 관리하기						
	활동자료 관리하기						
보육활동 운영	흥미영역 운영하기						
	영유아 생활지도하기						
	대소집단활동 운영하기						
	실외활동 운영하기						
영유아 놀이지도	기능놀이참여 · 촉진하기						
	상상놀이참여 · 촉진하기						
	구성놀이참여 · 촉진하기						
	놀이연계 및 통합하기						
신체 · 예술 활동지도	신체활동 진행하기						
	음률활동 진행하기						
	미술활동 진행하기						

능력단위(수준)	능력단위요소	수준 3	수준 4	수준 5	수준 6	수준 7	수준 8
언어, 수 · 과학 활동지도	언어활동 진행하기						
	수조작활동 진행하기						
	과학활동 진행하기						
영유아 건강 · 안전 · 영양지도	영유아건강지도						
	영유아안전지도						
	영유아영양지도						
보육평가	영유아관찰 · 평가하기						
	보육과정 평가하기						
	보육운영 평가하기						
영유아발달 지원	사례별 발달 지원하기						
	아동상담하기						
	전문가 연계하기						
	장애아발달 지원하기						
가정 · 지역사회와의 협력	부모상담하기						
	부모교육하기						
	부모참여 지원하기						
	지역사회 연계하기						
보육운영관리	보육통합정보시스템 이용하기						
	어린이집 인사 관리하기						
	어린이집 회계 관리하기						
	보육실습 관리하기						
보육연구	보육현장 연구하기						
	보육프로그램 개발하기						
	보육교사 교육 참여하기						
	보육인력 멘토링하기						
	보육관련 전문단체 및 기관에 참여하기						

출처: 신혜원, 김의향(2014)

수준	직종	보육
8수준	어린이집 원장	보육연구
7수준	어린이집 원감	영유아 발달지원
6수준	주임교사	보육운영관리 어린이집 운영방침 수립
5수준	보육교사 1급	보육평가 가정, 지역사회와의 협력
4수준	보육교사 2급	어린이집 환경구성 보육활동 운영 영유아놀이지도
3수준	보육교사 3급	신체예술활동지도 언어, 수·과학활동지도 영유아 건강안전영양지도

그림 3-1 수준에 따른 보육교사 직종과 전문성

출처: NCS(2014)

국가직무능력표준(NCS)에서는(2014) 보육교사 2급, 1급, 어린이집 원감 및 원장 직종에 따른 직무수준을 제시하여 직무능력을 활용할 수 있도록 하였다(그림 3-1 참조). 이를 토대로 보육교직원 직종에 따른 직무 능력을 살펴보면 다음과 같다.

1 보육교사 3급

보육교사교육원(또는 교육훈련시설)의 양성과정을 이수하고 보육교사 3급 자격을 취득하는 경우로 3수준에 해당된다. '신체예술활동지도', '언어, 수 · 과학활동지도', '건강안전영양지도'의 모든 직무능력을 갖추어야 한다. 그리고 '보육활동운영'과 '영유아놀이지도'의 일부 직무능력을 갖추어야 한다. 즉, 처음으로 보육직무를 수행하는 초임교사는 영유아가 건강하고 안전하게 생활할 수 있도록 지원하는 직무능력을 갖추어야 한다. 영유아 발달 수준에 적절하게 신체활동, 예술활동, 의사소통 및 언어활동, 탐색활동, 수학활동, 과학활동을 계획하고 준비하여 실시할 수 있는 능력을 갖추어야 한다. 이외에도 '보육활동운영' 중에서 일상생활에서 기본생활 습관 등을 지도하는 영유아 생활지도하기와 실외활동 운영하기 직무능력이 필요하다. '영유아놀이지도' 중에서 영유아의 기능놀이 참여 및 촉진하기 직무능력을 갖추어 영유아의 놀이를 지원하는 기초적인 능력도 필요하다.

2 보육교사 2급

보육교사 2급은 대학 및 대학교에서 보육관련 학과를 통해 양성되거나 보육교사 3급 자격자가 1년 이상 보육교사 경력을 가진 후 승급교육을 이수한 경우로 4수준에 해당된다. 보육교사 3급에 필요한 직무 외에 '어린이집 환경구성'의 모든 직무능력과 '보육활동 운영'의 모든 직무능력을 갖추어야 한다. 또한 '보육평가' 중에서 영유아를 관찰하고 평가하는 능력과 보육과정을 평가하는 능력도 갖추어야 한다. 즉, 영유아의 발달수준에 적합한 보육과정을 계획하고 이를 실행하기 위한 환경구성 및 관리와 보육활동 평가에 필요한 직무능력이 필요하다. 보육교사는 이러한 직무능력을 갖춤으로써 통합적으로 보육활동을 계획하고 운영할 수 있다.

3 보육교사 1급

보육교사 2급 자격 취득 후 3년 이상 보육교사 경력을 가진 후 승급교육을 이수한 경우로 5수준에 해당된다. 4수준에 필요한 직무능력 외에 '보육평가'의 모든 직무능력과 '가정지역사회와의 협력'의 모든 직무능력을 갖추어야 한다. 즉, 보육과정뿐만 아니라 보육운영에 대한 평가 능력을 갖춤으로써 보육서비스의 전반적인 운영에 대한 관점을 형성하여야 한다. 또한 부모상담 및 교육을 실행할 수 있는 직무능력을 갖추어 가정과 협력할 수 있어야 하고, 지역사회의 요구 등을 반영하고 지역사회와 협력하면서 부모 및 사회적 요구를 반영하고 영유아 발달과 성장을 도모할 수 있는 보육을 계획하고 운영할 수 있다.

4 주임교사

보육교사 1급 자격 취득 후 어느 정도의 경력을 가진 경우로 6수준에 해당된다. 5수준에 필요한 직무능력 외에 '보육운영관리'의 모든 직무능력과 '보육연구' 중 보육교프로그램을 개발하는 직무능력과 교사 교육에 참여하는 직무능력을 갖추어야 한다. 즉, 주임교사는 어린이집의 인사관리 및 회계관리 직무 능력을 갖추어 어린이집 운영방침을 수립함은 물론 운영의 실제에 대한 전문성이 필요하고 실습생 지도 및 초임교사 지도 등을 담당할 수 있는 직무 능력이 필요하다. 이를 토대로 주임교사는 어린이집 조직 내의 중간 관리자 직무를 담당할 수 있다.

5 원감

원감은 6수준에 필요한 직무능력 외에 '영유아발달 지원하기' 직무능력과 '보육연구' 중 보육인력 멘토링, 보육 관련 전문단체나 기관에 참여하는 등 7수준에 해당되는 직무능력을 갖추어야 한다. 즉, 원감에게는 특별한 요구를 가진 영유아의 상황을 분석하고 이를 토대로 보육을 계획하며 보육과정 실행을 위해 필요한 전문가 및 지역사회 지원 등을 연계할 수 있는 능력이 필요한 것이다. 오랫동안 보육현장에서 경험한 실제적 지식과 신념을 토대로 멘토링 함으로써 보육인력의 전문성 신장에 기여할 수 있어야 한다. 이처럼 전문적 직무능력을 갖춘 원감은 원장이 자리를 비웠을 때 원장 대신 직무를 수행할 수 있으며 교사와 유아, 교사와 원장, 교사와 부모 간의 중재자 역할을 수행할 수 있다.

6 원장

원장은 7수준에 필요한 직무능력 외에 '보육연구'의 모든 직무능력을 필요로 하는 최고 수준인 8수준의 직무능력을 갖추어야 한다. 어린이집의 운영에 필요한 모든 직무능력뿐만 아니라 전문적인 지식과 경험을 토대로 새로운 이론을 창조하고 보육을 보다 효과적으로 실행하기 위해 다양한 접근을 연구하는 직무능력이 필요한 것이다. 원장에게는 어린이집의 철학과 신념을 제시하고 보육교직원과 부모, 영유아를 다룰 수 있는 리더십이 필요하다.

PART 02

보육교사직의 수행

CHAPTER 04

인사와 복무

1. 보육교사 자격기준
2. 보육교직원 채용과 자격관리
3. 보육교직원의 처우와 복무관리

1. 보육교직원 자격기준

최근 우리사회에서는 저출산문제 극복을 위한 대책의 일환으로 보육사업의 양적확대와 보육서비스의 질 관리에 대한 관심이 국가정책 차원에서 매우 높아졌다. 2013년 2월 출범한 새 정부는 그간 '보육은 미래를 위한 투자'라는 정책기조에 따라 0~5세 무상보육 실현을 국가가 책임지는 보육 지원의 틀을 단계적으로 확대할 것으로 강조하였다. 특히 보육서비스의 질은 어린이집 원장 및 보육교사에게 달려 있기에 그들의 자질과 능력을 향상시키고 처우와 근무여건을 개선하여 좋은 보육환경을 만들어 자긍심을 가지게 한다면 우리의 영유아들이 건강하고 행복하게 잘 자랄 수 있게 된다. 이러한 양질의 보육서비스가 전국 어디에서나 제공될 수 있고 선진화된 보육정책이 신속하게 실행되려면 정부와 부모, 보육교직원과 전문가, 유관단체 등 이해관계자의 협력과 양보가 필요하다.

정부는 보육교직원의 전문성 제고를 위해 보육교사(2005. 1.) 및 어린이집 원장(2006. 12.)에 대한 국가 자격증제도를 도입하여 시행하게 되었고, 보육통합정보시스템을 통해 체계적이고 효율적인 자격관리 토대를 마련하였다. 또한 국가에서 부여한 공인 자격증을 발급받은 원장과 보육교사는 더욱 높아진 사회적 지위로 영유아에게 보다 안전하고 질 높은 보육서비스를 제공하게 되었다. 보육의 발자취를 이야기할 때 1921년 태화기독교사회관에서 저소득층 자녀 위주의 탁아사업으로 시작된 이후 현재까지 여러 관련법들 표 4-1 과 그에 따른 제도가 변하게 되었는데 이는 시대적 요구에 부응하고 있었음을 알 수 있다(김의향, 2013).

표 4-1 어린이집 관련 법령 연혁

관련 법령	시행일	내용	주무 부처
아동복리법	1962. 1. 1.	탁아사업 실시	• 보건사회부
아동복지법	1981. 4. 13.	「아동복리법」을 「아동복지법」으로 전부 개정	
유아교육 진흥법	1983. 3. 1.	어린이집(보건사회부), 새마을협동유아원(내무부), 농번기탁아소(농촌진흥청), 민간유아원 → 새마을유아원으로 흡수	• 법제정 · 장학지도: 교육부 • 시설운영 · 행정지도: 내무부 • 보건의료: 보건사회부
남녀고용 평등법	1987. 12. 4.	직장탁아제 도입	• 노동부
아동복지법 시행령	1989. 9. 19.	탁아시설의 설치 · 운영에 관한 근거조항 부활 – 보건사회부 훈령으로 「탁아시설의 설치 · 운영 규정」 공포(1990. 1. 15.)	• 보건사회부
영유아보육법 제정	1991. 1. 14.	「영유아보육법」 제정 · 공포(법률에 의한 보육사업 실시)	• 보건복지부 → 여성부 이관(2004. 6.)
영유아보육법 시행령 제정	1991. 8. 1.	「영유아보육법시행령」 제정 · 공포	
영유아보육법 시행규칙 제정	1991. 8. 8.	「영유아보육법시행규칙」 제정 · 공포	
탁아시설 설치 · 운영 규정	1991. 8. 26.	탁아시설의 설치 · 운영규정 폐지	
영유아보육법 전문 개정	2005. 1. 30.	「영유아보육법」 전문 개정 시행	• 여성부 → 여성 가족부(2005. 6.) → 보건복지가족부(2008. 2.) → 보건복지부(2010. 3.)
영유아보육법 개정	2011. 12. 8.	보육시설, 보육시설종사자, 시설장에 대한 각각의 명칭을 어린이집, 보육교직원, 원장으로 변경 (단, 자격증 명칭의 경우 2011. 6. 7. 시행)	
영유아보육법 개정	2012. 8. 5.	법인 어린이집 → 사회복지법인 어린이집으로 변경 법인 · 단체 등 어린이집 신설	

2012년 이후 시행된 연령별 3~5세 누리과정이 최근 보육 · 유아교육 통합문제로 다시 불거지면서 보육교직원들의 전문성과 처우문제가 많이 논의되고 있다. 이 역시 시대적인 변화에 맞는 보육정책실현의 일환으로 이슈화된 것이다.

1991년 영유아보육법 제정 이전, 이후 점진적으로 개선된 자격제도를 통해 그동안 변천되어 온 보육교직원의 자격기준이 전문성 향상에 어떠한 영향을 미쳤는지, 또한 이와 관련하여 보육교사의 근무여건과 처우는 얼마만큼 향상되어 있고 어떠한 개선방안을 현장에서 지속적으로 요구해 왔는지 살펴보면 다음과 같다.

1) 보육교직원 자격기준 변천 개요

(1) 어린이집 원장

어린이집을 운영하는 자의 명칭은 '시설장', '보육시설장', '어린이집 원장' 순으로 바뀌었고, 자격기준은 다음과 같다.

<table>
<tr>
<td>시설장</td>
<td>• 1961~1981년에는 「아동복리법」에 의해 보건사회부 주관으로 탁아사업을 실시하였으나 탁아시설의 장 등 인력에 대한 조항은 없음
• 1981년 4월 「아동복리법」이 「아동복지법」으로 전부 개정되어 1982년 「아동복지법」 시행령 개정 시 아동복지시설종사자로 시설장에 대한 자격기준을 규정하였으나, 아동복지시설에서 '탁아시설'을 제외함. 1982년 「유아교육진흥법」 제정으로 새마을유아원 교직원의 종별 자격에 대하여 원장은 명예직으로 할 수 있다고 규정하였음
• 1989년 「아동복지법」 시행령 개정 시 탁아시설을 사회복지시설로 포함하고 시설장 자격기준을 일부 개정하여 교육법에 의한 유치원 원장 자격을 가진 자(탁아시설에 한한다)에 대한 기준을 신설하였음
• 1990년 1월 15일 「아동복지법」에 근거하여 「탁아시설 설치 · 운영 규정」을 제정하여 제8조에 탁아시설의 시설장, 총무, 보육사 등 종사자는 「아동복지법」 시행령 제12조의 규정에 의한 자격을 갖춘 자로 규정함
– 「유아교육진흥법」에 의한 새마을유아원이 「아동복지법」 시행령에 의한 탁아시설로 인정받은 경우에 이 영에 의한 종사자를 두어야 한다고 규정하였으나 별도의 자격을 인정한 것은 없음</td>
</tr>
</table>

보육 시설장	• 보육시설장 자격은 1991년 「영유아보육법」 시행령으로 구체적으로 정하였으며, 1996년에 일부 조항을 개정하였고, 1998년에 겸직 조항과 외국에서 취득한 자격은 인정한다는 조항을 신설하였음 • 「영유아보육법」은 「아동복지법」의 탁아시설 설치 · 운영규정에 의한 시설장 자격자를 부칙으로 흡수, 인정함
어린이집 원장	※ 「영유아보육법」 일부 개정(2011. 12. 8. 시행)에 따라 보육시설장 명칭이 어린이집 원장으로 변경됨 • 2004년 1월 29일 영유아보육법 전문 개정(2005. 1. 30. 시행): 동법 시행령 제21조 [별표 1] 에 새로이 어린이집 원장 자격기준을 규정함 – 어린이집 원장의 자격: 일반어린이집 원장 기준 이외에 가정 어린이집 원장, 영아전담 어린이집 원장, 장애아전담어린이집 원장의 자격기준을 별도로 규정함 • 2005년 개정 「영유아보육법」은 1991년 종전 「영유아보육법」상 자격기준에 해당하는 자를 부칙으로 흡수, 인정함 • 2011년 「영유아보육법」 시행령 및 시행규칙 개정(2014. 3. 1. 시행)으로 어린이집 원장 자격기준을 강화함 – 어린이집 원장의 자격: 사전직무교육 도입, 어린이집 원장 자격취득 경력 강화 및 경력 인정 직종 제한 등 자격기준을 강화함

(2) 보육교사

영유아를 보육하는 자의 명칭은 '보육사'에서 '보육교사'로 바뀌었고, 자격기준 변천은 다음과 같다.

보육사	• 1981년 「아동복리법」이 「아동복지법」으로 전문 개정되어 1982년 동법 시행령 개정 시 [별표 2]에 아동복지시설종사자로 보육사에 대한 자격기준을 규정함 • 「아동복지법」 시행령상 보육사는 1~3급으로 나뉘어 있음 – 보육사 1급은 대학 졸업자 기준이고, 2급은 고등학교 졸업 후 양성과정을 이수한 자이며, 3급은 고등학교 졸업자 또는 학력 기준 없이 자격검정시험에 합격한 자로 규정하고 있음 • 1990년 1월 15일 「아동복지법」에 근거하여 「탁아시설 설치 · 운영 규정」을 제정하면서 제11조에서 탁아시설의 보육사 중 보육사 3급에 대해서는 아동보육에 필요한 최소한의 전문적 자질을 갖추게 하기 위하여 법 제23조 규정에 의해 보건사회부장관이 지정 또는 위탁하는 교육훈련기관에서 아동보육기초, 전문적 기술, 교양교육, 실습 등 150~200시간의 양성과정을 이수하여야 한다고 규정함 – 「탁아시설 설치 · 운영 규정」 제11조에 의하여 보육사 3급을 대상으로 국립사회복지연수원에서 6주 200시간 교육을 실시하였는데 1991년에 2회에 걸쳐 200명을 교육함 – 또한 이 규정은 탁아시설 종사자 중 신규 채용자는 채용일로부터 1년 이내, 기존에 근무하던 종사자는 매 3년마다 보건사회부장관이 지정 또는 위탁하는 교육훈련기관에서 소정의 보수교육을 받아야 한다고 정하였음

보육교사	• 1991년 제정된 「영유아보육법」은 보육교사를 1급과 2급으로 구분하고 있음 – 1991년 8월 8일자로 개정된 영유아보육법 시행규칙에서는 규칙 시행 전에 채용된 종사자로서 아동복지법 시행령에 의한 교사, 보육사 1급, 보육사 2급에 해당하는 자는 각각 이 규칙에 의한 보육교사 1급, 보육교사 2급으로 흡수, 인정함 • 2004년 1월 29일 「영유아보육법」 전부 개정(2005. 1. 30. 시행) : 동법 시행령 제21조 [별표1] 에 새로이 보육교사의 자격기준을 규정함 – 보육교사의 자격 : 등급체계 변경(기존 1, 2급 → 1, 2, 3급으로 변경), 등급별 자격기준 및 보육교사 양성교육과정을 새로이 규정함 – 2005년 개정 「영유아보육법」은 1991년 종전 「영유아보육법」상 자격기준에 해당하는 자를 부칙으로 흡수, 인정함 • 2011년 12월 8일 「영유아보육법」 시행령 및 시행규칙 개정(2014. 3. 1. 시행)으로 보육교사 자격기준을 강화함 – 보육교사의 자격: 보육교사 2급 자격취득 교과목 및 학점 강화(12과목 35학점 → 17과목 51학점), 상위자격 취득을 위한 승급경력을 강화함(2급 승급경력 1년 → 2년)

2) 현행(2005. 1. ~ 2014. 2. 시점까지) 보육교직원 자격기준

현재 보육교사의 자격에 대한 법적 근거는 영유아보육법 제21조에 명시되어 있다. 앞서 보육교직원 자격기준 변천 내용에서 제시했듯이 보육교사는 1, 2, 3급으로 어린이집 원장은 가정 · 영아 · 일반 · 장애아전담으로 분류된다. 특히, 보육교사 2급 자격은 2012년 8월 17일 영유아보육법 시행규칙 개정(2014. 3. 1. 시행)으로 자격기준이 강화되어 개정된 보육교사 2급 자격취득 교과목 및 학점 기준이 기존 12과목 35학점에서 17과목 51학점으로 상향 조정되었다. 새로 구성된 교과목은 표 4-2 와 같다.

표 4-2 2012년 1월 개정 보육교사 2급 자격 취득을 위한 교과목 및 학점 기준

영역	교과목	이수과목(학점)
보육필수	아동복지(론), 보육학개론, 영아발달, 유아발달, 보육과정, 보육교사론	6과목(18학점) 필수
발달 및 지도	인간행동과 사회환경, 아동관찰 및 행동연구, 아동생활지도, 아동상담(론), 특수아동이해, 장애아지도	1과목(3학점) 이상 선택

영역	교과목	이수과목(학점)
영유아교육	놀이지도, 언어지도, 아동문학, 아동음악, 아동동작, 아동미술, 아동수학지도, 아동과학지도, 영유아프로그램 개발과 평가, 영유아 교수방법(론)	6과목(18학점) 이상 선택
건강 영양 및 안전	아동건강교육, 아동간호학, 아동안전관리, 아동영양학, 정신건강(론)	2과목(6학점) 이상 선택
가족 및 지역사회 협력 등	부모교육(론), 가족복지(론), 가족관계(론), 지역사회복지(론), 보육정책(론), 어린이집 운영과 관리	1과목(3학점) 이상 선택
보육실습	보육실습	1과목(3학점) 필수
전체	17과목(51학점) 이상	

출처: 영유아보육법 시행규칙 2012. 8. 17. 개정, 2014. 3. 1. 시행

따라서 2014년도 3월 1일 이후 보육교사 2급 자격취득 양성교육기관에서는 새로운 교과목을 추가로 개설했다. 보육필수영역에는 영아발달과 유아발달, 보육교사론 교과목을 추가하고, 발달 및 지도영역에서 장애아지도를 추가하였으며, 영유아교육영역의 일부 교과목(아동 음악과 동작, 아동 수 · 과학지도)을 분리하였다. 또한 보육실습은 2학점에서 3학점으로 상향조정하였다. 이와 같이 이수학점 기준을 강화한 이유는 보육정책 변화로 인한 시대적 요구와 보육에서 더욱 중요한 대상으로 다루어져야 하는 영아, 장애아에 대한 이해와 지식을 넓히고, 교사로서의 역할과 윤리의식을 강화할 수 있도록 한 점과 표준보육과정과 누리과정을 현장에서 잘 적용하고 운영할 수 있게 함과 동시에 개방형 양성체계에서 부족한 교과목의 이론을 보육실습 교과목에서 강화하여 이론수업과 현장 실습을 강조했으므로 예비보육교사의 전문성 확보가 더욱 강화될 수 있도록 양성과정에 대한 질 관리 차원에서 법 개정이 이루어진 것이다.

최근 보건복지부는 인성과 역량을 갖춘 보육교사를 양성하기 위하여 대면교육 강화 등 보육교사 자격기준을 개선하는 내용으로 「영유아보육법 시행규칙」을 재개

정하여 2016년 1월 12일 공포하였다. 개정된 보육교사 자격기준 주요 내용은 다음과 같다.

표 4-3 2016년 1월 개정 보육교사 2급 자격기준

영역	교과목	이수학점
교사 인성 영역	보육교사(인성)론, 아동권리와 복지	2과목(6학점) 필수
보육 지식과 기술영역	보육학개론, 보육과정, 영유아 발달, 영유아 교수방법론, 놀이지도, 언어지도, 아동음악(또는 아동동작, 아동미술), 아동수학지도(또는 아동과학지도), 아동안전관리(또는 아동생활지도)	9과목(27학점) 필수
보육 지식과 기술영역	아동건강교육, 영유아 사회정서지도, 아동문학교육, 아동상담론, 장애아지도, 특수아동 이해, 어린이집 운영 관리, 영유아 보육프로그램 개발과 평가, 보육정책론, 정신건강론, 인간행동과 사회환경, 아동간호학, 아동영양학, 부모교육론, 가족복지론, 가족관계론, 지역사회복지론	4과목(12학점) 이상 선택
보육 실무 영역	아동관찰 및 행동연구, 보육실습	2과목(6학점) 필수
전체	17과목 51학점 이상	

1 대면교육 강화

- 보육교사 자격취득 17개 교과목 중 9개 과목을 대면교과목으로 지정하고, 대면교과목에 대하여는 8시간 출석 수업 및 1회 이상의 출석시험을 의무화한다.
- 지정된 대면교과목은 △ 보육교사(인성)론, △ 아동권리와 복지, △ 놀이지도, △ 언어지도, △ 아동음악(또는 아동동작, 아동미술), △ 아동수학지도(또는 아동과학지도), △ 아동안전관리(아동생활지도), △ 아동관찰 및 행동연구, △ 보육실습이다.

2 현장실습기간 확대

- 보육교사의 보육현장 적응력을 높이기 위해 실습기간을 현행, 4주 160시간에

서 6주 240시간으로 확대하고, 평가인증을 유지하는 우수 어린이집에서 실습을 받도록 하였다.

표 4-4 2016년 1월 개정 보육실습 기준

구분	기준
실습 운영	이론수업과 보육현장실습으로 운영
실습 기간	6주 240시간(2회에 나누어 실시 가능)
실습 기관	• 정원 15명 이상으로 평가인증을 유지하는 어린이집 • 방과후 과정을 운영하는 유치원
실습 지도교사	• 보육교사 1급 또는 유치원 정교사 1급 • 실습 지도교사 1명당 보육실습생 3명 이내 지도
실습 인정시간	• 평일(월요일~금요일) 오전 9시~오후 7시 • 실습시간은 하루에 8시간을 초과할 수 없음
실습의 평가	• 보육실습일지와 실습평가서 작성 • 평가점수 80점 이상

3 적용시기

• 보육교사가 배출되는 양성기관 및 자격등급에 따라 적용시기는 다르게 운영된다. 보육교사 2급 중 대학의 경우 2017년 1월 1일 이후 입학자부터, 학점인정기관의 경우 2018년 1월 1일 이후 학위취득자부터 적용된다. 보육교사 3급에 대하여는 2016년 8월 1일 이후 적용된다.

보건복지부는 이번 보육교사 자격기준 강화로 2015년 1월 아동학대사건 이후 제기된 '온라인 강좌를 통한 보육교사 자격취득' 문제를 해소하고 보육교사의 인성과 자질을 향상시킴으로써 향후 어린이집 내 보육서비스의 질 개선에 기여할 것으로 기대하고 있다.

따라서 보육교사 자격기준에 기초한 양성교육과정은 어린이집에 근무할 예비보육교사가 자질을 갖추고 역할과 직무를 잘 수행할 수 있도록 전문성을 확보해 줄 수 있는 내용으로 구성되어야 한다.

Tip 4-1 2016년 1월 개정 보육교사 3급 자격 기준

영역	교과목	이수학점
교사 인성 영역	보육교사(인성)론, 아동권리와 복지	2과목(6학점) 필수
보육 지식과 기술 영역	보육학개론(3학점), 보육과정(3학점), 영유아 발달 및 지도(3학점), 아동생활지도(3학점), 영유아 문제행동지도 및 상담(3학점), 특수아동 이해와 지도(3학점), 놀이지도(3학점), 언어지도(3학점), 아동음악과 동작(3학점), 아동미술지도(3학점), 아동수학지도 · 아동과학지도(3학점), 영유아 교수방법론(3학점), 교재교구개발(3학점), 부모교육(3학점), 영유아 건강지도(2학점), 영유아 영양지도(2학점), 아동안전관리((3학점), 어린이집 운영 관리(3학점)	18과목(52학점) 필수
보육 실무 영역	아동관찰 및 실습(3학점), 보육실습(4학점)	2과목(7학점) 필수
전체	22과목 65학점 이상	

※ 과목당 평가점수는 70점 이상으로, 보육실습기준은 보육교사 2급과 같음

2. 보육교직원 채용 및 자격관리

1) 보육교직원 채용 및 임면보고

어린이집에서 근무할 수 있는 보육교직원의 자격조건은 국가자격증을 교부받은 자여야 하며 보육교사의 출산 및 육아휴직, 장기 병가 등의 사유 발생 시 채용하는 대체교사도 보육교사 자격증 소지자여야 한다.

어린이집에 채용이 결정되면 임면권자는 채용 후 14일 이내에 구비서류를 준비하여 해당 근무지역 시 · 군 · 구청장에게 임면보고를 해야 한다.

다음 표 4-5 는 임면보고 절차이다.

(1) 보육교직원 임면(채용, 해임 등)

① **보육교직원 임면권자**

1 어린이집 원장

- 국 · 공립 어린이집: 시장 · 군수 또는 구청장이 임면–법인, 단체 또는 개인에게 위탁 운영하는 경우로써 교직원 임면권을 수탁자에게 위임한 경우에는 수탁자가 임면
  - ※ 단, 수탁기관이 변경되는 경우에도 기존 교직원의 고용승계 등 교직원의 신분보장이 되도록 노력하여야 함
- 사회복지법인, 법인 · 단체 등, 직장, 가정, 민간 어린이집 등: 어린이집 설치자
- 부모협동어린이집: 조합을 결성하여 설치 · 운영하는 대표자

2 보육교사 등 기타 직원

- 원장의 제청으로 법인 · 단체의 대표자 또는 어린이집 설치자(교직원 임면권을 위임받은 수탁자 포함)가 임면

표 4-5 보육교직원 채용 및 임면보고 절차

교직원 채용 및 임면보고 절차	
보육교직원 채용 (원장, 보육교사, 특수교사, 조리원 등)	•채용주체 : 어린이집 설치자 •채용조건 : 자격기준을 갖춘 자 ※ 어린이집 원장 및 보육교사는 국가자격증을 발급받은 자를 채용하여야 함
⇩	
교직원 임면보고	•임면보고 절차: 어린이집 → 시·군·구청장(채용 후 14일 이내) •임면보고 시 구비서류 ※ 인사기록카드, 채용신체검사서, 자격증사본, 성범죄경력조회결과서, 아동학대 관련범죄 전력 조회 회신서 ※ 자격증 사본은 일정자격이 필요한 자(간호사, 영양사 등)에 한하며, 원장 및 보육교사는 보육통합정보시스템으로 확인 가능한 경우 제외 ※ 인사기록카드 서식 전산화로 "아이사랑보육포털", "보육통합시스템"을 통해 임면보고 가능(2015. 2. 2.~), 2015. 6. 30.까지는 기존 제출방법과 시스템을 통한 제출이 가능하나, 2015. 7. 1.부터는 시스템을 통해서만 교직원 임면보고 가능
⇩	
교직원 자격의 적격성 확인	•확인주체: 시·군·구청장 •확인대상: 어린이집 원장, 보육교사, 특수교사, 치료사, 영양사, 간호사 •확인방법: 각 자격별 자격증명 서류 및 보육통합정보시스템
⇩	
교직원 결격사유조회 및 범죄경력조회	•결격사유조회 및 범죄경력조회 주체: 시·군·구청장 •내용: 교직원 결격 사유(법 제20조)
⇩	
경력관리시스템 입력 관리	•교직원 임면 사항을 경력관리시스템에 입력 관리

출처: 보건복지부(2015) 2015년도 사업안내

② 보육교직원 채용

1 채용조건

- 어린이집 원장
  - 시행령 제21조 [별표 1]의 어린이집 원장 자격기준을 갖춘 자로서 어린이집 원장 국가자격증을 발급받은 자를 채용. 다만, 자격증 발급을 신청하고 자격검정이 완료되어 자격증 발급이 예정된 자(자격번호가 부여된 자)는 자격증 발급 조건부로 채용 가능
  - ※ 국가자격증 발급 여부는 보육통합정보시스템에 보육교직원 등록 시 조회 가능
  - 어린이집 원장은 전임하여야 하므로 상근이 어려운 경우 채용대상에서 제외
- 보육교사
  - 시행령 제21조 [별표 1]의 보육교사 자격기준에 해당하는 자로서 보육교사 국가자격증을 발급받은 자를 채용. 다만, 자격증 발급을 신청하고 자격검정이 완료되어 자격증 발급이 예정된 자(자격번호가 부여된 자)는 자격증을 발급받은 것으로 봄
  - ※ 국가자격증 발급 여부는 보육통합정보시스템에 보육교직원 등록 시 조회 가능
  - 보육교사의 출산휴가, 육아휴직, 장기병가 등의 사유 발생 시 채용하는 대체교사(임시교사)도 보육교사 자격기준을 갖춘 자여야 함
  - ※ 종전 전문대학 등의 졸업예정자에 대한 보육교사 채용 특례는 인정하지 않으므로 반드시 국가자격증 소지자만 채용 가능
- 특수교사, 치료사, 간호사, 영양사, 조리원
  - 특수학교 교사, 치료사, 간호사(면허), 영양사 자격증 소지자를 채용
  - 다만, 특수교사의 경우 자격 인정을 위한 증빙서류를 제출받아 기본교과목(8과목 16학점 이상) 충족한 자를 채용할 수 있음
  - 상시 1회 50인 이상에게 식사를 제공하는 어린이집의 조리원 중 1인 이상

은 조리사 자격을 갖추어야 함(식품위생법)

2 채용방법

• 국가 또는 지방자치단체로부터 보육교직원의 인건비를 보조받는 어린이집의 경우 보육교직원의 채용은 공개경쟁을 원칙으로 함
  – 국 · 공립어린이집의 경우 국가 또는 지방자치단체의 장이 선발고사 등을 통하여 별도로 보육교사를 채용 · 배치할 수 있음
• 교직원 채용 시 임금, 근로시간 및 그 밖의 근로조건 등을 명시한 근로계약을 체결하여야 하되, 이 경우 근로계약과 관련하여 부당한 내용(결혼, 출산, 육아휴직 등으로 인한 퇴직요구 등)이 포함되어서는 아니 되며, 관할행정 기관은 이를 적극 지도 · 감독하여야 함
  – 근로계약은 가능한 계약기간을 명시하지 않는 계약을 체결함을 원칙으로 함

3 채용 시 구비서류

• 임면권자가 보육교직원을 채용할 경우에는 반드시 아래 구비서류를 제출받아 자격의 적격 여부를 판단하고, 관련 서류를 보관
• 공통서류
  – 인사기록카드
  – 주민등록등본
  – 채용 신체검사서(공무원 채용 신체검사서 준용 가능)
• 원장 및 보육교사
  – 원장 및 보육교사 국가자격증 사본
  – 국가자격증 발급 예정자는 자격증 취득 후 자격증 사본 구비
• 특수교사 및 치료사
  – 특수학교 교사 및 치료사 자격증 및 자격을 증명하는 서류
• 간호사 · 영양사 등 자격을 요하는 교직원: 자격증(면허증) 사본

4 교직원 결원 시 채용 시기

- 임면권자는 보육교직원 결원 시 1월 이내에 신규 교직원을 채용

③ 성범죄 경력 조회 및 관리

- 채용 시 임면권자는 「아동청소년의 성보호에 관한 법률」 제56조에 따라 교직원으로 채용하고자 하는 자의 성범죄 경력 조회를 경찰청 온라인시스템(명칭: 범죄경력회보서 발급시스템, http://crims.police.go.kr)을 통하여 신청 및 회보서 확인
- 이용방법: 공인인증서 로그인, 취업예정자의 동의를 얻어 시설(기관)장이 신청서 작성 및 회보서 확인(시설정보 사전 등록→ 취업예정자 등 동의→ 기관(시설)장 신청 · 발급)
- 성범죄 경력 조회 결과 어린이집에 취업 또는 사실상 노무 제공이 제한되는 자는 배제하여야 하고, 근무 중인 자에 대해서는 해임
- 관할 시 · 군 · 구청장은 「아동청소년의 성보호에 관한 법률」 제57조에 따라 임면보고 된 보육교직원에 대하여 '성범죄 경력자의 취업 점검 · 확인(연간) 계획'을 수립하고 연 1회(상 · 하반기, 부분 또는 전수조사 가능) 이상 점검 · 확인 실시하고 시 · 도에서 취합하여 보건복지부로 보고

④ 아동학대 관련 범죄 전력 조회 및 관리

- 채용 시 임면권자는 「아동복지법」 제29조의 4에 따라 교직원으로 채용 또는 사실상 노무를 제공하려고 하는 자의 아동학대 관련 범죄 전력조회를 동의서를 첨부하여 관할 경찰서에 요청
- 아동학대 관련 범죄 전력 조회 결과 어린이집에 취업 또는 사실상 노무 제공이 제한되는 자는 배제하여야 하고, 근무 중인 자에 대해서는 해임

⑤ 보육교직원 퇴직 등

- 임면권자는 보육교직원이 퇴직할 경우에는 사직서를 제출받아 퇴직 처리하고 퇴직 사실을 관할 시 · 군 · 구청에 보고
- 퇴직에 대하여 임면권자와 상호 합의가 되었음에도 불구하고 퇴직 처리하지

않아 본인의 의사와 무관하게 어린이집 원장 또는 보육교사 자격증을 대여한 경우가 발생하지 않도록 함

⑥ 보육교직원 임면관련 자료 관리

- 2015. 2. 2.~6. 30.까지는 서류 직접 제출 및 기존 관리 대장 비치 방법을 병행(어린이집에서 기존 방법과 시스템을 통한 제출방법 중 선택하여 제출 가능)
- 2015. 7. 1.부터 보육통합시스템을 활용하여 제출하여야 함
- 임면권자는 보육교직원의 임면 사항과 관련된 아래 서류를 비치하고 기록 · 관리
  - 인사기록카드
  - 보육교직원 관리 대장
  - 자격을 요하는 교직원: 자격증 사본
  - 기타 교직원 임면과 관련된 서류

Tip 4-2 보육실습생에 대한 지침 안내

- 보육실습생으로부터 어린이집에서는 다음의 자료를 수령하여 보관
  - 보건소의 전염성 질환(폐결핵, 장티푸스, 전염성피부질환 등)에 대한 건강진단결과서 (구 보건증)
  - 보육실습생 신상카드

※ 이상은 2015년 보육사업안내 제3장 '보육교직원 자격'과, '제4장의 '보육교직원 관리'에서 발췌한 내용이며 해마다 보육사업 안내를 개정하므로 이후 변경된 내용은 수정 · 보완이 필요하다.

2) 보육교직원의 전문성 유지와 자격관리

자신의 일에 대한 신념, 오랜 기간 자신의 직업에 헌신하는 태도, 전문가로서 지니고 있는 지식에 의해 결정할 자유가 있다고 믿는 태도 등이 전문성에 해당된다(이은화 외, 1995).

보육의 질적 수준을 결정하는 가장 중요한 요인은 보육교직원의 능력과 자질임은 이론의 여지가 없다. 보육교사라는 명칭이 1991년 영유아보육법이 제정되면서 이전의 '보육사'를 '보육교사'로 변경한 것은 그 자격이나 신분에 있어 다른 종류의 직업으로 변화되었다는 의미를 함유한다. '보육시설장'도 '어린이집 원장'으로 변경된 이유는 그 직업이 갖는 사회적 대우와 인정뿐 아니라 직업적 책임을 수행해야 하기 때문에, 우리나라에서 기존에 유치원, 초·중등학교 교원에 가까운 의식으로 '교사와 원장은 영유아들을 보호하고 교육하는 자'라는 전문적이고 중요한 역할을 사회적으로 인정받은 것이라 볼 수 있다. 그러므로 교사는 누구나 원한다고 해서 될 수 있는 직업이 아니며 보육교사, 원장으로서 인성과 자질을 갖추려면 차별화된 전문적 지식과 기술 태도 등을 지니고 있어야 하며 이 지식은 보육교사 양성교육과정을 통해 기본적으로 습득된다.

(1) 보육교사의 전문성

그럼 보육교사가 갖추어야 할 능력은 무엇인가? 영유아의 발달 특성에 대한 전문지식, 영유아를 보살필 수 있는 기본 소양과 신념·태도, 지식활용 극대화를 위한 직무능력, 의사소통의 기술 등이 필요한데 보육현장에서 보육교사가 충분한 역량을 발휘하지 못하는 이유는, 그들의 성장주기에 적합한 전문성 발달과정이 부족했거나 자기계발에 주력하지 못했기 때문이다. 이와 관련된 연구에서 보육교사 역량에 영향을 미치는 요인으로 양성과정의 이수 교과목과 경력, 보수교육(현직교육, 재교육), 학력수준, 전문적 신념, 근무여건 등을 제시하고 있다(김은설, 안재진, 최윤경, 김의향, 양성은, 김문정, 2009).

(2) 원장의 전문성

원장은 어린이집의 전반적인 운영계획을 수립하고 관리하는 책임자이며 보육과정의 계획과 관리뿐만 아니라 영유아의 생활지도 및 건강관리, 보호자와의 상담 등을 수행하는 보육 전문가이다. 또한 보육교직원들을 이끌고 지원하는 리더의 역할을 담당하는 포괄적인 보육서비스 제공자이다. 이처럼 보육교직원과 영유아·가족에게 통합적 서비스를 제공하는 어린이집 원장의 전문성 수준에 의해 보육프로그램과 보육서비스의 질을 유지하고 개선하는 데 중요한 영향을 미친다는 것을 여러 관련 연구에서 지적하고 있다. 또한, 어린이집 원장의 전문성을 구성하는 요인으로 보육교사로서의 경험과 연륜, 올바른 아동관과 보육에 대한 철학·비전의 제시, 어린이집 운영에 대한 행정능력과 관리기술, 리더십과 원만한 대인관계를 제시하였다(김은설 외, 2009 재인용).

따라서 어린이집원장과 보육교사의 전문성 향상을 위해서는 그들의 역량 증진에 영향을 미치는 요인들을 파악하여 제도적으로 보완할 필요가 있다.

(3) 보육교직원 전문성 향상을 위한 자격관리

자격관리란 보육교사가 자격증 취득과 함께 자격을 유지하고 개인의 역량을 지속적으로 강화할 수 있도록 보육교직원의 발달 단계에 맞는 교육을 제공하고 보육현장에서의 경력을 쌓을 수 있도록 지원해 주는 행정적인 관리를 말한다. 이는 한 사람의 보육교사가 자격증을 신청하고 교부받기까지 상담, 검정, 자격증 발급 등의 절차를 원활히 안내받고, 이후 어린이집에 채용되어 상위자격 취득과 관련된 교육을 이수하는 등 교사 스스로 자격취득 이후 이력을 관리하면서 교사 본인의 전문성을 발전시켜야 하는 중요한 과정이다.

보육교직원의 전문성관련 요인으로 이미화 등(2006)은 양성과정, 자격기준, 수요와 공급, 재교육 과정, 근무여건 등을 제시하였다. 향후 교사 각자 자격취득과 승급 및 직무교육을 통한 경력을 One-Stop으로 처리할 수 있는 통합적인 자격관리 체계가 마련되어 개인의 전문성을 향상시키기 위한 보다 효율적인 자격관리가 이뤄져야 할 필요가 있다.

(4) 법적 이수 보수교육

보수교육은 전문가로서의 역량 개발을 위해 보육교직원의 현재 발달 단계와 요구에 맞추어 직무 수행에 필요한 심화된 지식, 기술, 태도, 소양 등을 습득하도록 현직 원장과 보육교사를 대상으로 이루어지는 지속적 재교육이다. 보수교육의 정의와 구분은 다음과 같다.

① 정의

보수교육은 보육교직원의 자질향상을 위해 실시하는 교육으로써, 보육에 필요한 지식과 능력을 유지 · 개발하기 위하여 보육교직원이 정기적으로 받는 직무교육과 보육교사가 상위 등급의 자격(3급→2급, 2급→1급)을 취득하기 위해 받아야 하는 승급교육 및 어린이집 원장의 자격을 갖추기 위하여 받아야 하는 사전 직무교육을 말한다.

② 보수교육 구분

○ 어린이집 원장의 보수교육

직무교육					사전직무교육
일반직무교육		특별직무교육			어린이집 원장 사전 직무교육
기본교육	심화교육	영아보육 직무교육	장애아보육 직무교육	방과후보육 직무교육	

○ 보육교사 등의 보수교육

직무교육					승급교육	
일반직무교육		특별직무교육			2급 보육교사 승급교육	1급 보육교사 승급교육
기본 교육	심화 교육	영아보육 직무교육	장애아보육 직무교육	방과후보육 직무교육		

– 원장 및 보수교육 일반직무교육에서 기본 및 심화교육과정은 보육업무경력 등을 감안하여 교육대상자가 선택하여 이수할 수 있음

③ 보수교육 대상자

보수교육은 현직 보육교직원을 대상으로 실시하므로 어린이집 원장, 보육교사

등의 자격을 소지한 자라도 교육 개시 당시 어린이집에 근무하지 않는 자는 보수교육을 받을 수 없다(어린이집 원장 사전직무교육은 어린이집에 근무하지 않는 경우라도 신청 및 이수 가능). 다만, 현직 교직원 외에 교육비 전액 자비 부담을 전제로 보수교육을 받을 수는 있다.

아래 표 4-6 은 교육구분별 교육대상과 교육시간이다. 현직에 종사하는 보육교사는 교사발달 주기에 따라 본인이 상급 자격취득을 하기 위해서는 법적으로 준수해야 하는 보수교육을 전문성 향상을 위한 일환으로 잘 활용하여 자격관리를 주체적으로 해야 할 필요가 있다.

표 4-6 교육구분별 보수교육 대상자

교육구분			교육대상	교육시간	비고
직무교육	일반직무교육	보육교사	현직에 종사하고 있는 보육교사로서 보육업무 경력이 만 2년을 경과한 자와 보육교사 직무교육(승급교육 포함)을 받은 해부터 만 2년이 경과한 자	40시간	매 3년마다
		원장	현직에 종사하고 있는 원장으로서 어린이집 원장 직무교육을 받은 해부터 만 2년을 경과한 자	40시간	매 3년마다
	특별직무교육	영아보육	영아보육을 담당하고 있는 일반직무교육 대상자와 영아보육을 담당하고자 하는 보육교사 및 어린이집 원장	40시간	이수하고자 하는 자
		장애아보육	장애아보육을 담당하고 있는 일반직무교육 대상자와 장애아보육을 담당하고자 하는 보육교사 및 어린이집 원장	40시간	이수하고자 하는 자
		방과후보육	방과후 보육을 담당하고 있는 일반직무교육 대상자와 방과후 보육을 담당하고자 하는 보육교사 및 어린이집 원장	40시간	이수하고자 하는 자

교육구분		교육대상	교육시간	비고
승급 교육	2급 승급 교육	보육교사 3급의 자격을 취득한 후 보육업무 경력이 만 1년이 경과한 자	80시간	이수하고자 하는 자
	1급 승급 교육	보육교사 2급의 자격을 취득한 후 보육업무 경력이 만 2년이 경과한 자 및 보육교사 2급의 자격을 취득한 후 보육 관련 대학원에서 석사 학위를 취득한 경우 보육업무 경력이 만 6개월이 경과한 자	80시간	이수하고자 하는 자
원장 사전 직무 교육	–	영유아보육법 시행령 [별표1] 제1호의 가목부터 라목(일반, 가정, 영아전담, 장애아전담 어린이집 원장)까지 어느 하나의 자격을 취득하고자 하는 자	80시간	이수하고자 하는 자

이를 근거로 2016년도에 시행될 개정 보수교육 내용은 다음과 같다.

④ 보수교육 내용

○ 일반직무교육(보육교사)

영역	일반직무교육(기본 과정)		일반직무교육(심화 과정)	
	교과목	시간	교과목	시간
인성 · 소양 (8시간)	• 보육교사와 인권 – 인권에 대한 이해 – 교사와 아동의 인권 존중 이해	3	• 보육교사의 인문적 소양 – 행복한 교사 되기	3
	• 보육교사의 직무역량 강화 – 보육교사 직무 이해 – 보육교사 의사소통기법 훈련	3	• 보육교사의 직무역량 강화 – 보육교사 리더십 키우기 – 기관 구성원 간 멘토링 실행	3
	• 보육교사의 건강관리 – 보육교사의 신체 · 정신건강 이해 · 관리	2	• 보육교사의 건강관리 – 보육교사의 신체 · 정신건강 이해 · 관리	2

<table>
<tr><th rowspan="2" colspan="2">영역</th><th colspan="2">일반직무교육(기본 과정)</th><th colspan="2">일반직무교육(심화 과정)</th></tr>
<tr><th>교과목</th><th>시간</th><th>교과목</th><th>시간</th></tr>
<tr><td rowspan="3" colspan="2">건강 · 안전
(9시간)</td><td>• 안전사고 예방교육
– 재난대비, 교통안전 등</td><td>3</td><td>• 안전사고 예방교육
– 재난대비, 교통안전 등</td><td>3</td></tr>
<tr><td>• 보건위생관리
– 감염병 및 약물 오남용, 응급처치</td><td>3</td><td>• 보건위생관리
– 감염병 및 약물 오남용, 응급처치</td><td>3</td></tr>
<tr><td>• 아동학대, 성폭력, 실종 예방 및 사후관리
– 아동학대의 이해
– 성폭력 및 실종 예방 교육</td><td>3</td><td>• 아동학대, 성폭력, 실종 예방 및 사후관리
– 아동학대의 이해
– 성폭력 및 실종 예방 교육</td><td>3</td></tr>
<tr><td rowspan="7">전문
지식
·
기술
(23시간)</td><td rowspan="2">장애 및
다문화
실제
(4시간)</td><td>• 다문화교육 이해와 실제
– 현장사례 중심 분석</td><td>2</td><td>• 다문화교육 과정 심화
– 다문화프로그램 개발</td><td>2</td></tr>
<tr><td>• 장애통합보육 운영 실제
– 개별화 프로그램 이해, 개발</td><td>2</td><td>• 장애통합보육 운영 실제
– 개별화 프로그램 적용 및 부모 협력 강화</td><td>2</td></tr>
<tr><td rowspan="5">보육
활동
운영의
실제
(16시간)</td><td>• 영유아 관찰 및 기록 실제
– 신체 · 인지 · 언어 · 정서 등 발달 관찰 및 사례 분석</td><td>3</td><td>• 영유아 관찰 기록의 활용
– 관찰 기록 분석 및 영유아 발달 평가와 상담 활용능력 키우기</td><td>3</td></tr>
<tr><td>• 영유아 부적응 행동의 이해
– 부적응 행동 유형의 이해
(불안, 위축, 공격, 주의산만 등)</td><td>2</td><td>• 영유아 행동 유형별 발달지원
– 부적응 행동 예방과 지도</td><td>2</td></tr>
<tr><td>• 보육정보 탐색의 적용과 사례
– 인터넷 등 정보활용방법, 보육통합정보시스템 이해</td><td>2</td><td>• 보육교사의 놀이참여 및 확장 · 연계
– 영유아놀이관찰, 개입을 통한 확장 및 연계 교수학습방법</td><td>2</td></tr>
<tr><td>• 영유아 인성교육의 실제
– 기본생활습관지도 및 활동에 따른 인성교육 실제 사례</td><td>3</td><td>• 영유아 인성교육의 심화
– 기관 및 영유아의 발달특성에 인성교육 계획 실습</td><td>3</td></tr>
<tr><td>• 영아교사의 상호작용 전략 (선택)
– 영아 발달, 흥미, 놀이에 따른 교수방법 학습</td><td>3</td><td>• 어린이집시설 · 설비관리 (선택)
– 어린이집 시설 · 설비 관리 능력 학습</td><td>3</td></tr>
</table>

영역		일반직무교육(기본 과정)		일반직무교육(심화 과정)	
		교과목	시간	교과목	시간
전문 지식 · 기술 (23시간)	보육 활동 운영의 실제 (16시간)	• 유아교사의 상호작용 전략 (선택) – 유아 발달, 흥미, 놀이에 따른 교수방법 학습	3	• 동료 수업 멘토링(선택) – 동료교사 간 수업지원능력 학습	3
		• 보수교육기관 자체개발 교과목 (선택)	3	• 보수교육기관 자체개발 교과목 (선택)	3
	가족 및 지역 사회 협력 (3시간)	• 부모 – 교사 의사 소통의 이해와 실제(선택) – 부모 – 교사 간 의사소통 이해 및 갈등상황 시 소통능력 함양	3	• 열린 어린이집 계획 및 운영 (선택) – 열린어린이집 개념과 환경구성 – 열린어린이집 계획과 운영 실제	3
		• 부모 개별 면담 기법(선택) – 성공적인 부모 면담 위한 대화법	3	• 지역사회연계 프로그램 사례 분석(선택) – 지역 내 육아인프라 활용능력 함양	3
계		15과목	40	15과목	40

※교육영역별 이수시간을 고려하여, 보수교육기관에서 일부 교과목 선택하여 운영 · 개설 가능
예) 보육활동 운영의 실제」와 「가족 및 지역사회 협력」 영역의 경우 교과목 일부 선택이수 가능
※ 「보건위생관리」 교과목은 심폐소생술, 응급처치 실습 등 이론보다 실습 위주로 교육하도록 함

○ 일반직무교육(원장)

영역	일반직무교육(기본 과정)		일반직무교육(심화 과정)	
	교과목	시간	교과목	시간
인성 · 소양 (8시간)	• 보육철학과 윤리 – 원장의 역할과 윤리	3	• 아동권리와 보육철학 – 보육철학과 보육이념 및 아동권리 이해	3
	• 원장의 건강관리 – 건강의 개념 및 건강관리 – 신체 · 정신건강관리의 이해	3	• 원장의 건강관리 – 성인기의 건강관리, 건강한 생활 습관, 스트레스와 건강	3
	• 보육교직원의 인문적 소양 – 행복에 대한 인문학적 고찰	2	• 보육교직원의 문화적 소양 – 예술적 소양 증진을 위한 지역 문화인프라 연계 교육	2

영역		일반직무교육(기본 과정)		일반직무교육(심화 과정)	
		교과목	시간	교과목	시간
건강 · 안전 (9시간)		• 안전사고 예방 및 대응 – 재난대비, 교통안전 등 관련 법안 및 사례	3	• 안전사고 예방 및 대응 – 재난대비, 교통안전 등 관련 법안 및 사례	3
		• 보건위생관리 – 응급처치, 질병관리, 감염병 및 약물 오남용	3	• 보건위생관리 – 응급처치, 질병관리, 감염병 및 약물 오남용	3
		• 아동학대, 성폭력, 실종 예방 및 사후관리 – 아동학대, 성폭력, 실종 이해 및 예방을 위한 지원 – 아동보호서비스체계	3	• 아동학대, 성폭력, 실종 예방 및 사후관리 – 아동학대, 성폭력, 실종 이해 및 예방을 위한 지원 – 아동보호서비스체계	3
전문 지식 · 기술 (23시간)	장애 및 다문화 관리 (4시간)	• 다문화교육 프로그램 이해와 실제 – 현장사례 중심 분석	2	• 다문화교육 프로그램 개발 – 다문화교육 프로그램의 현황 분석 및 개발	2
		• 장애통합보육 운영 실제 – 기관 내 장애통합보육의 운영 이해 – 개별화교육프로그램의 실제	2	• 장애통합보육을 위한 운영 관리 – 기관 내 특수교사 및 담임교사의 협력 지원	2
	기관 운영의 실제 (16시간)	• 어린이집 내 영유아 관찰과 평가 – 영유아 놀이와 행동 관찰 기록 방법 – 관찰기록을 통한 아동평가 이해	3	• 아동발달진단도구의 이해와 활용 – 기관에서 교사가 활용할 수 있는 아동발달진단 도구 및 방법 이해	3
		• 보육계획과 보육일지 작성 관리 – 보육교사 지도 원리 및 보육계획 수립 지도 – 보육일지 작성 원리 및 작성 지도	2	• 보육 프로그램 개발 및 평가 – 보육프로그램의 이해 및 개발 실제 – 영아반 · 유아반 프로그램 평가	2

영역		일반직무교육(기본 과정)		일반직무교육(심화 과정)	
		교과목	시간	교과목	시간
전문 지식 · 기술 (23시간)	기관 운영의 실제 (16시간)	• 영유아 생활지도를 위한 교사 교육 – 영유아 생활지도의 기초와 교사교육 – 영유아 생활지도의 실제에서의 교사지원	2	• 교사교육 프로그램 개발 및 운영 – 교사교육 프로그램 개발을 위한 개념 및 중요성 – 교사교육 프로그램 운영의 실제	2
		• 교수매체 선정과 평가 – 교수매체의 유형, 구입 시 선정기준, 제작 시 고려사항 – 교육적 가치 평가, 활용도 및 효율성 평가	2	• 보육과정 디지털활용능력 개발 – 어린이집 운영관리와 디지털 활용의 실제 및 실습	2
		• 원장의 대외협력 관리 – 원장의 대외협력 직무에 대한 이해 – 부모 및 지역사회의 요구 대처관리	2	• 원장의 리더십과 조직관리 – 원장의 리더십 유형 점검 – 리더십 유형별 조직관리 특성 및 바람직한 리더십	2
		• 영상정보처리기기(CCTV)의 관리 및 운영 – CCTV 관련 규정 및 법규 이해 – CCTV 열람관리 방법 – CCTV 관련 개인정보 유출 예방 관리	2	• 개인정보보호와 디지털매체 윤리의 실제 – 개인정보보호 관련법에 대한 이해 – 어린이집 내 개인정보 관리 방법 – 디지털매체 사용 예절과 윤리(사례 중심 이해)	2
		• 우수 보육프로그램 사례(선택) – 우수 보육프로그램의 최신 동향 – 보육프로그램의 개선	3	• 우수 보육프로그램 동향(선택) – 우수 보육프로그램의 최근 연구동향, 사례 분석 – 우수 보육프로그램 개발 및 지원방안	3
		• 보수교육기관 자체개발 교과목(선택)	3	• 보수교육기관 자체개발 교과목(선택)	3

영역		일반직무교육(기본 과정)		일반직무교육(심화 과정)	
		교과목	시간	교과목	시간
전문 지식 · 기술 (23시간)	가족 및 지역 사회 협력 (3시간)	• 부모자원 활용 계획과 운영(선택) – 어린이집 운영에 부모참여 활성화를 위한 부모자원 활용 계획과 운영 방법	3	• 부모 요구 조사 및 활용(선택) – 연간운영계획 및 의사결정을 위한 부모 요구조사 방법 및 활용 이해	3
		• 어린이집과 지역사회 자원 연계의 실제(선택) – 지역사회 연계 참여 – 지역사회 연계 실제	3	• 어린이집과 지역사회 자원 연계 계발(선택) – 지역사회 연계 활용 – 지역사회 연계활동 계획	3
계		16과목	40	16과목	40

※ 교육영역별 이수시간을 고려하여, 보수교육기관에서 일부 교과목 선택하여 운영 · 개설 가능
예) 보육활동 운영의 실제」와 「가족 및 지역사회 협력」 영역의 경우 교과목 일부 선택이수 가능
※ 「보건위생관리」 교과목은 심폐소생술, 응급처치 실습 등 이론보다 실습 위주로 교육하도록 함

○ **보육교사 승급교육**

영역	2급 승급교육		1급 승급교육	
	교과목	시간	교과목	시간
인성 · 소양 (11시간)	• 아동복지와 인권의 이해 – 사례중심 아동권리에 대한 민감성 증진	4	• 아동복지와 인권의 실제 – 사례중심 아동권리에 대한 민감성 증진	4
	• 보육교사의 역할과 윤리 – 보육교사 2급의 역할 및 직업윤리	4	• 보육교사의 역할과 윤리 – 보육교사 1급의 역할 및 직업윤리	4
	• 보육교사의 건강관리와 힐링 – 보육교사의 신체 및 정신건강 이해 – 실습중심 질환 예방법 및 대처법	3	• 보육교사의 건강관리와 힐링 – 보육교사의 신체 및 정신건강 이해 – 실습중심 질환 예방법 및 대처법	3

<table>
<tr><th colspan="2" rowspan="2">영역</th><th colspan="2">2급 승급교육</th><th colspan="2">1급 승급교육</th></tr>
<tr><th>교과목</th><th>시간</th><th>교과목</th><th>시간</th></tr>
<tr><td colspan="2" rowspan="4">건강 · 안전
(12시간)</td><td>• 영유아 건강안전교육 계획 및 실행
– 건강안전교육 계획 및 실행 실습</td><td>3</td><td>• 영유아 건강안전교육 계획 및 실행
– 건강안전교육 계획 및 실행 실습</td><td>3</td></tr>
<tr><td>• 안전사고 예방교육
– 재난대비, 교통안전 등</td><td>3</td><td>• 안전사고 예방교육
– 재난대비, 교통안전 등</td><td>3</td></tr>
<tr><td>• 보건위생관리
– 감염병 및 약물 오남용, 응급처치</td><td>3</td><td>• 보건위생관리
– 감염병 및 약물 오남용, 응급처치</td><td>3</td></tr>
<tr><td>• 아동학대, 성폭력, 실종 예방 및 사후관리
– 아동학대 예방 기초, 개입 과정
– 성폭력, 실종 예방 교육</td><td>3</td><td>• 아동학대, 성폭력, 실종 예방 및 사후관리
– 아동학대 이해 및 어린이집에서의 아동학대
– 성폭력, 실종 예방 교육</td><td>3</td></tr>
<tr><td rowspan="3">전문
지식
·
기술
(55시간)</td><td rowspan="2">장애 및
다문화
실제
(8시간)</td><td>• 다양한 가정의 영유아 이해
– 다양한 가정의 이해
– 다양한 가정 영유아의 특성에 따른 발달적 지원 방법</td><td>4</td><td>• 다문화 가정의 영유아 지원
– 다문화 가정 영유아의 생활 및 발달지원, 보육 지원 등 사례 중심</td><td>4</td></tr>
<tr><td>• 장애영유아의 이해
– 발달기 영유아의 다양성 이해
– 영유아 선별, 장애진단, 중재의 중요성</td><td>4</td><td>• 장애영유아의 이해 및 지원
– 특수 영유아 특성별 지도
– 기관 내 장애영유아 지원 관리 방안</td><td>4</td></tr>
<tr><td>보육
활동
운영의
실제
(39시간)</td><td>• 영유아 관찰 사례 이해 및 실제
– 관찰의 기초, 관찰 기록 이해
– 일상생활 및 놀이행동, 상호작용 관찰 실습</td><td>4</td><td>• 영유아 관찰 및 평가
– 관찰도구의 활용
– 관찰 기록을 평가에 활용하는 방안</td><td>4</td></tr>
</table>

영역		2급 승급교육		1급 승급교육	
		교과목	시간	교과목	시간
전문 지식 · 기술 (55시간)	보육 활동 운영의 실제 (39시간)	• 대소집단활동 운영 – 대소집단활동 운영을 위한 교수학습방법	4	• 대소집단활동 운영의 실제 – 대소집단활동 운영 실습	4
		• 신체 · 예술(음률)활동 운영 – 신체 · 예술영역 발달의 이해 – 신체 · 예술활동 운영 방법	4	• 신체 · 예술(음률)활동 운영의 실제 – 신체 · 예술(음률)활동 운영 실습	4
		• 언어, 수 · 과학활동 운영 – 언어, 수 · 과학영역 발달의 이해 – 언어, 수 · 과학활동 운영 방법	4	• 언어, 수 · 과학활동 운영의 실제 – 언어, 수 · 과학활동 운영 실습	4
		• 역할 · 쌓기놀이활동 운영 – 역할 · 쌓기놀이영역 발달의 이해 – 역할 · 쌓기놀이활동 운영 방법	4	• 역할 · 쌓기놀이활동 운영의 실제 – 역할 · 쌓기놀이활동 운영 실습	4
		• 보육계획 수립 및 보육일지 작성 – 보육계획의 원리, 연계성 있는 보육계획 – 보육일지 작성의 원리, 일과계획 작성, 일과의 실행과 평가 작성	4	• 보육일지 작성의 실제 – 보육일지 작성 실습	4
		• 표준보육과정의 이해 및 평가 – 제3차 어린이집표준보육과정 총론, 0~1세 보육과정(6개 영역 목표, 내용체계), 2세 보육과정(6개 영역 목표, 내용범주, 내용) – 표준보육과정 운영평가	4	• 보육실습 지도의 적용과 사례 – 보육실습 지도의 의의, 계획, 운영, 평가	4

<table>
<tr><th colspan="2" rowspan="2">영역</th><th colspan="2">2급 승급교육</th><th colspan="2">1급 승급교육</th></tr>
<tr><th>교과목</th><th>시간</th><th>교과목</th><th>시간</th></tr>
<tr><td rowspan="5">전문
지식
·
기술
(55시간)</td><td rowspan="3">보육
활동
운영의
실제
(39시간)</td><td>• 누리과정의 이해 및 평가
– 3~5세 누리과정 5개 영역 목표, 내용범주, 내용
– 누리과정 운영평가</td><td>4</td><td>• 어린이집의 개인정보보호 관리
– 개인정보보호 관련법에 대한 이해
– 개인정보가 포함된 문서 관리
– CCTV 관련 개인정보 관리</td><td>4</td></tr>
<tr><td>• 영유아 행동의 발달적 이해
– 사례중심 발달영역별 영유아 행동의 이해 및 지원</td><td>4</td><td>• 영유아 문제행동 조기발견
– 영유아 사회 · 정서발달과 적응 지도
– 발달적 지원과 치료적 접근이 필요한 영유아 이해
– 사례중심 문제행동 지원방법</td><td>4</td></tr>
<tr><td>• 실내외 놀이 환경 구성
– 실내외 놀이 환경 구성의 기본요건, 원리, 실제 및 평가</td><td>3</td><td>• 어린이집 환경 구성 및 관리
– 어린이집 환경 구성의 원리 및 관리 실제</td><td>3</td></tr>
<tr><td rowspan="2">가족
및 지역
사회
협력
(8시간)</td><td>• 다양한 부모 – 자녀 관계의 이해
– 가족형태의 다양화, 부모역할, 건강한 부모 – 자녀 관계 형성</td><td>4</td><td>• 부모참여 계획 및 실행
– 부모참여의 실제 및 활성화 방안</td><td>4</td></tr>
<tr><td>• 부모참여 및 상담 실제
– 부모참여활동 계획
– 부모상담을 위한 준비 및 실습</td><td>4</td><td>• 지역사회 연계활동 계획 및 운영
– 보육과정, 장소, 활동에 따른 지역사회 연계활동 계획</td><td>4</td></tr>
<tr><td colspan="2">평가시험</td><td>• 2급 승급교육 평가시험</td><td>2</td><td>• 1급 승급교육 평가시험</td><td>2</td></tr>
<tr><td colspan="2">계</td><td>21과목+평가시험</td><td>80</td><td>21과목+평가시험</td><td>80</td></tr>
</table>

※ 「보건위생관리」 교과목은 심폐소생술, 응급처치 실습 등 이론보다 실습 위주로 교육하도록 함

3. 보육교직원의 처우와 복무관리

1) 보육교사와 어린이집 원장의 처우

보육교사의 처우개선을 위하여 정부는 2009년부터 근무환경이 열악한 농어촌 지역 보육교사에게 월 11만 원의 특별근무수당을 지급하고 있으며, 보육교사가 연가 등 불가피한 사유로 인한 결원 시 보육서비스의 공백을 해소하기 위하여 어린이집에 대체교사(2011. 450명)를 지원하는 등 보육교사의 처우개선을 위하여 노력해 왔으며, 지속적으로 이를 확대 · 보강하였다.

최근 몇 년간 보육교직원과 관련된 정부정책은 보육의 질적 성장을 위해 보육인력의 전문성 제고와 처우개선을 중점과제로 설정하였으나 보육교직원 양성과정 및 자격관리 강화에 초점을 두었고 보육교사의 근무여건과 처우개선 부분에서는 대체교사 인력지원, 근무환경 개선, 특별수당의 지급 등이 추진되었다. 이에 대한 필요성은 오랫동안 이미 많은 연구에서 또는 각종 토론회, 학술세미나에서 강하게 제시되어 왔지만, 교사들의 급여 현실화와 근무환경은 크게 변화된 것이 없어 보인다. 그동안 보육관련 학술대회에서는 지속적으로 보육교사 처우개선에 대한 정책 제안과 가두시위 등을 통해 조속히 정책 추진과제를 실행하라 촉구하기도 했다.

황옥경(2012)에 따르면 교사처우개선과 관련한 그동안의 정부정책은 보육교사 실질임금 상승을 위한 정책 부재, 교사 처우개선을 위한 정책의 일관된 원칙 부재, 자격강화에 따른 보육교사 처우개선책이 마련되지 않았음을 지적하였다. 따라서 보육교사의 처우개선 정책은 앞서 논의했던 보육교사의 전문성 향상을 위한 자격관리정책과 병행되어야만 실효성 있는 제도가 될 것으로 본다. 왜냐하면 보육교사들의 처우, 근무여건, 복지 등은 그들의 전문성을 확보하는 데 중요한 요인이며, 직무만족도와 스트레스 등에 영향을 주어 궁극적으로는 보육 서비스 질적 수준을 결정하게 되므로 보육교사가 전문인으로서 원활히 직무 수행을 할 수 있도록 지원하는 일은 매우 중요하기 때문이다(서문희, 2010).

최근 학술대회나 정책토론회에서 제시된 보육교사 처우 개선과 관련된 내용들은 보육현장의 요구를 생생하게 반영한 것으로써 이를 바탕으로 더욱 발전되고 안정적인 근무여건 개선방안이 제시되어야 한다.

처우 개선 방안으로 가장 많이 제시된 과제는 임금의 인상, 승급 · 학력 · 자격에 준한 호봉체계 개선과 보수규정 마련, 대체교사 지원, 초과근무수당의 지급 규정 준수, 처우 개선비 확대, 직급체계 마련으로 수당지급 등이 있다.

"이 중에서 단기적으로 실효성 있는 처우개선 사항으로는 무엇을 우선순위로 할까?"라는 질문에는 답하기가 어렵다. 모든 항목들이 현장에서 시급히 요구되기 때문이다. 그럼에도 아래 네 가지 항목을 중점적으로 개선방안을 제시해 보고자 한다.

1 보육교직원의 처우개선 정책 미비는 수급의 불균형으로 비롯되었으므로 자격기준 강화와 병행하여 추진해야 설득력이 있음

2 인건비 산정 시 고졸여성 평균 급여가 기준이 되므로 보수의 현실화를 위해 최저 학력기준을 높임

3 급여체계의 개선이 필요하므로 보육교사의 자격과 학력을 고려한 보수규정을 마련하여 초임호봉에 반영함
경력을 반영하여 연차별 호봉 승급 준수와 시간 외 근무수당을 인정하며 담임수당 등 수당항목을 명시적으로 제시함

4 원감, 선임(수석)교사를 직급체계에 포함하는 방안을 마련하여 중간관리자와 보조교사, 비담임교사 등 지원인력을 배치함

5 원장 초임호봉의 상향 조정과 자격 취득 경로의 단일화가 필요함

보육교사 처우개선은 보육교사 자격체계의 상향조정에 부응하는 조치로 교사 자격체계 강화와 더불어 전문성 발달의 주요한 요인이다. 처우개선은 우수한 교사

의 보육현장 진입을 자극할 것으로 오래전부터 연구자들 간에 개선의 최우선 과제로 지적되어 왔다(황옥경, 2012). 따라서 보육교직원의 처우 개선은 자격기준 강화와 시행될 때 실효성이 있게 되므로 보육교직원의 자질을 높이려면 그들의 처우개선과 함께 근무환경 개선 정책도 우선하여 이루어져야 한다. 아무리 보육교사의 전문성을 강화해도 보육교사의 처우가 개선되지 않는다면 전문성을 갖춘 우수한 교사들은 보육현장을 떠날 것이다. 질적으로 높은 수준의 보살핌을 받도록 교육된 보육전문가, 즉 우수하고 좋은 보육교사를 확보해야 한다. 그러므로 보육교사의 소중함과 전문성을 부모나 사회가 좀 더 인정해 주고 그 전문성에 적정한 대우를 해 주는 보육정책을 펼쳐야 한다.

최근 사회복지사 등의 지위 향상을 위한 특별법도 발효되었으니 1970년에 생긴 '교원지위향상을 위한 법률'과 함께 보육교직원을 위한 처우개선법 마련도 더 이상 미룰 수 없게 되었다. 보육교직원, 정부관계자, 국회의원, 보육전문가, 법률가, 부모 등 누구를 망라하고 우리의 영유아가 가정과 사회, 그리고 보육현장에서 행복한 아이로 자라길 기대한다면 모두 함께 보육교사 처우개선을 위하여 다시금 지혜를 모으고 실현 가능한 실행단계를 논의해야 한다. 요즘 우수한 보육교직원들이 상대적으로 처우가 좋은 유사 직종으로 옮겨 가고 있기 때문에 자격증 취득자가 과잉배출되어 있어도 어린이집 현장은 유능하고 좋은 교사를 채용하기가 점점 어려워지고 있다. 이러한 추세가 지속되면 우리 영유아들에게 양질의 보육환경을 제공하지 못하게 되므로 국가책임제 보육이 성공적으로 실현되기 위해서는 보육교직원의 처우개선 정책이 정부에서 조속히 추진되어야 한다. 잘 훈련받고 인성을 갖춘 행복한 보육교사가 어린이집 현장으로 많이 유입될 때 양질의 보육 서비스는 저절로 보장될 것이 분명하기 때문이다.

보육교직원 관련 정책은 양성, 자격, 재교육, 처우 문제 등과 함께 종합적으로 검토되어야 하므로 정부, 정책 집행기관, 양성교육기관, 어린이집, 국회 등 이해당사자 간 충분한 의견수렴을 통해서 해결되어야만 이후 또 다른 영역에서 미흡한

점이 발생되었을 때 이를 최소화할 수 있다.

개방형 양성체계(학과중심이 아님)의 보육관련학 교과목과 학점 이수가 보육교사의 전문성을 확보하는 데 사회에서 합의된 기대수준에 못 미친다고 판단되면 정부는 철저한 자격관리를 통해 양성과정과 보수교육과정을 운영하는 교육기관에 대한 모니터링 또는 자체점검(self study)을 요구하여 부족한 부분은 추후 자격제도개선으로 다시 보완하며 시대 변화에 적정한 능력과 자질을 보유한 보육교직원이 배출될 수 있도록 보육교직원 수급정책 방향을 설정하고 이를 주도해 나가야 한다. 또한 이를 집행하는 기관들 간에도 원활한 협력체계가 이루어져야 할 것이다(김의향, 2013).

2) 보육교직원 복무관리

(1) 교직원의 근무시간

어린이집 원장의 근무시간은 평일 8시간을 원칙으로 해야 한다. 다만, 어린이집의 운영시간(평일 12시간 원칙)을 고려하여 연장 근무할 수 있다.

어린이집 원장이 1일 8시간 근무하는 경우에는 보육교사 중 한 사람을 원장 업무를 대행자로 지정하여 어린이집 운영에 지장이 없도록 하여야 한다.

- 어린이집 원장이 불가피한 사유로 직무를 수행할 수 없는 경우 보육교사가 그 직무를 대행할 수 있는 기간은 1개월(연속, 휴일 포함) 이내로 제한하며 1개월을 초과할 경우 대체원장을 배치하여야 한다.
- 다만, 교사 겸직 원장에 대한 보육교사의 원장 업무 대행은 7일(연속, 휴일 포함) 이내로 제한하며 7일을 초과할 경우 대체원장 또는 대체 보육교사를 배치하여야 한다.

  ※ 불가피한 사유: 휴가, 병가, 연수, 보수교육 참여 등
- 보육교사 등 기타 교직원은 평일 8시간 근무를 원칙으로 한다.

  ※ 보육교사 등 보육교직원의 근무시간 및 근로조건 등은 근로기준법 등 노

동관계법령에 따라야 하며 이를 위반하는 경우가 발생하지 않도록 주의해야 한다.

(2) 교직원의 겸임제한

① 동일 어린이집에서의 겸임 제한

보육교직원(원장, 보육교사 등)은 전임이어야 하므로, 다른 업무를 겸임할 수 없다.

다만, 어린이집 원장이 간호사 또는 영양사 자격이 있는 때에는 간호사 또는 영양사를 겸임할 수 있고, 정원 20인 이하 어린이집의 원장은 보육교사를 겸임할 수 있다. 이 경우에도 원장이 간호사와 영양사 모두를 겸임할 수 없다.

※ 도서 · 벽지 · 농어촌지역의 21~39인 이하 어린이집은 시장 · 군수 · 구청장의 승인이 있는 경우 원장이 보육교사를 겸임할 수 있다.

② 다른 시설의 겸임 제한

1 일반기준

보육교직원은 전임이어야 하며, 다른 시설의 업무를 겸임할 수 없다.

- '전임'이란 근무시간 동안 상시 해당 직무에 종사하여야 함을 의미하고, '다른 시설의 업무'란 다른 어린이집뿐만 아니라 다른 사회복지시설 및 유치원, 종교시설 등 보육교직원의 전임 규정에 위배될 수 있는 모든 시설을 포함한다.
  예 "A"어린이집의 원장은 "B"아동복지시설의 시설장을 겸임할 수 없음
- 특히, 어린이집 원장 및 보육교사는 휴일, 휴가 등으로 근무를 하지 않는 날을 제외하고는 근무시간 동안 어린이집에 상주하며 상시 해당 직무에 종사하여야 한다.
- 특별한 사유(회의 참석 등)로 외출할 경우에는 근무상황부에 기록 · 관리한다.

2 어린이집 원장의 겸임 제한

- 어린이집 원장은 전임이어야 하며, 다른 시설의 업무를 겸임할 수 없다. 따라서, 어린이집 원장은 다른 어린이집의 교직원(원장, 보육교사 등)으로 근무할 수 없

으며, 전임 규정에 위배될 수 있는 어린이집이 아닌 다른 시설(아동복지시설, 유치원 등)의 종사자로 근무할 수 없다.

- 어린이집 원장은 특별한 경우를 제외하고는 근무시간 중에 상시 그 업무에 종사하여야 하는 바, 근무시간 중에 대가를 받고 월 12시간을 초과하는 세미나, 공청회, 토론회, 발표회, 심포지엄, 교육과정에 참석하여 강의 · 강연 · 발표 · 토론하는 행위를 할 수 없다.

(3) 교직원의 휴가 등 기타 복무 관리

보육교사의 휴가는 보육 공백을 최소화할 수 있도록 순번제로 실시하고, 보수교육, 출산휴가 등으로 어린이집의 원장, 보육교사 또는 보육교직원 공백이 생기는 경우에는 이를 대체할 수 있는 대체원장, 대체교사 또는 그 밖의 인력을 각각 배치하여야 한다.

교직원의 휴가, 휴일, 휴식 들은 근로시간과 관련이 있는 사항에 대하여서는 「근로기준법」 등 노동관련 법령에 따른다.

- 고용, 산전후휴가, 육아휴직 등과 관련이 있는 사항에 대하여서는 「남녀 고용평등과 일 · 가정 양립 지원에 관한 법률」의 규정을 준용한다.
- 보육교직원의 최저임금 보장 등과 관련이 있는 사항에 대해서는 「최저임금법」의 규정을 준용한다.
- 기타 교직원의 복무, 근로 등과 관련하여서는 각 개별법을 준용토록 한다.

CHAPTER 05

보육실 운영관리

1. 흥미영역의 구성과 운영
2. 교재 · 교구 관리

1. 흥미영역의 구성과 운영

보육교사가 어떻게 보육실 환경을 구성하고, 영역을 배치하며 교재 · 교구를 관리하느냐에 따라, 보육실의 운영 형태는 크고 작은 영향을 받는다. 보육교사의 성향이 그 어느 보육실보다도 깔끔하게 정돈되고 흐트러짐이 없기 위해 노력하는 편인지, 아니면 다소 지저분하더라도 활기찬 분위기 조성이 더 중요하다 생각하는지에 따라 반 운영의 전체 분위기는 달라질 수 있기 때문이다. 이 장에서는 보육실 운영 관리를 위한 각 흥미영역의 구성과 운영을 연령별 영아와 유아로 나누어 알아본다. 흥미영역의 구성과 운영을 알아보기에 앞서 전체적인 보육환경 구성의 기본원리와 보육교사의 환경구성에 대한 생각의 점검하고, 공간 분할에 대해 살펴본다.

1) 보육환경 구성의 기본원리

보육실의 환경 구성의 기본원리는 다음 표 5-1 과 같이 안전성, 건강, 편안함, 편리성, 영유아의 신체크기, 융통성, 이동성에 따라 살펴볼 수 있다.

표 5-1 보육환경 구성의 기본원리

구분	내용
안전성 (security)	안전한 환경은 모든 보육환경 구성에서 가장 중요하므로 벽, 바닥, 전기제품커버, 날카로운 면은 감싼다. 특히 영아는 다양한 탐색행동을 즐기는 시기이기 때문에, 더욱 안전한 환경을 제공하는 것이 필요하다.
건강 (health)	환경구성 시 질병이 생기거나 감염될 가능성을 줄이는 환경을 만들기 위해 애써야 한다. 이를 위해 적절한 온도와 습도 유지하고 채광을 조절하며 신선한 공기를 유지하는 것이 좋다. 또 세척 용이한 물건을 사용하고 실내 · 외 정리 · 정돈 및 청결 유지하기 등이 고려되어야 한다. 영아반 경우, 기저귀갈이 영역과 음식 먹는 영역을 분리하는 것이 바람직하다.
편안함 (comfortability)	심미적인 요소와 함께 따뜻하고 편안한 가정과 같은 환경 공간이 필요하다. 이에는 부드러운 색의 벽과 천장 제공하기, 쿠션 등을 이용해 편안한 촉감의 공간 제공하기, 눈높이에 맞게 놀이감 배치하기 등이 포함된다.
편리성 (convenience)	영유아가 보다 용이하게 활동할 수 있도록 공간을 준비해야 한다. 여기에 해당되는 내용은 스스로 놀이감 쉽게 꺼낼 수 있게 비치하기, 움직이기 편리하고 영역이 영유아의 눈에 잘 띄게 구성하기, 서로 놀이에 방해받지 않게 활동영역 구성하기, 활동영역에 맞게 바닥을 다르게 제공하기, 보육교사의 물건은 영유아 손에 닿지 않게 수납하기 등이다.
영유아의 신체 크기 (child-size)	기구와 설비를 영유아의 신체 크기에 맞게 제공하여 영유아가 스스로 할 수 있는 여건을 만드는 것이 좋다. 물건을 꺼낼 수 있는 높이의 선반을 사용하거나, 변기, 세면대, 책상, 의자, 진열 공간, 개인 수납장 등을 영유아 신체크기에 맞춰 제작 · 구입해야 한다. 게시물을 영유아 눈높이에 맞게 붙이는 것도 이에 해당된다.
융통성 (flexibility)	영유아의 관심이 바뀌고 활동이 변화할 때 공간을 재정리하는 것이 요구된다. 영유아의 욕구를 고려하여 다양한 놀이기구와 비품을 제공하고, 장난감, 자료, 비품을 편리하게 수납하며, 이를 통해 영역들을 다양하게 활용하는 것을 말한다.
이동성 (movement)	영역 간 서로의 활동을 방해하지 않고 이동할 수 있는 통로를 제공해야 한다. 특히 영아는 안전하게 기어 다니거나 걸을 수 있도록 다양한 질감, 높이의 바닥을 제공하는 것이 좋다.

2) 환경구성 점검하기

먼저 환경구성의 정리 · 정돈에 대해 평소 나는 어떤 보육교사인지 점검해 보는 것이 필요하다. 정리 · 정돈에 대한 보육교사의 성향은 보육실 환경구성에 영향을 미치기 때문이다. 보육실 벽은 아이들의 작품으로 도배하는가? 정해진 일정한 틀로 정리되어 있는가? 환경을 아이들 손으로 직접 꾸미게 하는가? 아이들 손으로 꾸미더라도 내가 손을 대서 다시 정리하는가? 다음의 두 유형의 보육교사 중 나는 어디에 속하는지 살펴본다.

Activity 나 점검하기 1

보육교사로서 나의 정리 · 정돈에 대한 기대는 어떠한가?
극단 정돈파(Extremely clean type) 모든 보육실이 정돈되어 있고 청결하며 아이들은 모두 물을 묻혀 빗은 듯 정갈한 머리를 하고 있다. 어느 유아도 화장실에 다녀와서 옷을 막 입어서는 안 되기 때문에 "어머 누가 옷을 이렇게 입어요?"라며 다시 바지를 내리고 팬티에서부터 정갈하게 입혀 준다. 아이들의 작품은 가지런하게 벽에 걸려 있고 정확히 아이들 눈높이에 걸려 있다. 교구장도 항상 정리되어 있으며 교구장 바구니 안에 퍼즐도 모두 원래대로 맞춰져 있다.
극단 허용파(Extremely leave them alone type) 보육실의 문을 열면 아이들이 뛰어다니고 보육교사의 물건과 아이들의 물건이 뒤섞여 사물함 위에 올려져 있다. 사물함 위에 겨울이면 외투가 쌓이고 실외놀이에 나가려면 아이들이 서로 자기 옷을 그 무더기 속에서 찾느라고 난리다. 여기저기 아이들의 그림이 걸려 있고, 아이들은 종종 자기 그림을 떼고 자유롭게 새로운 그림을 붙인다. 집에 갈 때쯤이면 아이들 머리는 땀으로 범벅이 된다. 아이들의 표정은 즐겁게 보이지만, 반 분위기는 소란스럽고 안전하지 않다.

Activity 나 점검하기 2

나는 안전한 환경에 대한 브레이크를 거는 보육교사인가?
손은 자연스럽게 모든 모서리들을 만지고 다니는가? 모서리가 둥글어진 가구를 마련하고, 모서리마다 안전보호대를 설치하며, 문에 손 끼임 방지대를 붙였다 하더라도, 수시로 이들과 미술의 폐품재료, 블록 영역의 나무 블록 모서리를 만지고 다닌다.
물기 없는 바닥을 유지하는가? 화장실 바닥은 깔판을 깔고, 여름에 물놀이를 하고 들어온 친구들이 발의 물기를 제거하도록 보육실 입구에 큰 수건이나 걸레 혹은 발판을 두고, 미술 영역에서 물을 사용하면 옆에 마른 걸레를 두어 아이들 스스로 물기를 제거하도록 교육한다.
유해물질이나 위험한 물건을 잘 관리하는가? 청소용 세제와 락스, 보육교사들이 사용하는 본드와 큰 가위는 늘 언제나 아이들 손이 닿지 않는 곳에 보관한다.
실외에서 집단으로 이동할 때 동선을 잘 관리하는가? 산책, 견학, 길 건너기를 할 때 앞에서 걸어가면서 핸드폰을 사용하지 않고, 장난치거나 걸음이 느려서 뒤처진 아이들이 없도록 긴장하여 주의한다.

3) 공간 분할하기

보육교사는 보육실을 포함한 기본 공간에 대한 분할을 고민해야 한다. 학교에서 배운 지식과 관련 책의 내용을 참고하여, 내 아이들이 행복하고 편안하게 어린이집에서 생활할 수 있도록 공간을 분할하는 것이 중요하다. 종이에 그려 보고, 직접 걸어 다니면서 그 공간이 아이들에게 어떤 의미가 있을지 생각해야 한다. 이와 관련해 영역을 바꾸거나 보육실 내 공간을 다시 배치할 때 영역장만을 옮기는 것이 능사가 아니라, 아이를 위한 분명한 이유와 목적을 인식하는 과정이 필요하다.

(1) 교육 공간과 생활 공간

먼저, 교육 공간과 생활 공간으로 분리할 수 있다. 교육 공간은 영유아들과 보육교사가 교육을 목적으로 하는 활동을 시행하는 공간이고, 생활 공간이라 함은 사물함, 화장실, 물 마시는 곳 등 교육에 직접 사용되지는 않지만 교육과 밀접한 관련을 가지고 보육실 내부 혹은 인근에 같이 공존하는 공간을 말한다.

① 교육 공간

교육 공간은 실제로 각 영역에서 놀이가 진행되고 이야기 나누기 등이 진행되는 공간을 말한다. 각 영역에 대한 공간 배치와 구체적 · 물리적 환경 구성을 살펴보기에 앞서, 빛과 크기와 동선을 고려한 교육 공간의 배치도 염두에 두는 것이 좋다.

빛	기본적으로 밝은 곳에 공간이 위치하면 좋지만, 현실상 모든 공간이 창 쪽으로 있을 수는 없기 때문에 영역 구성이나 배치에 있어서 빛에 대한 주의사항을 살펴봐야 한다. 이야기 나누기 등의 대집단 활동의 경우, 햇빛이 강하면 눈이 부셔서 보육교사를 쳐다보지 못하거나, 보육교사가 제시한 교수매체를 제대로 볼 수가 없다. 과학영역의 식물 키우기 경우 빛이 들어오는 공간에 배치하는 것이 적절하나, 빛과 상관없는 사물을 관찰하는 시기에는 반드시 빛이 직접 들어오는 공간이 아니어도 된다.
크기	크기를 고려할 때는 영유아들의 움직임과 놀이의 형태가 중요하다. 블록 영역에는 많은 영유아들이 참여하고 한 영유아당 앉아서 행동하는 공간뿐 아니라 이동공간과 블록 구성물들이 바닥에 놓이게 되는 것을 동시에 고려하여 보다 넓게 배치한다. 블록 옆에 음률 영역을 두어 동작 활동을 할 때 넓은 공간을 공유하는 효율적인 공간 배치도 고려한다. 역할 영역은 아이들이 테이블에 소품들을 늘어놓기도 하고 공간 구성을 한 상태에서 집에 관련된 놀이를 하기 때문에 다른 영역보다 넓게 배치되어야 한다. 상대적으로 책을 읽는 공간이나 혼자서 관찰하는 수 · 과학 영역은 다소 좁게 배치한다.
동선	공간에서 동선은 늘 고려되어야 한다. 보통 블록과 역할놀이 영역은 연계되어 놀이하는 경우가 빈번하기 때문에 기존 배치 때부터 가까이에 두는 것이 좋다. 미술 영역의 경우 물 가까운 곳에 위치하는 것이 기본이지만, 반드시 화장실 옆에 있어야 하는 것은 아니다. 종종 미술 영역에 물이 필요하지 않은 놀이들이 배치되기도 하기 때문에 그런 경우 교육 공간의 환기를 위해서라도 다른 공간에 배치하는 것도 고려할 수 있다. 보육교사는 영유아들의 놀이 흐름을 세밀하게 관찰하고 그에 따라 동선을 조정하는 것이 필요하다.

1 보육실

보육실에서 흥미영역 공간 구성 시 고려해야 할 사항은 다음과 같다.

먼저 흥미영역의 구성은 각 어린이집의 보육목표, 프로그램의 형태, 영유아의 발달 수준과 흥미에 따라 다르게 배치하고, 최소한 한 학기에 한 번 이상 주기적으로 변화를 주는 것이 바람직하나 영유아의 특별한 요구나 보육교사가 필요하다고 판단될 때는 기간에 상관없이 변화를 줄 수 있다. 예상되는 수용 인원을 고려하여 영역을 구분하고 낮은 가구 등을 이용해 보육교사가 모든 영역을 볼 수 있도록 배치한다. 흥미영역 구성 원리에 따라 조용한 영역과 시끄러운 영역을 분리하여 배치하고, 놀잇감은 쉽게 꺼낼 수 있는 개방된 교구장에 진열한다. 휴식을 취하거나 연령에 따라 혼자 또는 친구와 은밀하게 숨을 수 있고, 안전하면서도 안정감을 느낄 수 있는 공간을 제공한다. 보육실 환경을 구성하는 순서는 기존 영역별 배치도를 그려보고, 영역별 놀잇감을 파악한 후 보육실의 면적과 연령의 특성을 고려한다. 이때 영역 간 동선의 적절성을 고려하고, 영유아의 흥미, 보육주제, 놀잇감의 양을 고려하여 재배치한다.

2 실외놀이터

최적의 실외놀이 환경을 만들기 위해서 적절한 공간과 영유아의 다양한 흥미 및 요구를 충족시킬 수 있도록 충분한 놀잇감과 시설을 영역별로 구성하여 제공한다. 실외놀이터는 크게 동적인 활동과 정적인 활동으로 구분하여 대근육 활동영역, 탐구영역, 극화영역, 물 · 모래놀이 영역 등을 설치하고, 각 영역의 활동에 방해받지 않도록 통로와 영역을 구분하여야 한다. 공간이 허락하는 범위 내에서 영아와 유아의 놀이공간을 나누는 것이 바람직하다.

실외 공간을 구성할 때는 무엇보다 정적과 동적, 음지와 양지, 단단한 지면과 부드러운 지면, 높은 곳과 낮은 곳의 균형감을 갖추는 것이 바람직하다.

표 5-2 실외 놀이 영역 구성

구분	내용
대근육 영역	기어오르기, 매달리기, 그네타기, 미끄럼타기 등의 활동이 이루어져야 하며, 가능한 단순 시설보다는 복합 시설물을 설치하는 것이 효과적이다.
물 · 모래 영역	햇볕과 그늘이 적절히 제공될 수 있는 공간을 선택하고, 특히 모래밭은 배수가 잘 되도록 설치한다. 물 · 모래 놀잇감으로 다양한 크기의 그릇이나 플라스틱 삽, 자동차, 스프레이, 호수 등을 비치해 준다. 모래는 정기적인 소독을 하여 위생관리를 철저히 한다.
미술 영역	실내보다 실외에서 더 적합한 미술 활동이 이루어질 수 있도록 공간을 준비한다. 특히 크기가 큰 다양한 입체 구성을 위해 여러 명이 함께 협동할 수 있는 기회를 부여한다.
책보기 영역	가능한 조용한 곳에 배치하고, 이곳에서 영유아들이 활동적인 놀이 후에 휴식을 취하며 편안하게 책을 즐길 수 있도록 한다.

3 실내유희실

유희실은 영유아들이 마음껏 동적인 활동을 할 수 있을 정도의 공간으로 실외 공간이 별도로 갖추어지지 않은 어린이집에서는 매우 유용한 공간이다. 기본적인 대근육 발달을 위해 영유아의 욕구, 흥미 및 발달단계에 적합한 활동 및 다양한 수준의 기구, 놀잇감을 제공한다. 이 공간에는 주로 대근육 활동을 위한 유동적인 교구가비치되며, 활발한 신체활동이 이루어지므로 환기에 유의해야 한다. 일반적으로 어린이집의 유희실은 다양한 용도로 사용되는데, 영유아들의 우천 시 실외놀이 공간의 대용, 각종 행사나 학부모 모임 등에도 사용된다.

4 어린이도서실

조용히 휴식하거나 책을 볼 수 있는 보육실 외의 여유 공간으로, 일과 진행에 어린이도서실 공간을 활용함으로써 융통성을 가질 수 있도록 사전에 공간을 마련하는 것이 필요하다.

② **생활 공간**

1 사물함

사물함은 대체로 보육실 문 안팎에 위치한다. 사물함을 구입할 때는 사용할 아이들의 수와 연령, 그리고 보육실의 크기를 염두에 두어야 한다. 예로 옷까지 걸 수 있는 사물함을 구입하면 공간을 많이 차지해서 교육 공간이 줄어드는 경우가 있기 때문이다. 그러나 사물함은 아이들이 편안하게 옷을 갈아입고 개고 자기 물건 정리에 대한 생활지도를 하는 공간이므로 '자기 주변 깨끗이 정리하기'를 지도하기 위해 어느 정도 공간을 확보해 주는 것이 필요하다. 또한 자신의 소지품을 찾기 쉽도록 사진과 이름을 함께 제시한다.

2 화장실

화장실은 대개 물이 있는 공간으로 미술 영역 가까이에 두는 경우가 많은데, 영유아들 위주의 화장실 운영은 '가고 싶을 때 가는 것'이 우선으로 고려되어야 한다. 무엇보다 화장실 가는 통로는 어디서 가든지 복잡하지 않아야 한다. 이리저리 몸을 돌려야 하거나 가다가 막혀서 실수라도 하면, 화장실 가는 것이 편하지 않을 것이기 때문이다. 그러므로 화장실 가는 통로를 직접 이동해 보면서 어렵지 않도록 해 주고 특히 화장실이 복도에 있는 경우, 보육실 문 쪽을 개방해 주어 쉽게 이동할 수 있도록 한다.

화장실 바닥에는 미끄럼 방지 매트를 깔아 물기에 미끄러지는 안전사고를 방지해야 하고, 화장실 앞에도 미끄럼 방지 깔개를 깔아 아이들이 손을 씻고 나오면서 넘어지지 않도록 한다. 화장실 안에 비누 외에 청결한 수건이나 종이타월을 준비하고, 변기 사용법이나 손 씻기 방법 등 일상생활 습관을 돕는 자료를 게시하며, 연령에 적합한 그림이나 익숙한 작은 소품들을 함께 비치하여 화장실 사용이 편안하고 긍정적인 경험이 되도록 한다.

Tip 5-1 화장실 구성

영아용 화장실은 교실 내에 위치하는 것이 바람직하며 밝고 상쾌한 느낌이 나도록 채광을 고려하고, 세면대와 목욕 시설이 있어야 한다. 변기는 칸막이가 없거나 낮게 설치하여, 자연스럽게 또래의 배변 행동을 볼 수 있도록 한다.

3 기저귀 갈이

보육교사가 영아들의 기본 욕구인 배변을 잘 해결하도록 돕기 위해서는 영아들이 조용하고 편안하며 아늑한 느낌이 들도록 공간을 구성하는 것이 중요하다. 따라서 보육실 크기와 인원수를 고려하여 안전하고 빠르게 기저귀를 갈 수 있도록 필요한 비품, 및 설비를 마련한다. 예를 들어 영아를 누일 수 있는 붙박이용 기저귀 갈이 침대를 설치하여 사용하기도 하고, 공간의 여유가 많지 않은 곳은 접었다 펴는 이동식 매트로 실제 사용에 수월한 공간으로 구성해야 한다.

4 낮잠

낮잠은 영유아들의 성장에 매우 중요하기 때문에 낮잠을 위한 별도의 안정적인 공간 있으면 좋다. 그러나 현실적으로 어린이집에서 낮잠실을 따로 확보하는 것은 어렵기 때문에 주로 보육실의 일부를 이용해 낮잠 공간을 마련한다. 보육교사는 각 보육실에 조용하고 편안한 분위기와 적절한 조명을 준비하고 너무 푹신하지 않으면서 땀을 잘 흡수하고 세탁이 쉬운 침구를 준비한다. 편안한 수면을 위하여 커튼이나 블라인드 등으로 조명을 조절하고, 위생을 위해 매트나 간이침대 주변으로 50~60cm의 여유 공간을 두어 이동 통로를 제공한다. 특히 보육교사는 낮잠을 자고 싶지 않거나 일찍 깬 영유아가 쉴 수 있는 공간을 따로 마련하여 개별적인 배려를 해야 한다.

5 물 마시는 곳

보육실에 물통과 컵을 둘 수 있는 공간을 마련하고 영유아들이 편안하게 물을 마실 수 있도록 한다. 이때 손동작이 원활하지 않아 물을 흘릴 수 있으므로 옆에 마른걸레를 비치해 두어 언제든 바닥에 떨어진 물을 제거할 수 있도록 한다.

6 보육교사를 위한 공간

어린이집 전체 공간 규모에 따라 보육교사를 위한 공간에 차이가 생기는데 개인 공간(예–책상, 자료 보관함)이 보육실 안에 들어와 있는 경우, 가능하면 놀이가 활발히 이루어지는 동적 영역보다 조용한 놀이가 진행되는 정적 영역 근처로 배치한다. 또 보육교사의 물건이 영유아들 손에 쉽게 닿지 않도록 하고, 가능하면 문이 달린 보관함에 넣어 성인용 가위나 칼, 스테이플러 등 위험한 도구들이 노출되지 않도록 주의한다.

4) 연령별 흥미영역의 구성 및 운영

(1) 영아반

〈영아반 연령별 환경구성의 예〉

해당 반	놀이 영역으로 구성된 교육 공간	생활공간
0세반 (6개월~15개월)	신체영역, 언어영역, 탐색영역, 표현영역	기저귀 갈이 공간, 낮잠 및 휴식 공간, 개인 사물함
1세반 (16개월~23개월)	신체영역, 언어영역, 탐색영역, 표현영역	
2세반 (24개월~35개월)	신체영역, 언어영역, 탐색영역, 표현(미술, 음률)영역, 극화영역	낮잠 및 휴식 공간, 개인 사물함, 화장실

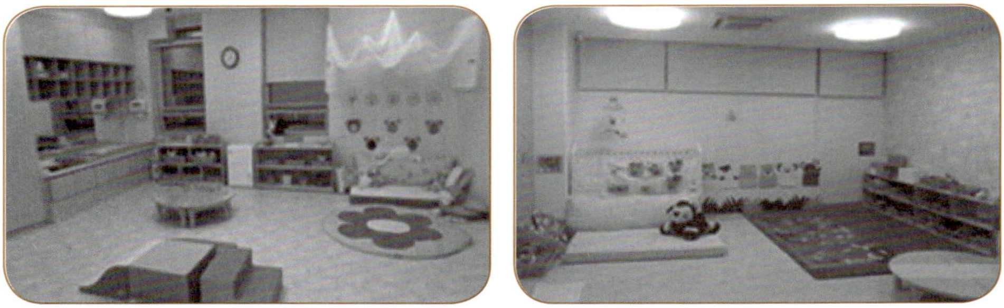

0세반 환경 구성의 예

1세반 환경 구성의 예

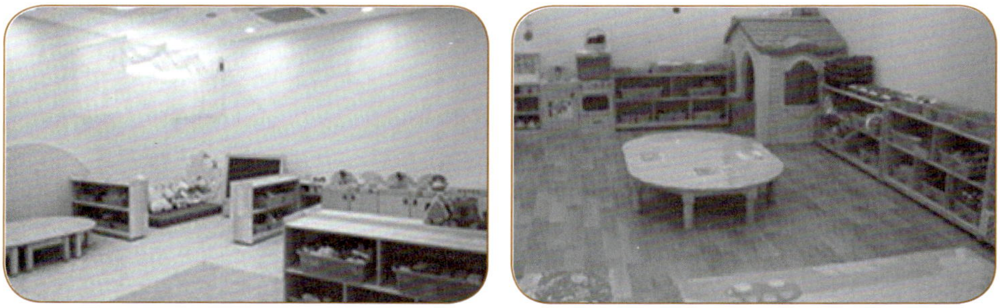

2세반 환경 구성의 예

출처: www.puruni.com

① 신체영역

영아기는 대근육과 운동 기술이 급속히 발달되는 시기이다. 따라서 0~1세 영아반 보육교사는 영아가 자신의 신체통제력을 획득하기 위해 반복적으로 연습하고 에너지를 발산하면서 신체활동을 할 수 있도록 안정한 공간을 마련해 주어야 한다. 이 시기는 오르기, 구르기, 기기, 뒤집기 등의 활동이 일어나므로 안전하고 넓은 공간이 필요하기 때문이다.

보육교사는 영아의 안전을 위해 바닥에 카펫, 스폰지, 매트 등 충격을 흡수할 수 있는 소재를 깔아 주고, 다양한 신체 활동 교구를 상황에 따라 유동적으로 바꾸어 공간을 구성함으로써 영아의 신체 활동을 장려한다.

기본 자료

- 기어오를 수 있는 계단이나 낮은 미끄럼틀
- 밀고 다니는 장난감
- 가볍고 큰 블록
- 안전벨트가 있는 영아용 그네
- 재질과 촉감이 부드러운 여러 가지 공
- 안전거울

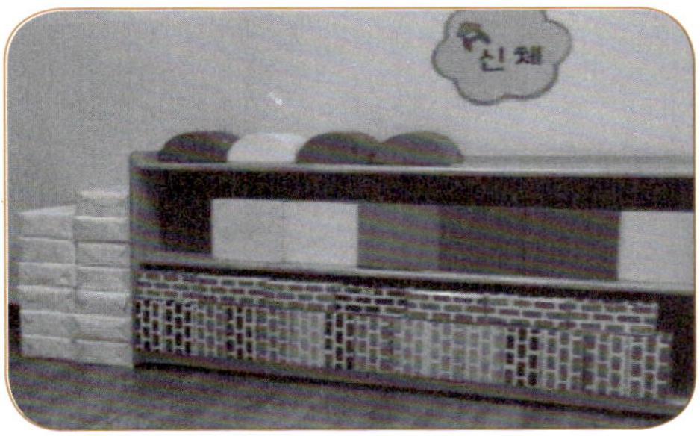

1세의 예

2세의 예

출처: 연세대학교 유진어린이집

2세 영아는 신체활동에 쌓기 활동이 추가되고, 달리기, 구르기, 던지기, 오르기 등과 같은 활동을 안전하게 할 수 있는 환경을 마련한다. 바퀴 달린 장난감을 가지고 놀 수 있도록 단단한 바닥면을 계획하고, 바닥에는 카펫, 고무, 스펀지, 매트 등 충격을 흡수할 수 있는 소재를 깔아 준다. 보육교사는 1세와 마찬가지로 다양한 신체활동 교구를 제공하고 상황에 따라 유동적으로 바꾸어 구성하며, 교구장에 그림이나 사진을 붙여 정리하기 쉽도록 한다.

기본 자료

- 끌차, 붕붕카, 유모차, 흔들말 등의 탈것
- 매트, 낮은 오름대, 낮은 미끄럼틀, 낮은 평균대, 트램폴린, 낮은 계단
- 공/우레탄 블록, 종이벽돌, 듀플로레고 등
- 끌고 다닐 수 있는 장난감

② 언어영역

영아기는 어휘가 급속히 발달하며 간단한 의사소통이 가능하므로 자유롭게 표현하고, 연습할 수 있는 다양한 언어적 환경을 마련해 준다. 먼저 0~1세 영아를 위한 공간은 휴식을 취하기도 하고 개인적인 정적 활동을 할 수 있도록 편안하고 안정되게 구성되어야 하므로, 햇빛이 잘 들고 독립되며 조용한 곳에 배치한다. 이 시기 영아는 책을 본다기보다 책이 갖고 있는 속성을 즐기는 시기이므로 다양한 재질로 된 영아용 그림책을 제공하는 것이 좋다. 적절한 시기에 책을 교체해 주고 책을 전시할 때는 표지 그림의 전면이 다 보이도록 하며, 천 캐노피, 소파, 쿠션, 부분 카펫 등을 이용해 아늑한 환경을 구성한다. 그 외에 보육교사는 인형류나 가족 사진 등을 제시해 영아가 편안함을 느끼도록 하는 것이 중요하다.

기본 자료

- 편한 쿠션과 매트, 낮은 소파 등
- 그림책, 헝겊책, 촉감책, 익숙한 그림이나 사진
- 부드러운 재질의 다양한 인형류

1세 언어영역

2세 언어영역

출처: 연세대학교 유진어린이집

2세 경우, 자유롭게 표현해 보고 연습할 수 있는 언어적 환경을 마련하는 것이 필요하다. 보육교사는 일대일 언어적 상호작용의 기회를 가능한 한 많이 갖고, 하루에도 여러 번 반복하여 책을 읽어 주고 영아와 대화하는 시간을 갖는다. 바닥에는 아늑함을 줄 수 있는 카펫을 깔고 편안히 앉아 책을 읽을 수 있도록 하며 커다란 쿠션, 아동용 소파를 준비한다.

기본 자료

- 이야기가 적고 그림이 많은 책, 내용이 사실적이고 일상생활과 관련된 내용이나 이야기가 간단하고 같은 문장이 자주 반복되는 책
- CD 또는 동화테이프, 녹음기, 손 인형, 손가락 인형, 막대 인형 등의 인형극 자료와 융판 자료, 자석 자료 등

③ 탐색영역

영아기 탐색영역은 다양한 감각적 경험과 탐색을 하고 소근육 발달을 도와줄 수 있는 기회를 제공해 준다. 호기심이 많은 시기이므로 영아의 관심이나 흥미에 따라 주변 물체를 안전하게 관찰, 탐색, 조작할 수 있도록 한다. 0~1세 영아의 탐색을 위해서는 눈과 손의 협응력을 이용해 직접 조작해 보고 탐색할 수 있는 다양한 놀잇감을 준비하고, 간단한 것에서 복잡한 것으로, 조각의 수가 적고 모양이 단순하며 크기가 직경 3cm 이상의 적당한 것을 제공한다. 보육교사는 딱딱하고 부드럽고 매끄럽고 거친 다양한 촉감의 놀잇감을 비치하고 위생적으로 관리한다.

기본 자료

- 퍼즐(한 조각, 두세 조각)
- 누르면 튀어나오는 놀이감
- 포개지는 컵, 오뚝이, 모빌
- 쌓을 수 있는 것, 끼우는 큰 레고 등
- 질감이 다양한 인형류, 부드러운 봉제완구
- 간단한 리듬악기, 다양한 소리가 나는 음악상자
- 무독성 그리기 자료

1세 탐색영역과 놀잇감

2세 영아를 위해 보육교사는 탐색영역을 통행이 적고 정적인 활동이 일어나는 영역과 인접하여 배치하고, 크기가 작은 놀잇감은 바구니 등에 담아 보관하여 쉽게 꺼내고 정리할 수 있도록 한다.

기본 자료

- 퍼즐류(25~30개월은 4~5조각, 30~35개월은 6~12조각이 적당)
- 구슬 꿰기
- 페그보드
- 모양 넣기 상자
- 쌓을 수 있는 작은 놀이감

④ 표현영역

영아가 단순한 미술 재료를 탐색하고 사용하도록 하며 간단한 노래 부르기 및 악기 다루기 등을 해 보는 공간이다. 실제 사물과 유사한 놀잇감을 사용하여 일상생활에서 일어나는 상황을 흉내 내면서 상상놀이의 기회를 제공하는 표현활동이 이루어진다. 표현영역은 표현활동을 위한 교구재를 한 교구장에 배치하는 것을 의미하는 것이 아니라 표현활동을 할 수 있는 공간이 마련되어야 함을 의미한다.

보육교사는 0~1세 영아를 위해 모든 미술 자료는 유해 여부를 확인하고 무독성 재료를 제공하고, 상상놀이가 가능하도록 실제 사물과 유사한 놀잇감을 준비한다.

기본 자료

- 여러 종류의 종이
- 크레파스, 크레용, 색연필
- 풀, 물감, 큰 붓, 이젤류
- 사람 인형, 동물 인형, 우유병, 보자기나 스카프, 가방, 모형 음식, 주방용품, 싱크대, 빈 화장품통, 모형 전화기, 자동차, 놀이집, 다양한 그림과 사진
- 각종 타악기류

1세 표현영역

2세 표현영역

출처: 연세대학교 유진어린이집

2세는 표현영역이 미술, 음률, 극화영역으로 구분된다. 이 시기 영아에게 표현 활동은 결과물보다 활동 자료가 갖는 속성을 충분히 탐색하고, 자기만의 표현력을 기르며 심미적인 아름다움을 경험하는 데 있다. 음률영역의 경우 보육교사는, 움직일 수 있는 충분한 공간을 제공하기 위해 신체영역과 인접하여 구성한다. 보육교사는 극화영역을 위해 가정과 같은 분위기로 꾸며 주고 여러 가지 소품을 준비하여 영아가 경험한 일상생활을 중심으로 모방놀이와 상상놀이가 이루어지도록 한다. 영아의 흥미에 따라 모형 음식이나 옷, 구두 등 자료의 종류와 수를 늘려간다.

기본 자료

- 미술
  - 여러 재질의 종이(도화지, 색종이류)
  - 크레용, 색연필류
  - 안전가위, 딱풀
  - 점토 반죽류
  - 관련 그림
- 음악
  - 북, 탬버린, 마라카스 등 간단한 악기류
  - 녹음기
  - 리본막대, 꽃수술, 스카프 등

기본 자료

• 극화
- 모형 전화기
- 인형류, 인형침대, 우유병
- 모형 싱크대와 부엌용품류, 모형 음식
- 역할놀이용 의상
- 동물 인형
- 가방, 스카프, 빈 화장품통
- 놀이집

⑤ 실외놀이터

영아는 아직 신체조절능력이 미숙하므로 무엇보다 안전한 환경 조성이 중요하다. 햇빛이 들면서 적당한 그늘을 확보해 주고 다양한 촉감적 경험을 할 수 있도록 잔디밭, 모래, 물, 땅바닥 등을 제공해 주는 것이 좋다. 실외는 실내놀이의 연장으로 대근육 · 음률영역, 물 · 모래영역, 탐색영역으로 구성한다.

기본 자료

• 대근육 · 음률영역
- 낮은 미끄럼틀
- 안전망이 있는 그네, 흔들배
- 유동식 놀이시설
- 자전거, 끌차
- 트램폴린
- 여러 가지 공류

• 물 · 모래영역
- 플라스틱 삽류
- 크기가 다른 여러개의 통과 깔대기
- 소꿉놀이용 상과 그릇류
- 큰 자동차
- 모래 거름체
- 물놀이대와 물놀이용품류
- 고무로 된 인형, 스폰지

• 탐색 및 표현영역
- 나무, 꽃
- 화분, 물뿌리개
- 실외에서 모은 것을 담을 바구니
- 이젤, 그림물감, 물감옷, 큰 붓류

(2) 유아반

만 3~5세 유아를 위한 환경 구성은 유아가 주도적으로 활동에 참여하여 스스로 탐색하고 학습할 수 있도록 하고, 보육교사가 전체적인 놀이상황을 파악하여 운영할 수 있도록 모든 영역을 한눈에 볼 수 있게 구성한다.

〈유아반 환경구성의 예〉

유아반	놀이영역으로 구성된 교육 공간	생활공간
3~4세반	언어영역, 수 · 과학영역, 극화영역, 쌓기영역, 미술영역, 음률영역	화장실, 식사 공간, 낮잠 및 휴식 공간, 개인 사물함
5세반	언어영역, 수 · 과학영역, 극화영역, 쌓기영역, 미술영역, 음률영역, 컴퓨터영역	

3~4세반 흥미영역의 예

5세반 흥미영역의 예

출처: www.puruni.com

① 언어영역

언어영역은 동적놀이영역이나 통로, 출입구와 떨어진 곳에 위치해야 하고, 아동용 소파나 쿠션 등을 이용하여 편안하게 책을 보며 쉴 수 있는 밝고 아늑한 공간으로 구성한다. 이 시기 언어영역에서는 말하기, 듣기, 읽기, 쓰기의 문해 활동을 할 수 있는 기회를 마련해 주어야 하고, 영아반과 구별되도록 다양한 소리와 음악, 동화 등을 들을 수 있는 듣기 코너를 마련한다.

기본 자료

• 동화책류	– 어린이 백과사전, 동 · 식물, 우주, 인체, 무생물, 색깔, 모양, 계절 등에 관한 그림책을 포함하는 다양한 내용의 동화책, 동시집
• 동화자료	– 그림동화, 막대동화, 융판동화, TV동화, 그림자동화 등
• 언어활동 자료	– 환경 인쇄물, 그림카드, 글자 수수께끼 상자, 이름카드 등
• 기 타	– 인형이나 손인형류, 인형극틀, 녹음기, 헤드폰, 융판, 화이트보드와 펜, 쓰기 도구(색연필, 크레파스, 사인펜 등), 종이류

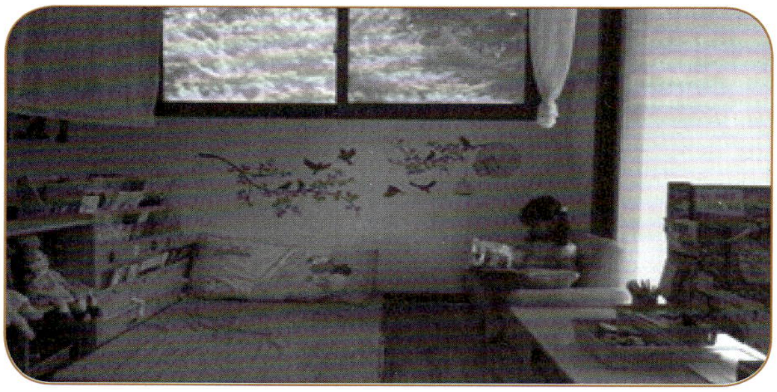

3~4세 언어영역

출처: 연세대학교 유진어린이집

Tip 5-2 언어영역

• 동화책은 주제에 따라 교환해 주고 특히 책의 형태 외에 막대동화, 융판동화, 테이블동화 등 다양한 매체 형태가 골고루 제시되도록 한다.
• 동화책 경우, 여러 명의 유아들이 함께 읽기 때문에 파기되는 경우가 있으니 매번 체크하여 보수하도록 한다. 보수는 보육교사가 할 수도 있으나 아이들 스스로 놀이로 연결하

여 하기도 하고, 형님들이 동생반에 가서 책을 고쳐 주는 등 연령 간 연계협동 활동으로 활용해도 좋다.

- 스스로 글 읽기가 원활하지 않은 영유아의 경우 책을 읽으려면 보육교사가 반드시 있어야 하지만, 보육교사는 여러 놀이 영역을 관리해야 한다. 따라서 녹음된 동화를 반복해서 유아들 스스로 들을 수 있도록 준비한다.

② 수 · 과학영역(조작)

수 · 과학영역은 자연 현상과 동 · 식물의 성장과정, 물체의 성질 등을 탐색, 실험, 조사하는 과정을 통하여 탐구적 태도를 기르고 다양한 자연물이나 물체를 가지고 놀면서 크기, 형태, 부피, 세기, 분류, 서열, 공간, 비교, 측정의 수학적 개념을 경험하는 활동이 주로 진행되는 공간이다. 보육교사는 소그룹, 또는 개별적으로 활동이 이루어지므로 통로 및 동적영역과는 분리된 조용한 곳에서 다양한 활동들이 독립적으로 이루어질 수 있도록 배치한다. 그리고 유아가 직접 관찰하고 조작할 수 있는 다양한 자연물과 실물을 과학영역 자료로 제시한다.

기본 자료

• 관찰 · 측정도구	– 거울, 확대경, 손전등, 자석, 요요경, 저울, 자, 계량컵, 깔대기, 온도계 등
• 수학 활동자료	– 분류할 수 있는 자료들: 단추, 구슬, 적목 등 – 순서 짓기 자료들: 포개지는 컵, 크기가 다른 스푼 등 – 세기 자료들: 수 막대, 숫자 판, 구슬, 주판 등 – 패턴 자료들: 패턴 블록, 구슬 꿰기 등
• 동 · 식물 기르기	– 식물 기르기: 작은 화분, 스프레이 – 동물 기르기: 어항, 개미집 등
• 기계류	– 너트와 볼트, 놀이용 송곳과 드라이버, 고장난 기계, 열쇠와 자물쇠, 다양한 바퀴 등
• 조작놀이감류	– 퍼즐류, 구성놀이 자료, 일상생활 훈련자료 등
• 기타	– 다양한 사진과 화보, 관찰책 – 관찰 기록지(그림 또는 글씨로 표현), 필기도구

Tip 5-3 수 · 과학영역

- 혼합반은 물론이고, 보육실 안에는 같은 연령이라 하더라도 개인적인 발달에서 차이가 있는 아이들이 있다. 따라서 퍼즐을 준비할 때도 쪽수에 차이를 두어 수준별 수 · 과학(조작놀이) 활동을 경험할 수 있도록 한다.
- 교구의 모양과 성격에 따라, 어떤 교구는 바구니에 넣는 것이 정리하기가 쉽고, 어떤 것은 플라스틱 통이 더 적합할 수 있다. 보육교사는 교구마다 정리가 용이하도록 정리통을 배치하여 영유아들이 정리로 인해 부담을 느끼지 않도록 사전에 배려한다.

③ 극화영역

유아 시기는 역할놀이, 상상놀이가 가장 활발하게 이루어지는 시기이므로 보육교사는 유아의 경험을 기반으로 한 극화놀이를 할 수 있는 환경을 마련해 준다. 다양한 사회적 역할을 표현하고, 유아들 간 협동놀이가 이루어질 수 있도록 소품을 마련해 줌으로써 유아들로 하여금 각 직업과 관련된 역할에 대한 이해와 사회적 기술을 증진시킨다. 이를 위해 통로에서 떨어진 곳에, 여러 유아가 함께 놀 수 있도록 충분한 공간을 마련하고 쌓기 놀이 등 다른 관련된 놀이와 연결되게 구성한다.

기본 자료

• 가구류	– 화장대, 옷장 및 옷걸이, 모형 싱크대, 모형 냉장고 – 소품을 넣을 수 있는 장
• 주방용품류	– 각종 소꿉놀이 그릇류 – 모형 주방기구들(가스레인지, 믹서, 토스터, 프라이팬, 밥솥, 도마, 플라스틱 칼, 수저, 포크, 국자, 뒤집개, 주전자, 쟁반, 냄비 등) – 모형음식, 과일, 채소
• 주제별 소품상자	– 의상류: 아빠, 엄마옷, 드레스류, 의사가운 등 직업의상, 한복 – 장신구 및 소품: 악세서리, 모자, 구두, 가방, 스카프, 넥타이 등 – 병원놀이: 청진기, 모형주사기, 약병, 핀셋, 솜, 간호사 모자 – 미용실놀이: 다양한 빗, 드라이어, 수건, 파마 도구, 빈 화장품 병 – 가게놀이: 계산기, 모형과일, 음식물, 물건 그림카드, 종이돈, 가방 – 음식점놀이: 음식 차림표, 요리사모자, 앞치마, 음식 사진, 지갑, 종이돈

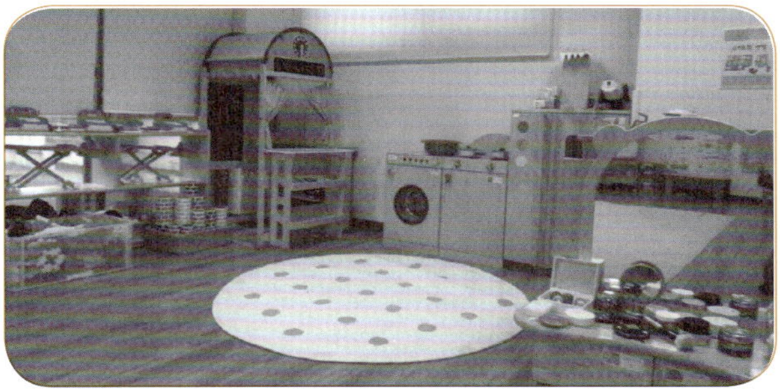

3~4세 극화영역

출처: 연세대학교 유진어린이집

Tip 5-4 극화영역

- 역할놀이는 연령에 따라 소꿉놀이나 엄마 · 아빠 놀이만이 아니라 다양한 사회적 역할을 연습하는 곳이다. 따라서 남아와 여아 모두에게 매력적인 소품들을 준비하여 자연스럽게 양성성을 기르게 하는 것이 바람직하다. 보육교사는 이와 관련하여 다양한 직업과 관련된 역할놀이가 발생하도록 환경을 조성한다.
- 보육교사는 극화놀이 영역에서 기성교구 외에 어떤 물품들이 필요한지 생각해 보고 자신들이 직접 필요한 물품을 만들어 사용하도록 하여 미술놀이 영역과의 활발한 교류를 격려한다.

④ 쌓기영역

쌓기영역은 통행이 많지 않은 곳에 충분한 공간을 확보해 위치하는 것이 좋고, 극화영역과 인접하여 놀이가 활성화되도록 배치한다. 소음을 줄이기 위해 부분 카펫을 사용하고, 유니트 블록, 종이 블록, 우레탄 블록, 속이 빈 블록, 와플 블록 등 다양한 블록과 차, 트럭, 비행기, 동물, 사람 모형 등의 소품을 비치해 놀이가 확장되도록 한다.

기본 자료

• 다양한 블록류	– 단위블록(unit-block), 속이 빈 블록, 종이벽돌, 깡통블록, 색이 있는 작은 나무블록, 플라스틱 끼우기 블록
• 크고 작은 자동차류	– 비행기, 트럭, 기차, 나무로 된 자동차, 배, 우주선
• 인형류	– 고무나 플라스틱, 나무로 된 사람이나 동물인형
• 극화놀이에 필요한 자료	– 교통 표지판, 작은 통, 운전대, 주유기, 신호등
• 기타 자료	– 블록 구성을 자극할 수 있는 사진이나 화보

5세 쌓기영역

출처: 연세대학교 유진어린이집

Tip 5-5 쌓기영역

- 카펫이나 매트는 충격과 소음을 줄일 수 있지만, 너무 푹신하면 아이들이 정성스레 쌓은 성이 자꾸 쓰러질 수 있으므로 너무 푹신한 매트는 피한다.
- 블록으로 쌓은 구성물은 매일매일 정리하는 것이 좋지만, 작품 전시를 원하는 경우, '전시 중입니다. 강 ○○' 등의 이름표를 적어 놓아 일정 기간 동안 전시할 수 있도록 협의한다. 또한 쌓기놀이 하는 장면을 사진으로 찍어 환경 게시물로 이용하는 것은 매우 효과적인 방법으로, 정성스럽고 창의적으로 쌓아 올린 블록 구성 사진을 붙이면 영유아들은 즐거워하고 자긍심과 만족감을 가지게 된다.

⑤ 미술영역

유아를 위한 미술 공간은 통행량이 적고 밝으며 물 접근이 용이한 곳에 배치하는 것이 좋다. 그리고 바닥은 쉽게 닦을 수 있는 재질로, 청소하기 쉬우며 탄력과 내구성이 있어야 한다. 활동을 위한 미술도구 수납장 외에 전시 공간과 작품을 말릴 수 있는 공간이 필요하다. 물감놀이 등 책상이 더러워질 수 있는 활동을 대비해 비닐 테이블보와 앞치마, 수건 등을 구비한다.

기본 자료

• 종이와 기본 도구	– 종이류: 다양한 질감, 모양, 크기의 종이, 색종이, 도화지, 셀로판지, 포장지 조각 등 – 그리는 도구: 크레파스, 파스텔, 색연필, 사인펜, 매직펜, 연필, 물감과 다양한 붓, 가위와 가위 꽂이, 풀, 테이프, 펀치
• 각종 자료	– 찰흙, 찰흙판, 찰흙용 도구, 나무젓가락, 이쑤시개, 수수깡, 빨대, 고무줄, 실끈, 리본 테이프, 모루, 노끈 등
• 폐품류	– 크고 작은 상자, 빈 깡통, 우유갑, 두루마리 휴지심, 플라스틱 병, 천조각, 못 쓰는 잡지, 압설자, 종이컵 등
• 감상 자료	– 아동이 관찰하거나 탐색할 수 있는 자연물(솔방울, 돌멩이, 나뭇가지 등), 아동작품, 명화, 조각품, 포스터나 팸플릿
• 기타	– 아동 및 보육교사용 비닐앞치마, 바닥을 닦을 수 있는 스펀지나 휴지, 작품 건조대, 화판, 이젤

3~4세 미술영역

출처: 연세대학교 유진어린이집

Tip 5-6 미술영역

• 다양한 재료란 기본적인 재료 외에 유아들의 창의성을 자극할 수 있는 재료라 할 수 있다. 계절에 따라 제공해 줄 수 있는 자연물이라든지, 그림 그릴 수 있는 돌이나 목판 등의 재

료도 다양한 재료에 속할 것이고, 꾸미기를 위한 다양한 종류의 천이나 폐품류도 이에 포함된다. 즉, 사용할 수 있는 모든 재료를 말한다. 보육교사들이 이러한 새로운 미술 재료에 대한 아이디어를 얻기 위해서는 다양한 형태의 미술 전시에 가 보는 것이 좋다. 보육교사의 창의적 표현에 대한 관심은 영유아가 사용할 재료들에 대한 관점을 넓히고, 이는 영유아들의 창의적 미술표현으로 확장될 수 있다.

- 작품 전시는 보육교사만의 업무나 역할이 아니다. 영유아의 생활 공간과 환경은 영유아들의 시각에서 바라봐야 한다. 성인의 눈으로 보면 다소 지저분해 보이고 미숙한 흔적이라도 공간 구성과 환경 구성에 적극적으로 사용하는 것이 좋다. 따라서 아이들과 함께 전시할 공간과 위치를 의논하고 전시 방법을 정해 함께 전시할 때, 전시된 작품에 대한 유아들의 애정과 관심을 높일 수 있다.
  아이들의 놀이 모습 사진은 한 아이의 발전 과정을 눈으로 확인할 수 있는 방법이며, 사진을 보면서 긍정적인 경험을 나눔으로 또래 유능성을 신장시키는 데 도움이 된다. 또한 작품에 자신 없어 하는 아이들도 전시의 부담을 줄일 수 있으며 자연스럽게 놀이하는 자신의 모습에서 자신감과 만족감을 느낄 수 있다. 또한 공동작품을 폐기하지 않고 오래 전시할 수 있다는 장점이 있다. 전시는 벽면뿐 아니라 모빌이나 바닥 등 다양한 방법을 사용한다.

⑥ 음률영역

음률영역은 노래 부르기, 악기 및 소리 탐색하기, 움직임과 춤으로 자신의 느낌 표현하기 등이 이루어지는 공간으로, 유아들의 참여 상황에 따라 유동적으로 공간 크기를 조절해 주는 것이 필요하다. 기본적으로 다양한 크기와 형태의 악기를 진열, 수납할 수 있는 수납장을 제공하고, 가능하면 자신의 신체 움직임을 볼 수 있도록 한쪽 벽면에 전신거울 제공하는 것이 바람직하다.

기본 자료

• 악기류	– 보육교사용: 피아노, 우쿨렐레, 기타, 오토하프 – 유아용: 리듬막대, 방울, 캐스터네츠, 트라이앵글, 탬버린, 우드블록, 실로폰, 핸드벨, 키보드, 마라카스, 북, 장구, 소고 등
• 청각기기	– 녹음기, 각 장르의 녹음테이프, 헤드폰
• 노래부르기 자료	– 융판, 그림노랫말, 여러 가지 악기의 사진이나 그림
• 동작표현	– 숫자막대, 색깔판, 바닥에 붙이는 오선지, 동물가면 – 스카프, 리본막대

3~4세 음률영역
출처: 연세대학교 유진어린이집

Tip 5-7 음률영역

- 영유아들에게는 소리 나는 모든 것이 악기가 될 수 있다. 따라서 보육교사는 각 연령에 적합한 다양한 악기를 배치하여 여러 가지 소리를 탐색하고 소리 낼 수 있도록 준비한다. 유아반에서 건반 악기를 제시할 경우 악보와 건반에 같은 색 스티커를 붙여 주어 아이들이 계명을 모르더라도 스티커의 색깔에 따라 소리를 낼 수 있도록 배려한다.
- 녹음된 자료를 통해 소리 탐색 및 음악을 감상 활동을 할 수 있도록 하고, 영유아가 직접 소리를 녹음해 들어볼 수 있도록 준비한다.

⑦ 컴퓨터영역

만 5세 유아를 위해 준비되는 공간으로 언어 등 다른 활동과 통합된 활동에 활용하는 것이 바람직하다. 컴퓨터는 광선이 모니터 화면에 반사되지 않으며 열, 습기, 먼지, 자기장 등을 피할 수 있는 위치에 유아 크기에 맞는 책상 위에다 놓는다.

기본 자료	데스크톱컴퓨터, 유아 크기에 맞는 책상 및 의자, 프린터

5세 컴퓨터영역

출처: 연세대학교 유진어린이집

⑧ 실외놀이터

유아를 위한 실외놀이터는 신체적인 활동뿐 아니라 긴장 해소 및 좀 더 도전적이고 창의적인 활동이 가능한 기구와 시설로 구성되어야 한다. 구체적인 영역과 자료를 살펴보면 다음과 같다.

기본 자료

영역	자료
• 신체활동영역	– 고정된 시설물: 오르기망, 정글짐, 복합놀이 시설, 그네, 미끄럼틀 – 유동적 시설물: 안전널빤지, 받침대, 사다리, 골대, 평균대, 터널, 점핑바운서 – 기타: 공, 끌차, 자전거, 오뚝이, 줄넘기, 후프, 등
• 미술활동영역	– 이젤, 물감, 붓, 종이, 비닐가운, 크레파스 – 빈 상자, 가위, 풀, 테이프 – 작품 건조대
• 음률활동영역	– 고정물 : 다양한 폐품 악기를 이용한 고정 난타 (벽면, 이동게시판 이용) – 녹음기, 바구니에 담은 악기, 리본 테이프, 스카프 등
• 극화활동영역	– 시설물 : 놀이집, 유동놀이 시설(널빤지, 사다리, 받침대) – 도구류 : 소꿉 그릇류, 상, 돗자리, 모형자동차, 자전거 등
• 물 · 모래활동영역	– 물놀이 : 물놀이대나 통, 비닐옷, 스프레이, 깔때기, 눌러 짜는 플라스틱 통, 페인트 붓과 물통, 다양한 크기의 컵과 그릇 – 모래놀이 : 플라스틱 자동차나 트럭, 플라스틱 인형류, 무딘 삽과 갈고리, 모래체, 소꿉 그릇류, 찍기를 위한 여러 가지 모양 찍기틀
• 탐구활동영역	– 채소밭, 꽃밭, 화분 이용한 작은 텃밭 – 물뿌리개, 정원용 호스 – 채집망이나 바구니, 확대경
• 그 외	– 정적 활동을 배려한 공간

실외놀이영역 환경 구성의 예

출처: www.puruni.com

Tip 5-8 실외놀이영역

- 실외놀이영역은 단순히 복합놀이대와 모래놀이 공간이 있는 곳이 아니다. 실내에 있는 모든 영역이 실외로 연계될 수 있다. 대근육을 이용해 마음껏 뛰기도 하지만, 조용하게 책을 읽거나 앉아서 쉴 수 있는 공간도 필요하다. 따라서 보육교사는 실외에서 조용한 활동을 하고 싶은 영유아들을 위하여 의자나 돗자리를 준비하고 동적 활동에 참여한 아이들과는 다소 분리된 공간을 준비하도록 한다. 간혹 실외놀이를 하는 동안 경쾌한 음악을 틀어 아이들의 흥을 돋우는 것도 좋다.
- 실내 못지않게 실외에서도 보육교사의 활동 준비와 적극적인 상호작용은 여전히 중요하다. 따라서 보육교사들은 일과 중 실외 놀이를 잠시 쉬어가는 시간으로 간주하지 말고 넓고 다양한 공간을 이용하여 서로 간에 의미 있는 시간이 되도록 노력해야 한다.

2. 교재·교구 관리

어린이집 보육교사는 수많은 교재와 교구를 만들기도 하고, 구입하기도 하며 무엇보다 정리 · 관리하는 역할을 한다. 정해진 주제나 영유아의 발달 수준과 흥미에 맞는 교재 · 교구를 적시에 제시하기 위해서는 필요한 교재 · 교구가 어디에 있는지를 쉽게 파악할 수 있어야 한다. 이를 위해 원마다 교재 · 교구 담당을 정해 정리 및 관리를 하게 하는데, 그에 필요한 사항을 정리하면 다음과 같다.

1 교재 · 교구 관리를 담당할 사람을 정한다.

어린이집에는 많은 종류의 교재 · 교구가 있고, 해가 거듭될수록 그 수는 자연스럽게 늘어간다. 특히 실습생이나 자원봉사가 많이 있는 규모가 큰 어린이집이나 역사가 오래된 경우, 상당히 많은 교재 · 교구가 적재된다. 많은 교재 · 교구를 한 명의 보육교사가 담당하는 것은 무리이기 때문에 영역별 혹은 연령별로 구분하여 각각의 담당 보육교사를 정해 책임감을 가지고 그 영역과 연령을 관리할 수 있도록 한다. 실제 물건을 넣고 빼고는 어린이집 모든 보육교사들이 같이 하지만, 새로운 교재 · 교구를 구입하거나 만들었을 때, 폐기할 때, 그리고 정기적으로 정리할 때는 담당자의 책임하에 이루어진다.

2 교재 · 교구 관리 대장을 작성한다.

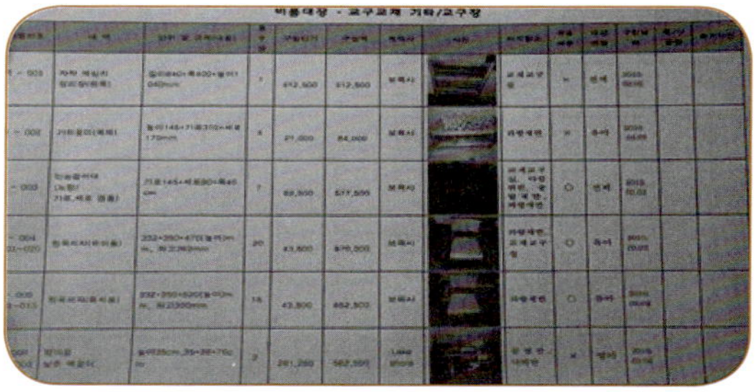
출처: 연세대학교 유진어린이집

어떤 물건을 언제, 어디서, 얼마에 샀고 어느 연령, 어느 영역에 속하는지를 분류하도록 한다. 물건을 사면 필요한 해당 반으로 넣기 전에, 사진을 찍어 관리 대장에 내용을 기입한다. 이때 주의할 점은 교재 · 교구를 구입하거나 제작한 즉시 작성해야 한다는 것이다. 시간이 지나가면 어디서 샀는지, 얼마에 샀는지에 대한 정보에 오류가 생길 수 있다.

3 지퍼백에 일련번호를 적어 보관한다.

교재 · 교구의 크기에 따라 직접 일련번호를 붙일 수 있는 물건과 없는 물건으로 구분이 된다. 물건을 담아 보관하는 지퍼백을 준비하고, 관리 대장에 있는 해당 물건의 일련번호를 쓰거나 프린트해서 투명 테이프로 붙여 정리한다. 일반적으로 지퍼백들을 모아 바구니나 통에 보관하므로 보관하는 바구니나 통에도 일련번호를 적어 그 안에 담긴 지퍼백의 종류를 알아볼 수 있게 한다.

출처: 연세대학교 유진어린이집

4 교재 · 교구를 폐기할 경우 반드시 기록으로 남긴다.

효율적인 업무를 수행하기 위해서는 사람의 기억에 의존하기보다 문서로 공식화하는 것이 바람직하다. 교재 · 교구의 폐기 여부도 마찬가지로 관리 대장에 기록해서 그 물건이 필요할 때 정확히 확인할 수 있도록 한다. 다시 재구입해야 하는 물건이라면 '재구매 요망'이라는 표시를 하여 해당 물건을 찾는 사람이 상황을 정확이 파악하여 행동을 결정할 수 있도록 한다.

출처: 연세대학교 유진어린이집

5 영역별, 연령별로 구분하여 정리한다.

어린이집 보육교사는 다양한 업무를 수행하기 때문에 급하게 교재 · 교구를 찾아야 하는 일이 많다. 그런데 그때마다 영역과 연령이 분리되지 않은 관리 대장을 통해 급히 필요한 교재 · 교구를 찾아내야 한다면, 그 자체가 보육교

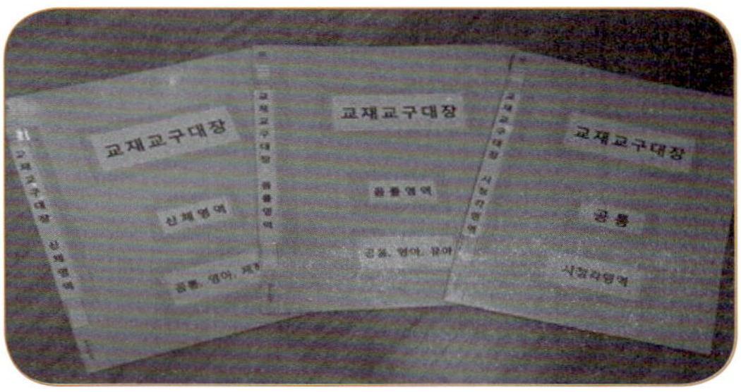

출처: 연세대학교 유진어린이집

사의 개인적 스트레스를 일으킬 뿐 아니라 시간이나 노력을 소모하는 일이 된다. 따라서 단시간에 효율적으로 필요한 교재 · 교구를 찾아내기 위해서는 관리 대장을 작성하는 초기 단계부터 영역을 나누고, 영아반과 유아반으로 연령을 구분하여 작성하는 것이 효율적이다. 영아와 유아 구분 내에서도 특정 연령, 예를 들어, 0세반에서만 사용하는 교구나, 5세반에서 주로 필요한 물품은 연령을 표기하여 구분하여 정리하는 것이 필요하다. 실외놀이터가 있는 어린이집 경우, 실외용 교구 · 교재를 따로 정리한다.

6 잘 사용하지 않는 교재 · 교구가 있는지 주기적으로 점검한다.

비치된 교재 · 교구가 다 골고루 유용하게 사용되는 것은 아니다. 어떤 것은 매번 같은 주제 때마다 꺼내지는 것이 있고, 어떤 것은 몇 년째 봉투나 바구니 안에 그냥 담겨 있기도 한다. 따라서 잘 사용하지 않는 교재 · 교구에 대해 점검하고 수정 · 보완하여 사용할 것인지 아니면 폐기하고 새로 구입하거나 제작할지의 여부를 결정하여 쓸 수 없는 물건이 공간을 차지하고 불필요하게 보관되지 않도록 한다.

7 자주 꺼내는 물건과 가끔 꺼내는 물건을 구분해 보관 위치를 정한다.

특정 주제에만 필요한 물건, 예를 들어 크리스마스 관련 동극 소품 경우는 일 년에 한 번 꺼내는 물건이므로 상대적으로 꺼내기 어려운 곳에 있어도 큰 상관이 없지만, 자주 꺼내고 넣고를 반복하는 교재 · 교구는 넣고 빼기 쉬운 장 앞쪽에 보관하는 것이 편리하다.

8 교재 · 교구 보관 장소와 위치를 보기 쉽게 정리해 놓는다.

교재 · 교구를 찾는 일은 기관이 익숙한 정교직원만의 일은 아니다. 필요에 따라 자원봉사자를 비롯해 그 어린이집이 익숙하지 않은 사람도 필요한 교재 · 교구를

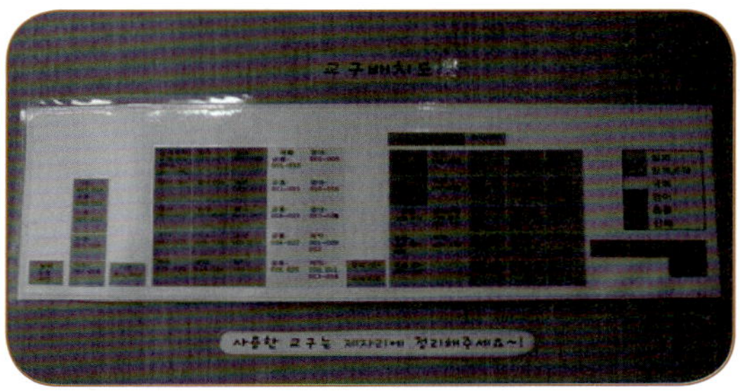

출처: 연세대학교 유진어린이집

쉽게 찾을 수 있도록(예: 음률영역 마라카스는 1층 유희실 오른쪽 정리장 세 번째 칸) 보관 장소와 교재 · 교구 위치를 표시한 자료를 보기 쉬운 자리에 게시한다.

9 보관장에 어울리는 바구니나 통을 준비한다.

출처: 연세대학교 유진어린이집

넓은 교재 · 교구 보관실을 가진 어린이집은 많지 않다. 좁은 장소에 얼마나 효율적으로 잘 정리하느냐가 중요한데, 그러기 위해서는 보관장에 들어갈 바구니나 통의 크기와 모양을 잘 고려해야 한다. 좀 더 많이 보관할 수 있어야 하고, 넣고 빼기에 용이해야 하기 때문이다. 바구니 경우 원의 규모에 따라 한두 개가 아닌 수십, 수백 개를 구입하게 되므로 물품 구입 계획을 세울 때부터 크기와 모양을 신중히 결정하는 일이 중요하다.

10 보관 장소의 습도와 온도에 유의한다.

교재 · 교구의 보관 장소가 협소할 경우, 지하 창고나 옥상 일부를 사용하게 되는 경우가 있는데, 이때 습기나 심한 온도차로 인해 보관 물건들이 상하는 경우가 있다. 장마철에는 높은 습도로 곰팡이가 생기거나 냄새가 나지 않도록 주의해야 하고, 특히 습기가 차면 안 되는 책 종류는 보관에 유의한다.

Tip 5-9 시설, 설비, 비품 관리

- 시설, 설비, 비품 관리 역시 교구와 마찬가지로 담당을 정해 주기적으로 관리한다. 특히 시설은 안전 일지를 작성하면서 안전에 관련된 놀이기구 시설, 바닥재의 상태, 울타리의 안전 정도 등을 수시로 점검하여 하루의 대부분 시간을 어린이집에서 보내는 영유아들이 위험에 노출되는 일이 없도록 한다.
- 설비의 경우 여자들이 대부분인 어린이집에서 보육교사들이 고장 나거나 이상이 생긴 것

을 직접 고치기는 어렵기 때문에, 이상이 생기면 어디에 도움을 요청해야 하는지 메모하고 그곳의 최근 연락처를 정리한다. 그리고 담당자는 신속히 연락을 취하고 수리과정을 관리하면서 마무리까지 정확히 확인하는 일이 필요하다.

- 비품은 교재 · 교구와 마찬가지로 관리 대장을 작성한다. 특히 비품의 경우, 고가의 물건이 많기 때문에 관리에 특별히 신경을 써야 하는데, 컴퓨터 경우 여러 사람이 같이 사용하다 보면 고장이 나는 경우가 종종 있으므로 담당 보육교사는 신속히 AS 받을 수 있는 방법과 연락처를 정확히 숙지해야 한다. 비품 담당은 어린이집 행사 등에 비품을 설치하거나 조작하는 역할을 하는 경우가 있으므로, 가능하면 담당 비품을 상대적으로 잘 다룰 수 있는 보육교사가 맡는 것이 바람직하다.

CHAPTER 06

하루 일과 운영

1. 보육교사의 하루 일과 운영

어린이집의 하루 일과를 제3자 입장에서 바라보면 매일이 똑같은 단순한 일상의 반복일 수 있다. 그러나 그 하루 일과 속에서 아이들과 최소 8시간 이상을 생활하는 보육교사 입장에서는 반복되는 매 순간일지라도 각 단계별로 필요한 기본적인 역할이 있고, 수시로 발생하는 영유아와 원의 상황을 고려하는 융통성이 요구된다. 일상적인 반복과 적절한 융통성이 동시에 이루어지는 어린이집의 하루 일과를 교사역할을 중심으로 영아반과 유아반으로 나누어 살펴본다.

1. 보육교사의 하루 일과 운영

1) 영아반 보육교사의 하루 일과 운영

영아반 보육교사의 일과 운영은 영아의 발달, 개별적인 요구, 보육 목표를 동시에 반영하여 이루어진다. 즉, 보호와 교육을 통합하여 영아 개개인의 낮잠 자기, 먹기, 배변시간과 같은 기본적인 욕구충족과 신체적 보호를 중심으로 일과가 구성되도록 하며 이러한 활동 속에 교육적 경험이 연결되도록 운영한다. 기본적으로 영아가 심리적 안정감을 유지할 수 있도록 일관성 있게 일과를 계획하고, 다양한 경험, 즉 정적과 동적, 실내와 실외를 균형 있게 계획하여야 한다. 그리고 이 모든 것을 계획하고 실행할 때 보육교사 간에 협력하여 일과 업무를 효율적으로 분담하는 것이 필요하다. 영아반 보육교사의 하루 일과 운영을 일과 순으로 살펴보면 다음과 같다.

(1) 등원

보육교사는 영아들이 등원하기 전 활동 준비뿐 아니라 놀이실 온도와 환기, 기저귀, 여벌 옷 등을 즉시 꺼내어 쓸 수 있도록 수납 · 정리하기 등을 통해 영아 맞이 준비를 한다. 보육교사는 모두가 기분 좋게 하루를 시작할 수 있도록 부모와 영아를 따뜻하고 반갑게 맞아주고, 시진하면서 영아의 상태에 대한 정보를 얻어야 한다. 그리고 팀 티칭하는 보육교사가 있다면 반드시 파트너 보육교사들에게 영아 관련 정보를 전달한다. 만약 아침 등원 시간 잠이 부족하여 컨디션이 좋지 않은 영아가 있다면, 놀이실 내 휴식 공간에서 조용히 쉴 수 있도록 배려한다.

아침 등원 시간은 부모와 아이 모두에게 스트레스 시간이 될 수 있다. 따라서 보육교사는 등원 시간 영아가 보호자와 기분 좋게 헤어질 수 있도록 도와야 하는데, 만약 아이가 강하게 거부하며 운다면 영아를 안아 안정시킨 후 흥미를 보이는 놀이를 통해 보호자가 편안하게 떠날 수 있는 분위기를 만든다. 영아 관련 사진을 보거나 애착물건을 갖고 있게 하는 것도 영아의 심리적 불안 감소에 도움이 된다. 놀이실 안에 보육교사가 2명 이상인 경우, 심하게 우는 영아를 놀이실 밖에서 안정시킨 후 데리고 들어오는 것도 좋은 방법이다. 이때 가볍고 상쾌한 음악을 틀어 등원하는 영아가 기분 좋게 등원할 수 있도록 분위기를 조성한다.

(2) 기본생활

① 수유 및 이유식

0세반 영아는 하루 3~4회의 수유 및 이유식을 하게 된다. 처음에는 각 영아의 개별 스케줄에 맞춰 횟수와 간격을 다르게 하고, 점차 시간을 정해놓고 계획성 있게 수유하도록 한다.

이 시간 중요한 보육교사의 역할은 젖을 먹이듯 영아를 안아 심리적 안정감을 주고 눈을 맞추면서 언어적 상호작용을 하며 수유하는 것이다. 이때 낮은 의자나 무릎 위에 방석 등을 놓고 영아를 눕혀 영아뿐 아니라 보육교사도 편안한 자세로 안정적인 수유를 할 수 있도록 한다. 보육교사가 불편함을 감수하면서 아이와 편하게 수유한다는 것은 현실적으로 어렵기 때문이다.

고정된 영역에서 안정되게 식사할 수 있도록 한다. 보육교사는 영아용 의자, 식탁, 앞가리개 등 물리적 환경을 구성해 주고 식사 전후 손과 얼굴을 씻기며 영아용 칫솔로 이를 닦아준다. 치아 관리를 위한 칫솔과 치약은 개인마다 기호가 다를 수 있으므로 기관에서 일률적으로 준비하기보다 가정에서 사용하는 것을 개별적으로 준비하게 하는 것이 좋다.

② 간식과 점심

보육교사는 영아에게 음식 먹는 시간이 즐거운 경험이 되도록 편안한 분위기를 만들어 주고, 이를 통해 일상생활 습관이 자연스럽게 이루어지도록 도와준다. 음식은 먹기 쉬운 형태와 크기로 준비하고 보육교사가 함께 맛있게 먹으면서 모델이 되도록 한다. 이 시기 0~1세 영아 중 음식을 손으로 먹거나 흩어버리는 경우가 있는데, 이를 성장과정의 한 단계로 이해하여 개인적인 버릇이 나빠서가 아님을 알아야 한다. 따라서 앞가리개, 바닥 깔개, 식탁의자 등을 준비해 영아 스스로 먹을 수 있는 환경을 마련해 주고 음식 흘리는 것을 허용한다. 일반적으로 부모님들은 먹거리에 관심이 많기 때문에, 간식과 점심에 대한 양이나 특이 사항은 일일 보고서에 자세히 기록하여 부모들이 매번 확인할 수 있도록 한다.

③ 기저귀 갈기와 화장실 다녀오기

• 기저귀 갈기

기저귀는 개별적으로 수시로 확인하지만 이유식 먹은 후, 실외놀이 나가기 전, 낮잠 후 정기적으로 기저귀 가는 시간을 갖는다. 보육교사는 기저귀 갈기 전후 반드시 손을 씻고 배변상태를 살펴보며 영아의 건강 상태를 체크하여 기록한다.

• 화장실 다녀오기

배변훈련 여부에 따라 개별적 배려와 특별한 주의가 필요하다. 보육교사는 정리 · 정돈, 식사, 낮잠 후, 친구들과 화장실 가는 시간을 갖게 하여 배변훈련에 대한 긴장감을 완화시키고 자연스럽게 대소변 가리기를 도와줄 수 있다. 보육교사는 한 번에 화장실에 들어가는 영아 수를 조정해 서로 부딪치지 않도록 하고, 스스로 옷 내리고 올리기, 변기 물 내리기를 할 수 있도록 격려하며, 필요한 경우 개별적으로 도와준다.

④ 낮잠 및 휴식

양치질은 연령과 영아의 발달 수준에 따라 보육교사의 도움 정도가 달라진다. 일반적으로 0세는 보육교사가, 1~2세는 영아가 한 후 보육교사가 다시 양치질하는 것으로 마무리한다. 그리고 영아의 복장을 살펴 옷이 젖었거나 두꺼운 경우 잠자기 편안한 복장으로 갈아입힌다.

잠은 영아마다 개별적 특성이 있기 때문에 보육교사는 이를 파악하여 영아가 편안하게 잠을 잘 수 있도록 한다. 보육교사가 옆에 누워 토닥여 주어야 잠이 드는 영아가 있고, 애착물을 만져야 편안하게 낮잠을 잘 수 있는 영아도 있다.

보육교사는 영아들의 쾌적한 낮잠을 위해 잔잔한 음악을 틀고, 영아가 잠들었을 때 놀이실 온도, 채광 등을 확인하여 편안한 수면을 유지할 수 있도록 한다. 또 영아들이 모두 잠들었을 때도 담임보육교사 1명은 반드시 남아 영아들을 살피고, 낮잠을 자고 먼저 일어난 영아가 놀이실 외 다른 공간에서 조용한 놀이를 할 수 있도록 돕는다.

일정한 시간이 되면 영아들을 깨우고 침구류를 정리하는데, 2세의 경우 영아가 스스로 낮잠정리를 할 수 있는 기회를 제공한다.

Tip 6-1 낮잠 시간 보육교사 휴식

• 보육교사의 일과는 길다. 특히 아침 당직 때문에 일찍 일어난 날은 더 그렇게 느껴진다. 어린이집 낮잠 시간은 아이들의 성장과 휴식을 위한 중요한 시간임과 동시에 보육교사에게도 잠시 템포를 조절하는 시간으로 활용된다. 보육교사도 아이들을 재우며 짧은 휴식을 취하거나 복잡한 오전 일과의 소음으로부터 심리적 안정을 취하는 것이 필요하다. 아이들을 재운 후 관찰일지나 일일보고서 또는 활동계획안을 작성하면서 하루 일과 가운데 동적인 역할과 정적인 역할 간의 균형을 잡는 것이 좋다. 그러나 안전 관리 측면에서 모든 아이들이 편안하게 자거나 쉬고 있는지 수시로 확인해야 한다.

(3) 귀가

보육교사는 귀가 전 영아의 갈아입은 옷 등의 개인 소지품을 정리해 귀가준비를 한다. 하원 시 그날의 영아의 생활과 특별한 전달사항을 간략히 부모에게 전달한다. 그리고 영아가 다른 영아의 보호자들이 오는 것을 보며 심리적으로 불안해 하지 않도록 정서적으로 지지해 주는 역할을 한다. 또한 직접 보호자와 만나지 못하는 경우 일일보고서나 개인 수첩 등을 이용하여 기관에서의 아이 생활 내용을 가정으로 전달한다.

(4) 통합보육

어린이집 통합보육 시간은 일과의 마지막 시간이므로 보육교사 아이 모두 긴장이 풀어지고 피곤함을 느낄 수 있으니, 조용하고 활동량이 적은 놀이 위주로 상호작용한다. 일반적인 귀가와 마찬가지로 보호자에게 직접 인계하고, 연락받지 못한 보호자가 데리러 왔을 때 반드시 확인 후 영아를 인계해야 한다. 어린이집 규모와 통합보육을 이용하는 영유아의 수를 감안하여 담당 보육교사의 책임하에 영아반과 유아반을 구별하여 운영한다.

Tip 6-2 교사 팀 티칭

• 한 명의 보육교사가 아니라 두 명 이상이 한 팀이 되어 팀 티칭으로 한 반을 운영하는 경우, 일정 기간의 간격을 두고 교대로 주교사(head)와 보조교사(helper)로 역할을 나누어 운영하게 된다. 일반적으로 주교사는 반 운영의 전체적인 책임을 지고 활동 계획안을 계획하거나 이를 중심으로 상호작용을 하게 되고, 보조교사는 주교사가 전체적인 운영을 진행할 수 있도록 보조하는 동시에, 개별적 도움이 필요한 영아들을 돌보는 역할을 주로 한다. 이렇게 팀 티칭을 할 때는 보육교사의 역할이 기본적으로 구분되어 있으나, 실제 반을 운영하는 과정에서는 내 일 네 일이 완벽하게 구분되지 않는 경우도 있다. 따라서 팀 티칭 보육교사 간에는 공동으로 맡고 있는 각각의 영아들이 편안하고 안정적으로 의미 있는 일과를 보낼 수 있도록, 상호 협조하고 배려하는 것이 무엇보다 필요하다.

• 가정에서 부부간 의견과 행동이 다르면 자녀들이 어느 쪽을 따라야 할지 몰라 어려움을 겪는 것과 마찬가지로, 팀 티칭 하는 보육교사 간의 태도가 일치되지 않을 때 아이들은 혼란을 겪게 된다. 따라서 팀 티칭 보육실에서의 보육교사는 반 아이들만을 관찰하는 것이 아니고, 내 파트너 보육교사의 계획과 동선을 주의 깊게 관찰하면서 상호 보완점을 찾아내 도움이 필요할 때 신속히 행동으로 옮겨야 한다. 이런 보육교사 간의 화합과 팀워크는 반 아이들의 행복한 어린이집 생활을 위해 중요한 분위기를 형성하기 때문이다.

두 명의 보육교사가 팀 티칭 하는 경우 예 – 만 2세

<table>
<tr><th>주요일과</th><th>실시되는 활동</th><th>보육교사 1</th><th>보육교사 2</th></tr>
<tr><td>등원 및 개별 활동
(7:30~8:30)/
(8:30~9:00)</td><td>• 부모와 영아에 대한 정보 교환하기
• 영아의 건강상태 살피고 관찰하기
• 부모님과 인사하기
• 영아와 개별활동</td><td colspan="2">• 출근 시 일일보고서 확인, 놀이실 들어가기 전 손 씻기
• 오전당직: 놀이실에서 영아 맞이하기
• 그 외: 수업준비, 놀이실 점검하기(환기, 실내온도, 놀이실 청결상태), 오전간식 준비</td></tr>
<tr><td>화장실 가기, 손씻기</td><td>• 스스로 손씻기, 배변해 보기, 배변하기</td><td>• 화장실 가기, 손 씻기</td><td>• 간식 세팅하기</td></tr>
<tr><td>오전간식
(9:00~)</td><td>• 스스로 먹기</td><td>• 간식 도와주기</td><td>• 간식 마무리</td></tr>
<tr><td>오전 실내자유놀이</td><td>• 흥미영역별 활동을 개별적 혹은 소집단으로 선택해 놀이하기(영아 주도)</td><td>• head 역할
• 전이활동/대집단</td><td>• helper 역할</td></tr>
</table>

주요일과	실시되는 활동	보육교사 1	보육교사 2
오전 실외자유놀이	• 대근육활동, 탐색활동, 물 · 모래놀이	• 실외자유놀이	• 낮잠 준비
점심 준비 및 점심 (11:30/12:00~)	• 식판 가져가기 • 바른 자세로 골고루 먹기 • 먹은 식판 치우기	• 점심 도와주기	• 먼저 먹은 영아 유희실이나 놀이실로 데려가기
낮잠 준비 및 낮잠 ~3:30)	• 화장실 사용하기 (배변, 양치하기) • 옷 갈아입기 • 낮잠	• 화장실에서 양치질 도와주기 • 낮잠 재우기 • 교대로 점심식사 • 보육일지, 관찰일지 작성 • 낮잠 정리 및 오후 간식 준비	• 놀이실에서 옷 벗기 도와주기 • 낮잠 재우기 • 일일보고서 작성 • 낮잠 깬 아이 돌보기
손 씻기, 오후 간식	• 간식	• 손 씻기, 간식 도와주기	• 간식 세팅하기 • 간식 마무리
오후 실외 자유놀이	• 자유롭게 놀이	• 실외 자유놀이	• 놀이실 정리
오후 실내 자유놀이	• 오전 놀이의 연장, 심화	• 실내 자유놀이	• 실내자유놀이
귀가 준비 및 귀가	• 보육교사에게 인사하기	• 퇴근	• 젖은 옷, 전달사항 챙기기
저녁 (6:00~6:30)			• 저녁 도와주기
연령별 통합보육 (6:30~8:00)			• 오후 당직

출처: 2014 푸르니 신입보육교사 사전직무교육. p.111 재구성

Tip 6-3 대체교사로서의 역할

현장에는 정교사, 부교사 혹은 보조교사 외에 대체교사가 있다. 대체교사란 자원봉사와는 다르게 정교직원의 역할을 하면서 일과를 운영하는 일을 맡게 된다. 대체교사가 필요한 가장 대표적인 예는 정교직원의 각종 휴가(법정 연간 휴가, 산후 휴가, 병가, 보육교사 재교육 참여 등)로 인해 그 역할을 대행하는 경우이다. 짧게는 하루 휴가를 하는 보육교사의 일일 대체교사로부터, 길게는 산후 휴가 3개월 혹은 육아 휴직하는 1년 동안의 대체교사가 있다. 이때 어린이집은 대체교사에게 위의 목적과 무관한 부당한 지시를 해서는 안 된다.

대체교사는 자원봉사와 다르게 실제 주교사로서 일과를 운영하는 중요한 역할을 하게 되므로 현장 경험과 자격증을 갖춘 사람이 하는 것이 바람직하다. 최근 전국육아정보센터에서는 대체교사 인력을 확보하여 해당 지역 내 보육교사의 휴가 등으로 인한 공석을 지원하고 있다. 일반적으로 육아정보센터에서 공식적으로 채용하는 대체교사는 자격증을 갖추고 실무 경험이 있는 자로 각 육아정보센터로부터 다양한 재교육, 모니터링 및 평가를 통해 관리받는다.

어린이집의 대체 인력 담당자는 대체교사에게 운영할 반의 기본적인 정보와 보육계획안에 대한 내용을 사전에 제공하여 대체교사가 해당 반 아이들과 일과를 예측하고 구성할 수 있도록 준비하게 한다. 또한 각 원에 해당되는 대체교사로서의 구체적인 업무와 유의사항 등을 안내하는 자료를 제작하여 대체교사를 시작하기 전에 오리엔테이션을 실시함으로써 대체교사가 해당 원에 적합한 보육교사 역할을 수행할 수 있도록 한다. 대체교사 오리엔테이션 자료에 포함될 내용을 다음과 같다.

1. 어린이집 소개
   1) 어린이집의 보육이념 및 운영방침
   2) 어린이집 현황(운영 시간, 학급 구성)

2. 대체교사 진행과정 안내
   1) 근무시간: 09:00~18:00(휴게시간 1시간 포함)
   2) 일과 진행 안내
      – 출근 시 대체교사 정보 파악 및 인적 사항 기재
      – 개인 용품 보관 후 당일 지정 교실에서 수업 준비
        (팀 티칭일 경우, 담임 보육교사와 일과 및 활동 상의)
      – 일과 후 교실 및 화장실 청소 후 마무리

3. 준비사항
   1) 인사기록카드
   2) 보건증

3) 자격증 사본
4) 성범죄조회서
5) 통장사본

4. 대체교사 근무태도 및 유의사항
1) 근무태도
- 조퇴 및 결근 지양, 평소 건강에 유의하며 출퇴근 시간을 지킨다.
- 근무시간에 사전 허락 없이 외출하지 않는다.
- 복장이나 두발은 항상 단정하게 하고 평소 태도에 유의한다.
- 어린이집의 보육방침을 이해하고 준수한다.
- 잘 모르는 사항에 대해 부모가 물으면 반드시 확인한 후 답변한다.
2) 활동 시 유의사항
- 영유아의 행동 및 놀이를 관찰하여 놀이를 촉진시킨다.
- 영유아가 생활하는 공간이므로 특별히 안전에 유의한다.
- 각자의 소지품 및 신발을 잘 정리한다.
- 본인이 맡은 일은 끝까지 잘 마무리한다.
- 영유아들에게도 존중하는 말과 행동을 보여준다.
- 영유아를 온정적으로 대하며 적절한 놀이 상호작용과 일상생활 활동을 돕는 보육교사 역할을 수행한다.

2) 유아반 보육교사의 일과 운영

유아반 보육교사는 일과 중 전체 보육실의 활동 진행 상황과 유아 한 명, 한 명을 수시로 관찰하고 모든 유아가 자유롭게 여러 흥미영역을 선택해서 놀이에 집중할 수 있도록 놀이의 파트너, 관찰자, 확장자로서의 다양한 역할을 수행한다. 유아반은 여러 흥미영역별 활동이 동시에 진행되기 때문에 각 영역별로 공간을 확보하여 한 활동이 다른 활동을 방해하지 않도록 영역을 배치하고 적합한 자료를 준비해야 한다.

영아기를 지나 유아기에 접어들었다 해도 만 3세의 경우, 발달 정도를 고려하여 보육교사 주도의 집단 활동보다 유아-유아, 유아-보육교사의 소집단 활동 등이 더 활발하게 이루어질 수 있도록 하고, 상대적으로 주의집중 시간이 길어지는 만 5세의 경우 보육교사주도성이 높은 구조화된 프로그램시간을 조금씩 늘려나간다. 이는 학습적 측면 외에 생활 습관적 측면에서 초등학교와의 연계를 고려해야 하기 때문이다. 유아반 하루 일과에서 보육교사의 역할은 다음과 같다.

(1) 등원 및 오전통합보육

오전 당직 보육교사는 유아가 어린이집에서 즐거운 하루를 지낼 수 있도록 밝은 미소로 유아와 부모를 맞이하고, 유아에게 개별적 관심을 보이며 유아의 건강 및 심리 상태를 시진한다. 부모와 유아에 관해 간단한 대화로 정보를 교환하고 그림책 보기, 조작 놀이, 그림 그리기 등 조용히 개별 활동을 하도록 한다. 특히 부모의 출근으로 일찍 등원하여 잠이 부족하거나 컨디션이 좋지 않은 유아들에 대한 개별적 배려가 필요하다.

(2) 정리 · 정돈 및 학급으로 이동

유아들은 놀이감을 정리하고 담임교사와 함께 각자 자신의 학급으로 이동한다. 아이들이 반으로 들어오기 전 담임교사는 전체 교실환경을 점검하고, 그날 실시될 활동의 자료를 사전에 확인한 후 유아들을 맞이한다.

(3) 실내 자유선택활동

보육교사는 자유선택활동 시간이 자기 주도적 학습을 이룰 수 있는 근간이 됨을 인식하고 아이 스스로가 놀이를 선택할 수 있는 기회를 충분히 부여해야 한다. 무엇보다 이 과정에서는 교구, 유아, 보육교사와 상호작용의 능동성이 강조되어야 하고, 이를 위해 활동들을 개방적으로 계획하는 것이 좋다. 따라서 보육교사는 소집단으로 시작해야 하는 활동과 유아가 주도적으로 하는 활동, 과정을 자유롭게 변형시킬 수 있거나 유아의 전략적 사고를 도와줄 수 있는 활동들을 균형 있게 계획하여야 한다.

보육교사는 자유선택활동 시간 중 전체를 관찰하는 일과 영역을 지원하는 일을 함께하여야 하므로 매우 분주하고 바쁘게 움직이며 유아와 적절한 상호작용을 한다. 바쁘고 분주한 자유선택활동 중 자신의 눈이 미치지 않는 공간은 없는지, 놀이 개입의 적절한 시기는 언제인지, 혹 지나친 개입을 하고 있는 것은 아닌지 늘 염두에 두고 활동에 임해야 한다.

(4) 전이

자유선택활동이 끝나는 시점에 전이시간이 다가온다는 것을 미리 알려서 유아들 스스로 자신이 참여한 놀이나 활동을 마무리할 수 있도록 한다. 자유선택활동을 끝마칠 때에는 영역별 · 활동별로 정리하는 시간차를 배려하여 시작하는 시간을 다르게 하는 것이 좋다. 예로 미술 영역이나 쌓기놀이 영역은 미리 정리를 시작하여 나와 있는 자료나 놀잇감을 미리 치워서, 나머지 영역과 거의 비슷한 시각에 마칠 수 있도록 한다.

보육교사는 전이시간 동안 유아 자신이 무엇을 해야 하는지를 알도록 명확히 제시하는 것이 좋다. 예를 들어 자유선택활동 후 집단으로 모일 때 화장실에 꼭 다녀오도록 알려주고 바깥 놀이에 나가면 어디에 있을 것인지 등을 정확히 알려준다. 전이시간이 너무 길면 지루해 할 수 있으므로 다음 활동을 준비하기 위한 적절한 교육적 시간으로 활용한다. 유아들이 대집단으로 모이거나 또는 줄을 서서 아무것도 하지 않고 기다려야 하는 시간이 길어지지 않도록 소집단 이동의 시간차를 이용하여 손유희, 노래 부르기, 게임 등 간단한 활동을 준비한다.

(5) 대 · 소집단 활동

보육교사는 집단 활동과 관련된 내용의 전이활동을 미리 계획하여 유아들이 관심을 갖고 집단에 들어올 수 있도록 계획한다. 모이는 장소와 유아의 수, 하고자 하는 활동 내용에 따라 유아를 앉히는 대형을 정하고, 모든 유아가 보육교사와 눈을 마주칠 수 있게 앉도록 한다. 대 · 소집단 활동이 보육교사가 일방적으로 가르쳐주고 지시하는 학습시간이 되지 않도록 유아의 집중시간, 내용의 이해 정도, 경험의 범위를 고려하여 활동을 선정한다.

대 · 소집단 활동 시 한두 명의 발표를 잘하는 유아에게만 반응하지 않도록 주의하며 개별 유아행동이 집단 활동에 방해가 되지 않도록 무시하거나 주의를 주어 전체 흐름이 원활히 진행되도록 한다. 무엇보다 활동을 진행하면서 유아의 행동에 대해 인정해 주고, 강화해 주며, 적절한 질문을 하여 사고할 수 있는 기회를 제공한다.

대집단 활동은 보육교사의 주도성이 높은 활동으로 보육교사의 세심한 계획을 통하여 유아의 참여와 직접경험을 확대시켜야 하고, 집단에 모이기 힘든 유아는 무리해 강요하지 말고, 서서히 집단에 참여하도록 돕는 것이 필요하다. 특히 학기초 만 3세의 경우 대 · 소집단 활동의 적응을 위해 5~10분 정도의 활동 시간부터 시작하도록 한다.

(6) 실외 자유선택활동

오랜 시간을 기관에서 지내게 되는 유아들에게 실외 경험은 매우 필수적인 요소로 외부 날씨가 좋지 않은 날을 제외하고 가능한 실외자유놀이를 실시한다. 실외놀이는 실내 활동의 연장이므로 신체활동, 물 · 모래놀이, 탐색활동 외에 책 읽기, 그림 그리기와 폐품을 활용한 큰 조형물 만들기, 음률활동, 블록구성 등이 고르게 일어날 수 있도록 계획하고 적극적으로 개입하면서 유아의 자발적인 놀이 선택과 흥미를 적극 수용한다.

보육교사는 유아들이 실외에서 놀이 활동을 자유롭게 즐길 수 있도록 기회를 제공함과 동시에 유아들의 안전관리를 위해 각별히 유의해서 관찰하고 감독해야 한다. 이와 관련하여 필요하다면, 유아들과의 토의를 통하여 실외놀이 시 지켜야 할 규칙이나 안전에 관한 합의를 끌어낼 수 있도록 한다. 실외 놀이를 마치고 다시 실내로 들어갈 때, 옷을 잘 털고 실내로 들어가 손 씻는 습관을 들인다.

(7) 점심

보육교사는 유아들이 즐겁고 편안한 분위기에서 바람직한 식습관을 형성할 수 있도록 유아의 행동과 태도를 격려한다. 영양과 생활습관을 너무 강조한 나머지 밥 먹는 시간이 보육교사와 유아 모두에게 스트레스의 시간이 되지 않도록 상호작용의 강약을 잘 조절하는 것이 필요하다.

식사 속도가 차이 날 때 팀 티칭을 하는 경우라면, 원활한 반 운영을 위해 한 명의 보육교사는 식사 지도를 또 한 명의 보육교사는 전이 공간을 활용하여 나머지 아이들과 책을 보거나, 한 팀이 먼저 교실로 이동한다.

(8) 화장실 사용 및 양치하기

화장실 사용은 일과에 정기적으로 계획하여 실시하고, 놀이에 열중해서 생리적인 조절이 힘든 유아에게는 화장실 가는 시간임을 수시로 알려준다.

기본생활습관을 기를 수 있도록 스스로 할 수 있게 하여 화장실 사용 순서, 손 씻는 순서, 양치 순서 등을 그림 자료로 화장실에 게시하고, 대 · 소변을 본 후에는 반드시 손을 씻을 수 있도록 지도하여 청결에 대한 바른 태도를 가지게 한다.

유아반이라 해도 실수로 옷이 젖을 경우가 생기므로, 미리 준비해 둔 여분의 옷으로 갈아입히고 젖은 옷은 비닐봉지에 넣어 귀가 시 부모에게 상황을 설명하며 전달한다. 이때 보육교사는 실수한 아이가 또래들에게 부끄러움을 느끼지 않도록 개별적으로 배려한다.

(9) 낮잠 및 휴식

낮잠 및 휴식을 위해 보육교사는 보육실을 환기시키고 간단한 청소, 이부자리 준비, 적당한 밝기와 조용한 음악 등을 준비한다. 각자 자기 자리에 누워 조용히 휴식하거나 낮잠을 자는데, 낮잠 자기를 힘들어 하는 유아는 너무 강요하지 말고 보육교사 옆에서 조용히 쉬도록 돕는다. 유아들이 완전히 잠든 다음 보육교사는 관찰일지, 일일보고서, 자료 준비 등을 하면서, 계속 교실에서 유아들을 살펴본다.

(10) 오후 실내외 자유선택활동

오후 자유놀이는 새로운 교육 활동보다는, 오전 활동을 연장 및 확장하는 것이 좋다. 보육교사는 유아들이 선택하는 활동을 충분히 즐길 수 있도록 교구와 자료를 제공하고, 날씨, 활동의 내용, 유아들의 요구 등을 고려하여 적절히 개입한다.

(11) 귀가 및 통합보육

하루를 마감하는 시간은 유아, 보육교사 모두 다소 긴장이 풀어지므로 보육교사는 유아를 보호자에게 인계하는 순간까지 안전에 유의해야 한다. 조용하고 활동량이 적은 놀이를 계획하고, 귀가 지도 시 재미있었던 일화나 특별한 전달사항을 보호자에게 전달한다.

CHAPTER 07

교사와 영유아 상호작용

1. 영유아와의 상호작용 알기
2. 보육교사의 놀이 상호작용

상호작용이란 둘 이상의 개체가 서로 영향을 미치는 관계를 맺는 과정으로, 표준보육과정에서는 "인간들 관계뿐 아니라 물리적 환경, 그리고 현상을 포함한 그들 간에 서로 영향을 미치고 관계를 맺는 과정"이라고 하였다(보건복지부, 2014). 즉, 보육교사와 영유아의 상호작용이란 아이들과 보육교사들이 서로의 언어, 행동, 정서 등을 서로 '주고받음'으로 서로 영향을 미치는 관계성을 만들어 나가는 과정이다.

영유아는 어린이집에서 많은 시간을 보내면서 보육교사나 또래들과 매우 많은 상호작용을 하게 된다. 이러한 상호작용은 어린이집 생활 속에서 반복적이며 일상적으로 일어나기 때문에 자연스럽게 영유아에게 많은 영향을 미친다. 보육교사는 영유아의 바람직한 일상적 양육 상황과 놀이 속 상호작용을 통해 영유아의 개별적 특성을 이해할 뿐 아니라 궁극적으로는 영유아가 다양한 영역에서 고른 발달이 이루어지도록 적합한 경험을 제공할 수 있다(보건복지부, 2014). 영유아는 보육활동과 상호작용이 긍정적인 환경에서 보다 잘 성장하고 긍정적인 발달을 이루어가기 때문에 보육교사가 영유아의 개별성을 파악하고 이를 바탕으로 적절하게 상호작용하는 것은 가장 중요한 보육교사의 역할이다(보건복지부 · 보육진흥원, 2014).

1. 영유아와의 상호작용 알기

보육교사와 영유아, 즉 어른과 아이의 상호작용이 어른끼리의 상호작용과 다른 점들을 알아보고, 보육교사로서 영유아들과의 원활한 상호작용을 위해 어떤 점을 고려해야 하는지 살펴본다.

1) 몸 사용하기

영유아는 상호작용할 때 몸을 많이 사용한다. 얼굴 근육도 많이 사용하고 표정도 많이 사용한다. 이런 특징을 지닌 영유아와 온전한 상호작용을 하기 위해서는 보육교사도 몸을 많이 사용하는 것이 좋다. 보육교사와 영유아 간 상호작용의 1차 목적은 정서적 교류이기 때문에 아이의 반응에 어깨를 으쓱하거나 깜짝 놀란 표정을 짓고, 긍정적 정서를 전달하기 위해 손을 잡고 같이 뛰면서 몸으로 상호작용 하는 것은 정서적 유대관계를 맺는 데 중요하다. 또한 언어 사용이 원활하지 못한 영유아들과 정확한 의사전달을 위해 몸을 사용한다.

2) 목소리 사용하기

보육교사의 목소리는 영유아와의 상호작용에서 중요한 매체가 된다. 목소리 톤, 속도 등에 따라 영유아에게 전달되는 비언어적 메시지의 강도가 다 다르게 느껴지기 때문이다. 보육교사는 목소리를 통해 영유아에게 "나도 너와 같은 마음이야"라고 전달할 수 있다. 예를 들어 수줍음이 많은 아이에게는 천천히, 낮은 톤의 편안한 목소리로 부드럽게 이야기하는 것이 도움이 된다. 서로 싸우고 있는 친구들을 중재할 때도 보육교사가 천천히 낮게 이야기하여 흥분 상태에 있는 아이들을 가라앉히는 것이 좋다. 그러나 실외 축구게임에서 이기면 높은 톤의 목소리로 크게 소리를 질러 "나도 너와 같이 기쁜 마음이야" 하고 표현한다.

3) 영유아의 신호에 민감하기

보육교사는 언어로 모든 것을 표현하지 못하는 영유아들의 요구와 상태를 민감하게 알아내야 한다. 민감성이란 영유아가 양육자에게 보내는 신호를 인식하고 정확히 해석하여 그들의 신호에 대해 적절하게 즉각적으로 반응하는 것을 말하는데, 이는 일상생활뿐 아니라 놀이상황에서도 동일하게 적용된다. 이런 민감성을 발달시키기 위해서는 무엇보다 지속적으로 영유아들에게 관심을 가지고 관찰하는 것이 필요하다. 그리고 아이를 가장 잘 알고 있는 학부모와 협력해야 한다. 정확히 모르는 표정이나 행동에 대해 서로 정보를 교환하여 점차 아이에 대한 이해도와 민감도를 증진시킨다. 이는 부모 외에도 동료 보육교사 간의 교류, 즉 아이의 전 담임보육교사나 경력 많은 선배 보육교사의 조언을 통해 가능하다.

4) 영유아의 신호에 반응하기

영유아들이 언어적으로나 비언어적으로 신호를 보내면 즉각적이고 긍정적인 반응을 해야 한다. 보육교사가 할 수 있는 즉각적이고 긍정적인 반응은 다음과 같다.

- 아이가 보육교사를 쳐다보거나 불렀을 때 즉각 웃으면서 쳐다보기
- 따뜻하게 온화한 목소리로 이름 불러주기
- 신호가 맞게 해석되었는지 의심이 들 때 정확히 확인하기
  - 예 블록으로 성을 쌓고 멀리 있는 보육교사를 쳐다보는 아이에게, 손가락으로 멀리에서 성을 가리키며 입 모양으로 "그거?"라고 물어보기
- 즉각 반응을 해 주지 못할 상황이면 구체적으로 언급하고 양해 구하기
  - 예 "선생님이 지금 ○○ 종이접기를 도와주고 있어. 친구 종이접기 도와

주고 바로 갈게"라고 구체적으로 이야기하기

- 긍정적 강화로 인정하기
  예 "그랬구나", "네가 한 거구나", "정말 대단하다"
- 영유아의 반응 따라하기
  예 "이렇게 하는 거야? 여기는 어떻게 해?"라고 묻기

5) 현명한 결정하기

"무엇이 가장 우선이지?" 영유아와 상호작용을 하는 보육교사는 늘 결정해야 하는 순간을 가진다. 어떤 상황부터 반응해야 할지 결정할지 고민될 때 가장 우선 순위에 두어야 할 것은 '안전'이고 그 다음은 적극적 개입이 필요한 것부터 반응한다.

보육교사의 적극적 개입은 영유아가 놀이방법을 모르거나, 중요한 단서를 주어 비계설정을 해야 하는 순간 등이다. 이를 위해 보육교사는 항상 보육실 내의 모든 상황을 관찰하도록 스스로를 훈련해야 한다. 세 번째, 자긍심이 부족한 영유아에게 먼저 반응한다. 아이를 관찰하면서 "정리를 잘하니 정말 예쁘다", "여러 가지 반찬을 골고루 잘 먹었구나" 등 구체적인 표현으로 반응하는 것이 효과적이다.

6) 필요한 상호작용이 일어나는 환경 조정하기

필요한 상호작용만이 일어나도록 환경을 조성하는 것은 보육교사가 보육실을 운영하는 데 중요한 요소이다. 특히 환경에서 부적절하고 부정적인 상호작용이 일어나지 않도록 하기 위해서 사전에 환경적 요소를 철저히 점검해야 한다.

기본적으로 환기가 잘되고 온도가 적절한 환경은 아이들의 기분을 좋게 하는 요소이다. 너무 더운 온도에서 여러 명의 아이들이 생활하다 보면 짜증을 내거나 불필요한 갈등이 일어날 수도 있다. 놀잇감이 충분하고 적절한 환경에서는 부정적인 상호작용이 줄어들고, 보육교사와 영유아들이 눈을 마주치면 웃고 또래들끼리 놀

면서 웃음소리가 나는 긍정적 분위기의 보육실이라면 부정적 상호작용이 훨씬 줄어들 것이다. 그 외 너무 넓거나 과하게 밀집되지 않은 공간이 필요하다.

표 7-1 일반적인 상호작용의 원리

원리	내용
관심 보이기	• 관심 갖고 탐색하는 것에 대해 관심 보이기 • 욕구에 관심 보이기 • 긍정적인 행동에 관심 보이기 • 반응에 관심 보이기
애정 표현하기	• 신체 접촉을 통한 애정 표현하기 (거부 의사를 표현할 때 금물) • 수용적인 눈빛으로 애정 표현하기 • 칭찬과 격려의 말로 애정 표현하기 • 필요로 하거나 정서적 어려움을 보일 때 애정 표현하기
인정하기	• 현재 모습을 그대로 인정하기 • 모두 차별 없이 평등하게 대하며 인정하기 • 행동과 태도에 대해 이해하며 인정하기 • 독립된 인격체로 존중하며 개별적인 특성 인정하기 • 다양성에 대해 이해하고 인정하기
격려하기	• 성취한 것에 대해 구체적인 언급으로 격려하기 • 경험한 과정에 대해 격려하기 • 행동의 긍정적인 측면 격려하기 • 작은 개선 점에 대해서 격려하기 • 새롭게 도전하는 것에 대해서 격려하기
질문하기	• 하고 있는 행위에 관심을 보이는 질문하기 • 관점과 마음을 이해하고자 질문하기 • 경험에 대한 회상이나 앞으로 바라는 경험에 대해 질문하기 • 다른 관점이나 방법을 찾아내기 위해 질문하기 • 예/아니요로 답할 수 있는 방식의 질문 지양하기
반응하기	• 영유아의 마음을 이해하고 이에 대해 언어적으로 반응하기 • 비언어적인 것으로 반응하기 (눈 맞춤, 미소, 끄덕임, 온화한 표정) • 영유아의 이해하고 수용하는 태도로 반응하기 • 영유아의 감정과 생각을 반영하는 태도로 반응하기

출처: 안경자 등(2013)

7) 피해야 할 상호작용 알기

(1) 명령하기

영유아들과 상호작용하면서 "~~해"라고 하거나 "~~하지 마"라고 하는 것은 단기적으로 영유아들의 부정적 행동을 줄이고, 보육교사의 권위가 서는 듯 느껴지지만 장기적으로는 보육교사와 영유아 간의 정서적 유대관계에 부정적 영향을 주고, 영유아가 취득해야 하는 자기조절능력이 저하된다. 따라서 명령으로 느껴지는 상호작용은 하지 않도록 한다.

(2) 비교하기

다른 영유아와 비교하는 것을 좋아하는 영유아는 없다. 보육실 안에서 한 유아를 칭찬한다고 해서 다른 유아들과 비교하여 칭찬하는 것은 칭찬받은 유아에게는 기분 좋은 긍정적 상호작용이 될지 모르지만, 다른 유아들에게는 상처가 될 수도 있고 자존감을 잃게 되는 요인이 된다. 어떤 상황에서도 비교하며 이야기하는 것은 삼간다.

(3) 정답 요구하기

정답이 있는 질문만을 하는 보육교사는 긍정적 상호작용을 이끌어 내기가 어렵다. "어떻게 생각하니?", "어떤 생각이 있니?" 등의 질문이 적절하지 않다. "이게 무엇이지? 맞아(혹은 틀려)?"는 영유아들이 개방적으로 자기의 이야기를 하기 어렵게 만들기 때문이다. 정답만이 요구되는, 혹은 단답의 대답만을 할 수 있는 수렴적 질문보다는 개방적이고 확산적인 질문을 하는 것이 좋다. 수렴적 질문으로 일관하는 보육교사의 상호작용은 빨리 간단하게 끝나고, 확산적 질문을 하는 보육교사의 상호작용은 오래 걸린다. 후자의 경우 영유아들의 창의적 사고력이 신장되고 자기주도적인 학습이 이루어질 기회이다.

(4) 무표정한 얼굴하기

딱히 비난하거나 야단을 치는 것도 아니지만 보육교사의 냉담한 얼굴, 무시하는 반응은 영유아들에게 매우 부정적으로 인식된다. 또한 확실한 부정적인 언행을 하지 않기 때문에 눈치를 보게 되고 어찌 해야 할지 몰라 불안함을 가지게 된다.

(5) "기다려"라고 말하기

유아보육교사가 보육실에서 흔히 사용하는 말 중 하나인 "기다려"는 아이들의 머릿속에 "우리 선생님은 항상 말로만 해"라는 인식이 될 수 있다. 일단 고개를 돌려 이름을 부르며 아이가 오래 기다리지 않도록 한다.

(6) 무시하기

보육교사가 영유아들의 요구나 정서표현, 이야기를 무시하는 경우가 있다. 부정적 행동에 대해 무시하고 긍정적 행동을 긍정적으로 강화시켜 줌으로써 적절한 행동과 태도를 익히도록 하는 의도적인 무시를 제외하고, 교육적 의도 없이 영유아들의 신호를 무시하는 것은 보육실 내 부정적 상호작용이다.

2. 보육교사의 놀이 상호작용

보육교사는 자유놀이 시 영유아들과의 신뢰 관계를 기반으로 하여 영유아의 개별적 특성을 고려한 반응을 통해 놀이에 참여함으로써 아이들의 놀이를 촉진하고 확장할 수 있다. 그러나 보육교사가 지나치게 빈번하게 영유아의 놀이에 개입하여 놀이를 지도하게 되면 오히려 아이들의 놀이 흐름을 방해하거나 영유아의 놀이성을 해칠 수도 있다. 보육교사는 아이들의 놀이에 참여하기 전에 사려 깊은 관찰을 통해 놀이 상황을 잘 파악해야 하며 놀이에 참여할 때는 지시나 역할 배분 등으로 아이들의 놀이를 보육교사가 이끄는 일을 삼가야 한다. 또한 아이들이 놀이에 몰입했을 때 지나치게 많이 질문하거나 "이건 모두 몇 개니?"와 같이 놀이를 통한 학습 지향적 단답형 질문을 하는 것 또한 아이들의 놀이를 방해할 수 있다. 그러나 놀이에서 아이들을 위해 보육교사의 개입이 필요한 상황이 있으므로 보육교사는 놀이 상황의 여러 가지 맥락을 잘 고려하여 개입 여부를 판단해야 한다.

1) 영아반 보육교사의 놀이 속 상호작용

(1) 오전실내 자유놀이

1 신체활동

보육교사는 영아의 신체발달수준과 놀이경험을 바탕으로 활동을 제공하고 점차 다음 단계로 진행되도록 도와주어야 한다. 특히 대근육 활동을 위해 오르고 내리기 안전 교구, 낮은 미끄럼틀, 큰 상자, 공, 다양한 종류와 크기의 블록 등을 준비한다. 영아의 발달 특성을 고려하여 음악에 맞추어 신체를 움직이고, 리본테이프 등 간단한 신체활동 도구를 활용한다. 보육교사는 신체놀이를 두려워하는 영아를 위해 같이 몸을 움직인다.

상호작용의 예

"○○가 계단 올라가는구나. 한 칸, 한 칸, 다 올라왔네."
"곰 세 마리 노래다~ 아빠곰은 뚱뚱해. 이렇게 배가 뚱뚱하게 나왔어~
우리 통통통 뛰어 볼까?"
"미끄럼틀에서 내려오는 게 무섭구나~ 선생님 손잡고 같이 내려가 보자."

2 탐색활동

보육교사는 영아가 감각적 탐색, 자연 탐색, 악기 탐색 등 다양한 종류를 탐색할 수 있도록 시간적 물리적 환경을 제공하고, 영아의 반응을 관찰한다. 가능한 실외에서 지내는 시간을 매일 갖도록 하고 무엇보다 보육교사 자신이 자연을 사랑하고 존중하는 모습을 보여줌으로써 영아들이 자연스럽게 선생님과 함께 탐색을 즐길 수 있도록 한다.

실외 활동일 경우, 영아가 감각으로 자연물을 탐구하는 것을 장려하되 늘 안전에 주의한다.

상호작용의 예

"이건 뭐지? 어떤 소리가 날까?"

"오~ 파란 하늘 색이 참 예쁘다."

"우아~ 작은 싹이 나왔네."

"비가 오는구나. 손바닥에 빗방울 떨어지게 해 볼까?"

3 언어활동

보육교사는 영아의 행동, 영아와 성인 간 상호작용, 영아와 영아 간 상호작용을 관찰하여 영아의 언어발달을 이해하고, 민감하게 반응해 주는 것이 필요하다. 또 이 시기는 언어를 배우고 익히는 과정이므로 보육교사는 영아가 보고 듣고 배울 수 있는 좋은 모델이 되어야 한다. 그리고 영아 보육교사는 영아와 일대일 관계를 맺으며 영아가 편안하게 의사를 표현할 수 있도록 분위기를 조성하고, 언어적 표현 외에 영아의 눈높이에 맞춰 몸짓, 손짓 등 비언어적 표현을 많이 사용하여 영아의 의사소통 능력을 기른다.

상호작용의 예

"음~ ○○이가 친구 장난감 가지고 싶다고?"

"선생님 따라 해 볼까? 고맙습니다", "친구야, 미안해!"

"이게 필요하구나, 그럼 이렇게 손을 내밀고 주세요 해 보자."

4 표현활동

영아의 표현활동에는 주로 상징놀이와 창의적 표현활동인 미술 · 음률이 포함된다. 영아의 상징놀이는 자신의 일상생활을 중심으로 표현되므로 보육교사는 영

상호작용의 예

"선생님하고 저 파란 벽까지 뛰어 볼까?"

"어머나, 여기에 싹이 났네. ㅇㅇ이가 새로 난 싹을 보고 있었구나?"

"ㅇㅇ이는 의자에 앉아서 친구들 모래놀이하는 거 보고 싶니?"

(4) 오후 실내외 자유놀이

낮잠 이후 오후 자유놀이시간은 오전에 했던 활동 중 흥미 있는 것을 지속하거나 확장하여 과도한 자극을 줄이고 편안함을 느끼게 운영한다. 일반적으로 영아반은 보호자와의 헤어짐이 없고, 낮잠을 자서 기분이 좋아진 오후놀이가 오전놀이보다 더 안정적이고 활발하게 진행될 수 있다.

상호작용의 예

"큰 종이 블록으로 아기 침대 만드는구나, 아기 침대가 넓어서 아주 편하겠다."

"아기 인형이 코 낮잠 자고 나서 기분이 좋대요, 아기한테 맛있는 맘마 만들어 주고 있네, 이 노랑색 반죽으로도 해 볼까?"

2) 유아반 보육교사의 자유선택활동 속 상호작용

(1) 쌓기놀이영역

쌓기놀이는 다양한 블록과 소품을 이용하여 창의적인 구성을 하는 영역으로, 보육교사는 유아들의 놀이를 주의 깊게 관찰하면서 구성을 촉진하고, 역할영역이나 미술영역으로 연결하거나 확장을 도우며, 갈등상황이나 위험 및 사고를 미리 방지하도록 돕는다. 특히 넓은 쌓기놀이 공간 안에서 유아 각자가 구성물을 만들 때, 오가는 동선과 구성해 나가는 방향이 서로 겹치지 않도록 조정해 주어 방해받지 않고 편안하게 구성할 수 있도록 한다. 블록 조각의 특성으로 다른 영역보다 정리하는 시간이 많이 필요하므로 개별 혹은 소집단으로 정리시간을 미리 알려주어 유아들이 충분한 시간을 가지고 정리할 수 있도록 한다. 만 5세 유아는 다양한 구조물을 구성하고 경험한 내용들을 중심으로 친구들과 협의하여 다소 복잡한 구조물을 만드는 것도 가능하다. 따라서 보육교사는 주제와 관련하여 유아들이 학습한 지식을 표상하거나 다른 영역들과 연계하여 종합적인 구성 활동이 이루어질 수 있도록 다양한 종류의 블록들을 적절한 시기에 제시해 준다.

상호작용의 예

"○○가 종이벽돌로 집을 만들었구나. 크게 잘 지었네. 이 집으로 들어가는 문은 어디예요? 그렇구나. 여기에 딩동 누르는 벨 표시를 하면 친구들이 누르고 들어올 수 있겠다. 벨 표시를 하나 만들어 볼까요?" (3세)

"이번엔 유니트 블록으로 이 사진에 있는 성당을 쌓고 있구나. 근데 이 성당이 너무 커서 둘이 쌓기에는 너무 오래 걸리겠다. 다른 친구들의 도움이 필요하겠는데. 그래, ○○이와 △△이가 같이 협동하면 성당 쌓기가 훨씬 잘되겠다. 이쪽의 뾰족한 부분은 어떻게 구성하면 좋을까? 이쪽 면을 무너지지 않고 튼튼하게 쌓으려면 어떤 방법이 좋을지 같이 의논해 볼까?" (5세)

(2) 역할놀이영역

보육교사는 역할놀이영역에서 자발적으로 놀이가 일어날 수 있도록 기본 자료와 주제에 맞는 소품을 제공하고 놀이를 관찰한다. 연령, 유아의 놀이 수준, 관심 주제에 따라 보육교사의 개입 정도에는 차이가 있으므로 각 현장의 사례별로 놀이 개입의 적절한 시기와 방법을 고민한다.

상호작용의 예

"아~ 생일 파티를 하려고 하는구나. 나도 같이 파티에 참석하고 싶은데, 언제 시작해요? 그렇구나. 그럼 친구들이 반죽으로 생일 케이크를 만드는

동안, 난 선물을 준비할게요." (3세)

"김밥을 만들어 동물원에 놀러가려고 하는구나~ 그런데 동물원에 갈 때 무얼 타고 가나요? 아~ 좋은 생각이네, 블록으로 코끼리 열차를 만들어 같이 타면 되겠다. 코끼리 열차는 누가 만들어 주겠니?" (4세)

"어제 다녀온 도서관의 책장들을 블록으로 이렇게 멋지게 구성하고 있구나. 이곳은 책 빌리는 곳이네, 어제 우리가 견학 가서 본 것처럼 바코드 찍는 기계를 만들어 빌려가는 책을 확인하면 어떨까?" (5세)

(3) 미술영역

보육교사는 유아는 자신만의 방법으로 탐색하고 관찰한 것을 표현할 수 있도록 다양한 미술 활동 자료를 제공하여 새롭고 창의적인 방법으로 사용하도록 격려해 준다.

특히 폐품 자료를 적극 활용하여 다양한 미술 자료로 사용함과 동시에 재활용의 개념을 생활 속에서 익힐 수 있도록 한다. 연령, 유아의 관심과 수준에 따라 준비하는 재료와 수를 조절하고, 유아 스스로 시도하는 기회를 적극 격려하며 결과물보다 과정의 발전에 더 큰 의미를 부여하도록 한다.

상호작용의 예

"○○이가 수수깡을 테이프로 이렇게 잘 연결했네, 아주 훌륭해." (3세)

"긴 통을 만들고 싶구나, 무슨 재료를 이용하면 좋을지 폐품 상자에서 긴 통을 만들 수 있는 재료를 한 번 찾아보겠니?, 아~ 작은 상자들을 붙이는 것도 좋은 생각이네, 어떻게 연결하면 좋을까?" (4세)

"여기 큰 상자를 이용해서 기와 대문을 같이 만들어보는 건 어떠니? 좋아, 대문을 어떻게 꾸밀 건지부터 우리 친구들의 생각을 같이 이야기해 보자. 아~ 좋은 생각이네 큰 붓으로 대문을 칠하면 좋겠구나, 선생님이 물감과 붓을 준비할 테니 우리 친구들이 함께 대문을 꾸며 보자." (5세)

(4) 언어영역

보육교사는 유아가 개별적으로, 혹은 소집단으로 말하고 들을 수 있는 기회를 많이 제공하고 유아가 말할 때 진지한 태도로 들어주어 언어로 표현하려는 유아의 의욕을 북돋아 주는 것이 좋다. 언어영역에 다양한 종류의 책을 제공하고, 새로운 책이 나왔을 때에는 보육교사가 먼저 소개해 주고, 읽어 줌으로써 흥미를 유발시킨다. 또한 유아들이 주변 환경에서 글자에 관심을 가질 수 있도록, 특별한 활동이 아닌 일상생활에서 글자를 찾아보는 경험을 하게 한다.

상호작용의 예

"우리 책 읽어 볼까? 자, 선생님 가까이에 앉아서 ○○이가 책장을 넘겨 줄래?" (3세)

"나를 그리고 이름을 썼구나, ○○이가 제일 좋아하는 음식은 뭐니? ○○이가 쓸 수 있는 글자는 쓰고 어려운 건 선생님이 대신 적어 줄게요. 우리 이것을 책처럼 묶어 볼까? 이 책의 제목은 뭐라고 하면 좋을까?" (4~5세)

(5) 음률활동

보육교사는 노래 부르기, 악기 탐색하기, 신체 표현하기, 다양한 음악 감상하기 등 다양한 경험이 제공하도록 한다. 무엇보다 보육교사 스스로가 음악에 대한 관심과 열정을 가지고 밝은 표정으로 즐기면서 음률활동을 진행해야 유아들도 흥겹게 같이 할 수 있다.

유아들을 위해 학부모나 지역사회의 전문가를 초청하여 악기 연주를 비롯하여 다양한 음악적 기회를 공유하는 것이 바람직하다. 특히 만 5세 유아는 리듬뿐만 아니라 멜로디의 탐색도 가능하므로 음악의 다양한 측면을 경험하고 창의적인 음악 활동이 이루어질 수 있도록 한다.

상호작용의 예

"그래, 선생님이 우클렐레를 칠게, 우리 친구들은 악기 두드리며 나비야

노래를 같이 불러 보자." (3세)

"조금 전에 팝콘이 유리 냄비 안에서 톡톡 튀어 오르는 거 봤지요? 만약 우리 친구들이 팝콘이 돼서 그렇게 튀어 오른다면, 우리 몸을 어떻게 움직여야 될까? 같이 해 볼까요?" (4세)

"〈팥죽 할머니와 호랑이〉 이야기를 소리로 만들어 보자. 먼저 맷돌이 쿵 떨어지는 소리는 어떻게 낼까? ○○이가 그 소리를 한 번 만들어 볼래?" (5세)

(6) 수 · 과학 놀이영역

만 3, 4세 유아는 모든 감각을 활용하여 사물을 직접 탐색하고 관찰하며 조작하면서 기초적인 수 · 과학적, 탐구적 태도를 형성하게 된다. 이러한 태도는 사물을 구체적으로 탐색하는 과정을 강조할 때 자연스럽게 습득될 수 있다. 보육교사는 유아가 이러한 자료들을 보고, 듣고, 만지고, 냄새를 맡아 보는 탐색의 과정을 충분히 경험하도록 하는 것이 중요하다. 각 유아의 발달적 개인차와 충분한 탐색 및 관찰 등을 위해 수 · 과학영역은 가능한 소집단이나 개별적인 상호작용을 하는 것이 바람직하고, 무엇보다 일상생활에서 자연스러운 학습의 기회를 찾아 이용하도록 한다. 만 5세의 경우, 관찰이나 실험 결과의 기록지를 제시하고 그림이나 글로 표현하여 또래와 결과를 분석하거나 토의할 수 있도록 격려하고, 게임 등의 과정을 통해 또래와 상호작용 기술을 익힐 수 있도록 돕는다.

상호작용의 예

"그래, 화단의 꽃이 어제보다 더 생생해졌구나, 오늘 아침에 비가 와서 그런가 봐, 꽃은 정말 물을 좋아하네." (3세)

"세계 여행 게임을 시작해 볼까? 게임 순서는 어떻게 정하면 좋겠니?"

"여기 규칙 카드가 있는데, 뒤집어서 꽝 표시가 나오면 어떻게 하지?" (5세)

CHAPTER 08

영유아 지도

1. 보육실에서 발생할 수 있는 보편적인 문제 상황
2. 영유아의 개별적 특성으로 인한 상황

보육실에서는 하루에도 여러 번 다양한 문제 상황들이 발생한다. 이는 보육교사가 보육실을 운영하는 가운데 벌어지는 것일 수도 있고, 어려움을 가진 개별 영유아에게 원인이 있을 수도 있다. 이런 문제 상황들은 보육교사가 적절하게 보육실을 운영하고 각 영유아에 대한 세심하고 주의 깊은 관찰을 통해 미리 계획하고 적용하는 가운데 어느 정도 예방할 수 있는 일이 된다. 이 장에서는 보육실에서 발생할 수 있는 일반적인 문제 상황들과 개별적으로 어려움을 가진 영유아들의 문제 상황을 살펴본다.

1. 보육실에서 발생할 수 있는 보편적인 문제 상황

1) 자기중심성이 강하고 자기조절능력이 부족한 발달단계상의 문제

영유아들은 발달단계상 자기를 인식하는 단계를 지나 자기중심성이 강한 단계를 거치게 되므로, 자연스럽게 또래들 간 갈등 상황이 발생하게 된다. 다음은 '자기중심성이 강하고 자기조절능력이 부족한 발달단계상의 문제'로 인해 발생하는 내용이다.

"친구들과 놀잇감 나누기가 되지 않아 싸우게 돼요."

"욕심이 많아 항상 친구들과 싸우는 아이가 있어요."

"서로 자기가 엄마 하겠다고 난리예요."

"우리 반 아이들은 말을 안 들어요. 다 자기가 잘났대요."

"잘 우는 아이가 있어요."

"잘 때리는 아이가 있어요."

자기중심성이 강한 영유아들은 아직 자율적인 자기조절능력이 발달하지 않았기 때문에 쉽게 화가 나고 그로 인해 친구를 밀치거나 공격하게 되며 소리를 지르기도 한다. 보육교사 대 아동의 비율이 높은 집단생활이다 보니, 왜 그런 일이 일어났는지 말로 설명하기도 전에 보육교사로부터 친구에게 소리를 질렀다고 혼이 나서 속이 상할 수 있다. 따라서 보육교사는 영유아들의 놀이나 활동을 다룸에 있어 다음에 제시된 단계를 숙지하여야 한다.

(1) 충분한 놀이자료

영유아들이 모여 놀면서 생활하는 보육현장에는 충분한 놀이 자료가 있어야 한다. 어린이집평가인증지표 중 '보육환경'에 '발달수준에 적합한 활동자료가 다양하고, 양이 충분하다'라는 지표항목이 있다. 영유아들의 발달특성상, 한두 가지 놀잇감을 반복적으로 사용하고, 자신이 좋아하는 놀잇감을 또래에게 양보하지 않기 때문에 영유아가 좋아하는 놀잇감은 색과 모양, 크기가 똑같은 것으로 여러 개 준비해 두는 것이 갈등을 예방하는 데 바람직하다.

① 독점욕을 가지게 하는 매력적인 놀이자료의 제한적인 세팅

매력적인 놀잇감을 한 개나 두 개 정도 제시하는 것은 갈등을 조장하는 행위가 된다. 물론 보육실에 다른 유사한 놀잇감이 충분히 마련되어 있고 보육실이 충분히 매력적이게 구성되어 있다면 그 갈등의 정도는 줄어들지만, 자기중심성으로 나누어 가짐이 원활하지 않은 아이들이 있는 공간에서는 부적절한 행위이다.

② 망가진 놀이자료

보육교사는 신학기에 모든 자료나 교구를 새로 정비해서 준비한다. 그런데 시간이 지남에 따라 환경 점검이 소홀해지고 오랫동안 방치해 두는 경우가 생겨 놀이자료는 망가지고 짝이 맞지 않는 일이 있다. 보육교사는 항상 환경을 돌보고 영유아들에게 충분히 매력적인 공간인지, 망가진 놀이자료는 없는지 살펴보아야 한다. 돌려 사용하는 색연필은 심이 닳아서 사용할 수가 없고 레고는 끼우는 곳이 부서져 사용할 수 없게 되어 있다면, 아이 입장에서 기분이 상해 짜증이 날 것이고 이는 주변 또래와 갈등 상황을 일으키는 원인으로 작용할 수 있다.

③ 밀도가 높은 공간

공간적 제약은 보육교사의 힘으로 당장 어쩔 수 없는 영역이라 생각할 수 있다. 그럼에도 불구하고 밀도가 너무 높으면 아이들끼리 부딪쳐 갈등을 조장하게 되기 때문에 다음과 같은 전략들을 사용해 본다.

1 어떤 영역은 보다 넓게 어떤 영역은 보다 좁게

보육교사는 각자 맡은 아이들의 수를 생각하면서 해당 영역에서의 영유아들의 몸놀림을 관찰 · 분석한다. 동적인 영역(예: 블록영역)은 다소 넓게 구성하고, 상대적으로 정적인 영역(예: 관찰영역)은 다소 좁게 구성한다. 결과적으로 영유아들이 과도하게 밀접하여 서로 몸이 닿을 정도로 활동하는 일은 없도록 한다.

2 보육실 평수 자체가 작다면 영역의 수 고려

보육실 평수 자체가 적어서 영유아의 수에 비해 좁은 느낌이 있다면 영역의 수 자체를 통합하여 줄이는 것도 방법이 된다. 조작놀이와 언어놀이영역을 통합한다든지 블록영역과 역할놀이영역을 교대로 배치한다든지 아니면 옆 보육실과 보육실을 교대로 사용한다든지 하여 적극적으로 보육실 자체의 밀도가 높아지는 일을 최소화하도록 한다.

(2) 보육교사의 보육실 통제 정도 조절

보육교사의 보육실 통제란 보육교사가 어느 정도로 내 보육실과 내가 담당하는 영유아들을 '잡을 것이냐'의 문제이다. '잡는다'는 표현이 적절한 용어는 아니지만 현장 보육교사들이 실제 많이 사용하는 말로, 보육교사의 성향에 따라 어느 보육실은 다소 엄격하게 운영이 되고 어느 보육실은 다소 자유롭게 운영이 된다. 아직 자율적인 조절능력이 완전히 발달하지 못한 영유아들을 대상으로 그 수위를 잘 조절하여 운영하는 것이 중요한데, 타율적인 조절을 많이 하는 경우 상대적으로 자율적인 조절이 줄어들게 되기 때문이다. 이에 이 책에서는 타율적인 조절을 강조하는 경우와 자율적인 조절을 강조하는 경우를 실례로 들어 보육교사들의 조절 정도를 지원하고자 한다.

① 타율적인 조절전략으로 운영하는 경우

영유아들은 아직 정서조절이 원활하지 않아 어린 연령의 영아일수록 보육교사들이 타율적인 조절전략으로 대하는 경우가 많다. 실제 어린이집 영아반 보육교사들은 "아직 어려서 서로의 입장을 듣거나 대안을 같이 찾아보는 일은 불가능하다"라고 이야기한다. 아직 자율적인 조절이 완전히 이루어지지 않은 만 2세반의 생활을 연구한 곽승주(2003)는 영아들의 생활을 '의존 대 자율'이라고 표현하였다. 항상 "아니야", "내가 할 거야"라고 하면서도 한편으로 신체적인 미숙함과 사회적 기술 부족 등 여러 가지 이유로 여전히 보육교사의 도움과 보살핌을 받아야 하는 존재로 여러 상황에서 이러한 두 특성 간에 갈등을 빚게 된다고 하였다.

자율적인 조절이 형성되기 이전에 사회에서 보편적으로 받아들이고 있는 규범과 가치를 전달하는 것은 타율적인 전략으로만 이루어진다. 물론 사회적 규범이나 가치도 언젠가는 내면화되는, 즉 자율적으로 인식되어야 하는 부분이지만 아직 연령이 어린 영유아들이 함께 생활하게 되는 보육현장에서는 타율적인 조절전략이 때로는 유용하게 활용된다.

❶ 엄하게 지도하기

종종 보육교사는 보육현장에서 영유아들에게 엄하게 지도해야 할 때가 있다. 규칙을 지키지 않거나, 다른 아이에게 상처를 주는 말을 한다든지 화가 나면 어쩔 줄 몰라 울거나 바닥에서 구르는 행동에 대해, 보육교사는 엄하게 지도하게 된다. 그러나 어떤 경우에도 항상 일관성 있게 지도하고, 모든 영유아들에게 평등하게 똑같이 전달해야 하는 것을 원칙으로 삼아야 한다.

❷ 강조하여 지속적으로 지도하기

타율적인 지도전략, 즉 "하지 마세요"라든가 "선생님 따라서 이야기해 보자. 친구야, 미안해" 하는 식으로 지도할 때, 그 내용은 언젠가 내면화되어 자율적인 조절에 도움이 되도록 지도해야 한다. 싸우고 있는 두 친구에게 가서 "친구하고 사이좋게 지내라고 했지? 서로 미안하다고 하세요"라고 시키면 아이들은 서로에게 미안하다고 한다. 그러나 그것만으로는 이후에 그 사회적 규칙이 내면화되기 어렵다. 그러므로 "친구하고 사이좋게 지내라고 했지?"보다는 보육교사가 양손으로 두 아이의 손을 잡고 마주보고 앉아서 "서로 마음이 다치면 다음에 같이 놀기 힘들고, 그러면 우리 반이 모두 기분이 안 좋아지니까 서로의 마음을 위로해 주자. 서로 '미안해' 하세요"라고 지도한다. 크게 차이가 없어 보이지만 아이들은 자라면서 친구들에게 "선생님이 서로 마음을 위로해 주라고 했잖아"라는 말을 하게 된다.

❸ 갈등상황에서 해결전략 지도하기

영유아들이 서로 갈등을 빚게 되면 급하게 타율적인 조절전략으로 지도한다 하더라도 그 안에 내용은 언젠가 아이들이 내면화하게 될 내용으로 지도해야 한다. 공간을 점유하고 다른 친구를 끼워주지 않는 상황에 대해서 "친구에게 자리를 좀 내어 주세요. 서로 같이 노는 모습이 우리 보육실을 좋은 보육실로 만들어요"라고 지도할 수 있다. 화가 난다고 친구의 밥에 물을 부은 친구 때문에 서로 싸우고 있는 상황이라면 "화가 난다고 친구의 밥에 물을 부으면 그 친구는 밥이 먹기 싫어질 수 있고 그러면 기분이 나빠질 거야. 사과하고 새로운 밥을 가져다 주겠니?"라고 지도할 수 있다. 보육교사는 영유아들의 갈등 시 타율적인 지도를 하더라도 '구체적인 대안(alternative)'을 찾는 습관을 길러주는 것이 필요하다.

4 그러나 이것만은 하지 말자

담당하고 있는 반 아이들의 연령이 어려서든, 보육교사의 개인적 성향으로 인해서든 자율적인 조절전략보다 타율적인 조절전략으로 아이들을 지도하게 되는 경우, 다음과 같은 행동은 주의한다.

- 지나친 Time-out

Time-out은 행동수정과 관련된 전략이다. 아무때나 그저 보육교사의 편안함을 위해서 실시하는 것이 아니다. '생각하는 의자'가 있는 어린이집이나 유치원이 있다. 보육교사들에게 "몇 분 동안 실시하냐?"고 물었을 때 활동이 끝날 때까지라든가 아이가 잘못했다고 할 때까지라든가 하는 불분명한 대답을 하는 경우가 있는데, 보육교사가 무슨 행동을 하든 자기가 왜 그 행동을 하는지를 잊으면 안 된다. 행동수정을 위해 Time-out을 했을 때는 3분을 넘지 않도록 해야 하고, 왜 생각하는 의자에 가게 되었는지를 아이가 알 수 있도록 구체적으로 설명해야 한다. Time-out은 벌이 아니기 때문에 이야기가 된 후에는 반드시 정서적으로 온화한 교류를 하여 마음을 달래주어야 하며 훈계하는 것은 바람직하지 않다.

- 뺏기

아이들끼리 소유물을 가지고 싸움이 벌어질 때, 보육교사가 설명 없이 아이들 곁으로 가서 그 소유물(주로 장난감)을 뺏어서 보육교사의 수납 장에 두거나 책상 위에 두는 경우가 있다. 아이들이 소유물을 가지고 다투는 것은 발달 특성상 자연스러운 현상이다. 그 장면에서 사회성 교육을 위해 보육교사가 여러 가지 전략을 지도하고 개입하는 것은 필요하나 설명 없이 단지 장난감을 뺏어서 영유아들의 싸움을 종결하는 일은 궁극적으로 도움이 되지 않는다.

- "선생님 말 들어!"

보육현장에서 아이들이 자기 말을 안 듣는다고 불평하는 보육교사가 있는데, 보육실 운영에 익숙하지 않은 보육교사는 아이들이 자기가 무슨 말을 하면 매번 착착 들어주었으면 하고 생각할 수 있다. 그러나 보육교사는 말 잘 듣는 아이들을 강조하기에 앞서 끈기를 가지고 어떻게 하면 보육실을 흥미롭게 운영할 수 있을까, 어떻게 하면 아이들이 규칙을 준수하면서도 활력 있게 놀고 활동하게 할 수 있을까를 고민해야 한다. "선생님 말 들어!"로 운영을 시작한 보육교사는 경력이 오래되어도 그 습관을 버리지 못한다. 외현적으로만 평가한다면 아이들이 말을 잘 듣는 보육실은 늘 차분할 수 있지만, 아이들의 적극성이나 주도성, 활력성은 놓치고 가는 경우가 많다.

• 맴매

종종 신문 기사를 통해 어처구니없는 아동학대 관련 사건들을 볼 수 있다. 어떤 이유로도 보육현장에서 신체적인 훈육을 하는 것은 안 된다.

② 자율적인 조절전략으로 운영하는 경우

시간이 오래 걸리더라도 영유아들의 자율적인 조절능력을 신장시켜 주기로 결심하는 보육교사들은 그러한 전략으로 보육실을 운영한다. 너무 어릴 때부터 타율적인 조절전략으로 지도하는 경우, 영유아들은 자율적인 조절능력을 신장시키기에 역부족이 될 수 있다. 자기와 자기 친구의 불편한 마음을 알아야 화를 참고 정서를 적절하게 표현하게 되는데, 이를 알고 느끼기도 전에 "하면 안 돼", "그만!"과 같은 타율적인 지도로 습관화된 영유아들은 자율적인 조절을 익힐 수가 없다.

유아들의 문제행동, 특히 공격성과 관련된 연구를 살펴보면, Plakowski(1994)는 자기조절능력이 부족한 유아는 공격성이나 싸움과 같은 행동을 많이 보인다고 하였고(민성혜, 신혜원, 김의향, 2013, 재인용), 허정묵과 권민균(2006)은 자율적인 자기조절을 잘하지 못하는 유아가 행동조절을 잘 못하고, 화를 잘 내어 공격성을 드러내는 경우가 많다고 하였다. 이는 타율적인 조절로는 공격적인 행동을 줄일 수 없다는 의미이다. 그러나 자율적인 조절전략으로 지도한다고 해서 언제나 그 방법이 적절한 것은 아니다. 만 1세 영아에게 자율적인 조절전략으로 지도한다고 "이럴 때는 어떻게 해야 할까?"를 물어보는 것은 적절하지 않다. 보육교사는 유아의 발달단계 특성에 맞추어 자율적인 자기조절능력을 신장시켜 주도록 노력해야 한다.

우선 보육교사는 자기가 담당하는 영유아들의 자율적인 조절 정도를 체크할 수 있다. 다음은 보육교사가 자기가 담당하는 영유아들의 자율적인 조절 정도를 체크하는 질문지의 일부이다.

- 유아는 자기가 할 수 있는 것과 할 수 없는 것을 구별할 수 있다.
- 유아는 보육실 생활에서 자기에게 맡겨진 책임을 안다.
- 유아는 놀이 순서 등을 생각하여 계획한다.
- 유아는 상황을 고려하여 그 상황에서 가능한 놀이를 계획한다.
- 유아는 계획했던 놀이를 수행하지 못한 경우 그 이유에 대해 말할 수 있다.

영유아의 자기조절능력을 발달시켜 주기 위해 다음과 같이 지도할 수 있다.

1 친구의 마음을 생각해 보자

자기중심성을 벗어나기 시작하면서 자기가 때리면 친구의 마음과 몸이 아프고 자기도 선생님에게 혼나 불편한 마음이 된다는 것을 알게 될 때, 지속적으로 아이들에게 "다른 사람의 마음"을 생각하게 하는 동화를 들려주는 것도 도움이 된다. 그러한 동화를 통해 다른 사람의 마음을 헤아려 보고, 자기 이야기를 하도록 하는 것도 도움이 된다.

2 "어떻게 하면 좋겠니?" 대안 물어보기

자율성이 자라나고 독립성이 자라나는 유아기에 들어섰다고 해서 그 유아들의 마음에 의존성이 전혀 없는 것은 아니다. "어떻게 하면 좋겠니?"라고 대안을 물을 때도 유아가 정서적 안정을 위해 보육교사에게 기대면 마음껏 기대게 해 주고 보육교사도 유아의 손을 잡고 이야기하는 것이 좋다.

"어떻게 하면 좋겠니?"라는 질문은 견학을 가서 보고 싶은 것을 결정할 때에도,

실외놀이 시간에 하고 싶은 게임을 의논할 때도, 특정 영역에서의 활동이 넓어져 다른 영역을 줄여야 하는 상황에서도 할 수 있다. 그리고 유아들이 내놓은 제안을 적극적으로 수용해야 한다.

3 모두가 편안한 상태가 되기 위한 적절한 표현하기

조절능력이 신장됨과 동시에 자신의 정서를 적절하게 표현하는 교육을 하도록 한다. 즉, 아이들로 하여금 모두가 편안한 상태로 가기 위해 적절한 표현을 하도록 지도하는 것이다. 서로에게 "미안해"를 가르치고, "고마워"를 하도록 지도하는 것 이외에도 "네가 도와주니까 어려워서 힘들었던 마음이 줄어들었어", "피곤해서 짜증이 났는데 네가 웃어 주니까 기분이 좋아졌어", "화가 났는데 우리가 사이좋게 지내기 위해서 좀 참았어" 등의 적절한 표현으로 자신의 정서를 인식하고 다양하게 표현하도록 지도한다.

"화가 났구나. 그럼 우선 화를 좀 가라앉히고 이야기하자."
"슬프구나. 그래서 눈물이 나고…. 선생님이 안아 줄게."
"외로웠구나. 그럴 수 있어. 이리 오렴."
"그냥 이것저것 다 하기 싫을 때가 있어, 조용한 자리에 가서 잠시 쉴까?"
"놀랐구나. 화가 난 게 아니고 놀란 거야?"
"화를 내려고 한 게 아니라 피곤해서 좀 짜증이 난 거야?"

4 스스로 계획과 평가하고 그에 대해 책임지기

자율적인 조절에서 가장 중요한 부분은 스스로 계획하고 시행하고 평가하고 그에 대한 책임을 지는 것이다. 보육교사는 유아가 작은 일에서부터 계획하고, 집단적인 활동도 같이 모여서 계획해 보고, 손을 들어 동의를 구해 민주주의 방식에 따라 결정하고 시행하며 그에 대한 평가를 자체적으로 해서 책임지는 경험을 할 수 있도록 도와준다.

보육실을 운영하면서 영유아들이 자발적으로 계획하고 시행하며 평가할 수 있는 몇 가지 예를 들어 보면 다음과 같다.

- 간식 당번 정하기
- 요리 재료 정하기
- 견학 가서 해야 할 일 계획하기
- 대형마트에 갔을 때 보육실을 위해 사 왔으면 하는 것 정하기
- 주제에 따른 영역 구성
- 전시회를 할 때 준비해야 할 것들과 역할 분담
- 우리 보육실에 발생하는 안전사고를 줄이는 방법 논의

(3) 친사회적 행동에 대한 강화와 반사회적·비사회적 행동에 대한 훈육

보육교사는 자기중심성이 강하고 자기조절능력이 아직 발달 중인 영유아들에게 지속적으로 친사회적 행동에 대해 강화하고 반사회적 행동에 대해 훈육한다. 친사회성은 그저 '친구와 사이좋게 지내기'나 '양보하고 나누어 쓰기'를 잘하는 정도가 아니다. 친사회성은 사회적으로 긍정적인 결과를 가져오게 하는 모든 행동을 말한다. 즉, 다른 사람과 긍정적인 관계를 유지하고 사회적 규칙을 지키며 사회에 잘 적응하는 모든 것을 의미한다. 영유아기에 형성되는 사회성은 이후에는 계속적으로 연계되어 영향을 미치므로 이 시기에 친사회적 행동 지도, 그리고 반사회적이거나 비사회적인 행동을 감소시키고자 하는 지도는 반드시 필요한 부분이다. 특히 자율성과 독립성이 강해지기 시작하는 시기에 보육실을 긍정적인 분위기로 이끌고, 그 안에서 친사회적인 성향을 증진시키도록 지도하기 위해서 보육교사는 여러 가지 원칙을 기본으로 다양한 방법을 사용하여야 한다.

① 친사회성 지도를 위한 원칙

친사회적 행동을 증진시키는 지도를 위해서 보육교사는 다양한 강화를 시기적절하게 사용할 필요가 있다. 무엇보다 자기중심성이 강하고 자율적인 조절이 아직 미

숙한 영유아들을 대상으로 친사회적 지도를 할 때 '인정'과 '격려'를 하도록 한다. 또한 구체적인 결과를 알려 주어 이후에 자율적으로 조절할 수 있도록 지도한다.

1 인정

자기중심성이 강하고 자율적인 조절이 아직 미숙한 영유아들이 친사회성을 보인다는 것 자체가 칭찬받을 만한 일이다. "양보해라"보다는 "힘들겠지만 동생에게 먼저 사용하게 할 수 있을까?"라는 말로 "힘들다"는 것을 공감해 주고 인정해 주는 것이 필요하다. 양보하거나 나누어 쓰고 협력하는 것을 이 시기의 영유아들이 할 수 있는 당연한 행동으로 보는 것이 아니라, "너도 하고 싶을 텐데, 애썼다" 혹은 "정말 힘든 결정을 하였구나"라는 보육교사의 인정이 중요하다.

2 격려

보육교사는 영유아들이 친사회적 행동을 하였거나, 반사회적 행동 또는 비사회적 행동을 하지 않았을 때 적극적인 격려로 반응한다. 친구의 행동에 대해 화가 나서 반사회적 행동을 하려는 영유아에게 "다른 방법을 생각해 볼 수 있어"라고 격려할 수 있고, 비사회적 행동을 하는 영유아에게 "친구들과 의견을 나눌 수 있어"라고 격려할 수 있다.

3 긍정적인 결과에 대한 기대 나누기

보육교사는 영유아들에게 친사회적 행동을 하는 경우 얻게 되는 긍정적인 결과를 기대하게 하고, 그것을 함께 공유하도록 한다. "이렇게 하면 친구들이 너에 대해 좋게 생각할 거야", "이렇게 하면 우리 모두가 안전하게 놀 수 있게 되지", "이렇게 하면 우리를 안내해 주시는 분들 기분이 좋아질 거야" 등의 긍정적인 결과에 대한 기대를 알려 준다.

② 친사회성 지도를 위한 다양한 방법

1 자유놀이 영역에서의 친사회성 지도

블록놀이 영역에서 다음과 같은 친사회성 지도를 할 수 있다.

– 블록 함께 사용하기
– 협력하여 하나의 작품 만들기
– 공간이나 사물에 대한 분쟁을 타협으로 해결하기
– 다른 친구들의 안전을 위해 정한 규칙 지키기

역할놀이 영역에서 다음과 같은 친사회성 지도를 할 수 있다.

– 사회적 역할 분담하여 연습하기
– 역할에 대해 상호존중하기
– 협력하여 즐거운 경험하기
– 하나의 주제를 가진 활동을 협력 · 타협하여 이루기

수 · 과학놀이 영역에서 다음과 같은 친사회성 지도를 할 수 있다.

– 게임 활동에서 사전에 정해진 규칙대로 놀이하기
– 이기고 진 것에 대해 존중하기
– 놀이한 물건 정리하기
– 자신이 아는 것을 또래들에게 가르쳐 줌으로써 '유능한 또래'역할 하기

언어놀이 영역에서 다음과 같은 친사회성 지도를 할 수 있다.

– 동화를 읽으며 다양한 정서를 인식하고 적절한 표현 익히기
– 동화를 읽고 동극화하면서 역할을 타협하고 협동하여 동극하기
– 고마운 마음이나 미안한 마음을 편지로써 전달하기
– 긍정적인 사회성이 드러나는 이야기 지어 보기

실외놀이 영역에서 다음과 같은 친사회성 지도를 할 수 있다.

– 또래들과 실외에서의 긍정적 경험을 인식하고 서로에게 고마움 표시하기
– 도전해야 하는 다소 모험적인 놀이를 협력하여 해내기
– 실외놀이의 안전을 위해 설정한 규칙 지키기
– 질서 있게 생활하여 안전사고가 없도록 하기

실내놀이 영역에서 다음과 같은 친사회성 지도를 할 수 있다.

- 작품 활동을 위해 자료 나누어 쓰기
- 작품 활동을 어려워하는 또래들 도와주기
- 서로의 작품에 대해 존중하고 칭찬하기
- 전시하면서 만족감과 성취감 얻기

2 동화를 통한 통합교육 활동에서의 친사회성 지도

동화는 대부분의 영유아들이 좋아하는 매체이고 그 다양함으로 인해 많은 교육적 효과를 가지고 있다. 통합이란 유아들의 지식이나 개념을 통합하고 재구성하는 일, 그리고 유아 발달 영역 간의 연계를 통한 영역별 활동 간의 통합을 말한다. 이때 동화의 소재는 영유아들이 잘 아는 일상적인 소재나 생활 속 경험, 흥미를 유발할 수 있는 것으로 하는 것이 좋다. 동화를 통해 통합적 친사회성 지도를 하기 위해서는 다음과 같은 절차가 필요하다.

• 책에 대한 궁금증 가지기

책을 선정하고 나면 영유아들이 그 책에 관심과 흥미를 가지도록 책의 겉표지를 같이 감상하고 "○○는 이 그림을 보면 무엇이 생각나니?", "이 동화책 안에는 어떤 내용이 있을까?", "아, 이 책을 만든 사람은 ○○○이네. 이 사람은 어떤 사람이냐면…."이라고 하면서 궁금증을 갖도록 하고, 마지막으로 "그럼, 동화책을 보도록 하자"라고 이야기한다.

• 감정을 섞어서 동화책 읽어 주기

동화책을 영유아들에게 읽어 주기 전 보육교사는 미리 그 동화책을 읽어서 누구를 어떤 목소리로 읽어야 하는지, 어느 대목을 크고 작게 읽어야 할지를 연습해야 한다. 그래서 내용이 충분히 영유아들에게 매력적으로 전달되도록 한다.

• 아이들이 원하는 경우 반복해서 읽어 주기

동화책을 다 읽고 나서 " 다시 한 번 읽을까?", "이번에는 그림만 한 번 볼까?" 하고 영유아들에게 물어보고 다시 읽어 줌으로써 영유아들이 동화책에 충분히 몰입할 수 있도록 한다.

• 감정 추론하기

"아! 이 친구가 많이 슬펐겠다. 그렇지?", "너희 같으면 어떤 기분이었을 것 같아?", "이 아이가 울고 있지?" 등의 질문으로 감정과 정서에 대해 관심을 가지도록 한다. 보육교사의 이런 질문을 통한 상호작용은 통합 활동의 몰입에 도움이 된다.

• 관련 통합 활동 의논하기

통합 활동을 하기 전 보육교사는 유아들과 어떤 통합 활동을 할지, 즉 신체놀이로 할지, 미술놀이로 할지, 동극으로 할지 등을 의논한다. 유아들과 통합 활동을 의논하는 이유는 보육교사가 먼저 제시해 주는 것도 좋지만 충분한 친사회적 교육이 이루어지기 위해서는, 영유아들이 흥미를 유지하도록 하는 것이 제일 중요하기 때문이다. 이때 보육교사는 통합 활동을 의논하는 과정에서 친사회성 지도를 위해 동화를 통한 통합 활동을 한다는 것을 늘 염두에 두고 방향성을 잃지 않도록 해야 한다.

• 활동과 평가를 거쳐 새기기

통합교육 활동을 하고 난 후에는 반드시 평가 활동을 하고 그 결과를 되새기는 과정을 가진다. 이번 활동을 통해서 무엇을 얻었는지를 점검하는 데 "친구의 마음을 다치지 않게 해야 해요"라는 결론이 나왔다면, 그 내용을 강조해서 되새기는 것이 좋다.

3 집단토의 활동을 통한 친사회성 지도

집단토의는 영유아들이 서로 자신의 느낌을 이해하고 말로 표현하도록 돕고, 다른 사람도 비슷한 느낌을 가지고 있다는 것을 인식하는 데 도움이 된다. 집단토의를 위한 몇 가지 전략은 다음과 같다.

• 보육교사는 토의의 촉진자이며 중재자이다.

보육교사는 목적을 가지고 토의라는 방식을 통해 일련의 결론을 유출해야 한다. 그 과정에서 정답만을 요구하지 않고 영유아들의 의견을 많이 들어주도록 하되,

중간중간 토의 활동 방향을 재조정하여 친사회적 분위기로 가도록 유도하고, 이야기를 안 해 본 친구들도 이야기에 참여하도록 촉진하며, 친구가 이야기할 때 자신의 의견 발표를 지연하도록 지도한다.

- 원형으로 앉아 서로 얼굴을 보는 것이 좋다.

서로의 얼굴을 보며 토의하는 것이 좋다. 그래서 대형은 주로 원형을 사용하도록 하고, 원형이 어려운 경우 의견을 이야기하는 아이가 서서 이야기를 하도록 하여 모든 친구들이 그 아이의 이야기를 경청할 수 있도록 한다.

- 주제를 명확히 한다.

주제는 가능하면 구체적이고 실제적인 것으로 정해 토의해야 할 주제를 명확히 한다. 그리고 아직 자기중심성이 강하고 자율적인 조절능력이 미숙한 영유아들이 자기 의견이나 느낌을 적절한 언어로 표현할 수 있도록 지속적으로 돕는다.

- 표상화하고 일반화한다.

영유아들은 자신들의 토의 내용이 결과물로 나와 눈에 보이면 만족감을 가지게 된다. 표상은 언어로도 가능하지만 그림이나 공동작업, 기호 등으로도 가능하기 때문에 연령에 상관없이 사용할 수 있다. 서로 합의된 표상이라서 그 결과물을 보고 자신들이 토의한 바를 관련지을 수 있으면 된다. 만약 공동으로 추진해야 할 사회적 규칙이나 규범에 대한 것이라면 큰 전지에 그리거나 적어 벽면에 게시하고, 일정 크기로 복사하여 서로 나누어 가지도록 하는 것도 하나의 방법이다.

토의는 그 자체로 친사회성 교육, 특히 자기중심성이 강하고 자율적인 조절이 미숙한 영유아 대상 친사회성 교육에 도움이 된다.

4 공동 작품 활동을 통한 친사회성 지도

공동 작품은 같은 목표를 가지고 협동하여 작업한다는 데 큰 의의가 있다. 특히 자기중심적인 영유아가 협동하여 공동 작품 활동을 하기 위해서는 다른 영유아들의 입장을 고려하고 존중하며 자기 자신의 의견을 명확하게 표현함과 동시에 타인의 말에 귀를 기울일 줄 알아야 한다. 맡겨진 역할을 충분하게 완수하고 도움이 필요한 또래를 도와주는 등의 집중적인 사회적 경험을 통해 영유아들의 친사회성이 증진된다.

자기중심성이 강한 연령의 영유아들과 공동 작품 활동을 할 때는 사전 활동이 중요하다. 사전에 무엇을 공동 작품으로 만들 것인지 혹은 그릴 것인지에 대해 충분히 이야기를 나누고 공동 작품은 서로 역할을 나누어 협력해야 한다는 것도 사전에 이야기를 나눈다. 그다음에 협의하여 서로의 역할을 분담하고 작업을 시작한다. 이때, 연령이 어리다면 영역을 분할해 주는 것도 도움이 된다.

처음에 공동 작품 활동을 할 때 너무 큰 사이즈로 욕심을 부려 시작하지 말고 중간 중간 보육교사가 속도를 제어하면서 작은 사이즈로 시작한다. 공동 작품 활동을 마치고 나면 전시하며 서로에게 잘했다고 칭찬하며 격려해 주도록 한다.

2) 정해진 공간에서 많은 시간을 보내야 하는 문제

영유아들은 하루 종일 정해진 공간에서 많은 시간을 보내기 때문에 문제가 생길 수 있다. 영유아들에게는 동적인 것을 원하는 시간이 있고 정적인 것을 원하는 시간이 있는데, 이에 대한 보육교사의 시간 운영이 적절하지 않으면 보육실 내외에서 문제가 발생할 수 있다.

(1) 동적 · 정적으로 균형 잡힌 시간 운영

영유아를 대상으로 하는 보육현장의 시간 운영을 초등학교나 중 · 고등학교의 시간표처럼 계획하면 발달적으로 적절하지 않다. 시간 운영에서 중요한 것 중 하나가 동적인 활동과 정적인 활동의 균형이다. 동적인 활동, 즉 몸을 움직여 활발하게 하는 활동이 있어야 영유아들은 정적인 활동에 집중할 수 있고 흥미를 가질 수 있다. 정적인 활동만 계속하는 경우 집중도가 떨어지게 되고 아이들이 지루해 하거나 수행을 적절히 못할 수 있어 부모나 보육교사에게 부적절한 훈육을 받는 경우가 생기기도 한다.

또한 동적인 활동만 계속하면 신체적으로나 정서적으로 조절을 익히지 못해 오히려 건강을 해치고 또래와 부적절한 갈등을 빚을 수 있으므로 영유아들의 생체리듬을 인정해 주는 것이 중요하다.

(2) 교사와 영유아들의 주도성에서의 적합성

아동 중심 혹은 아동 주도라는 말을 많이 사용한다. 아동 중심이 된다는 것은 성인, 즉 보육교사의 주도성을 완전히 배제한다는 의미일까? 그러나 보육교사 중심, 보육교사 주도적인 활동이 필요할 때가 있다. 이 둘 간의 균형을 '보육교사와 영유아 주도성에서의 적합성'이라고 표현해 보고 그 내용을 살펴보면 다음과 같다.

① 교사 주도적인 활동

1 전체적인 시간표 운영

영유아의 동적인 활동과 정적인 활동의 균형을 주의하며 시간표를 계획하고 나면 보육교사는 주도적으로 시간을 운영해 나갈 때가 있다. 종종 영유아들의 흥미와 관심에 따라 하루 일과의 운영 시간 내에서 시간을 늘리기도 하고 줄이기도 하지만, 우선 전체적인 시간 운영은 보육교사 주도적으로 하게 된다. 전체 세 명의 영아를 담당하든, 전체 20명의 유아를 담당하든 보육교사는 보편적인 시간표 운영을 해야 하기 때문이다. 보육교사는 항상 영유아들의 개별성을 주의하여 그에 따라 운영해야 하지만, 보편적인 운영에 대해서도 소홀해서는 안 된다.

2 특정 문제행동 영유아에 대한 지도

보육교사는 특정 아이가 다른 아이들을 지속적으로 힘들게 하는 경우 행동지도를 위해 주도적으로 그 아이의 놀이를 지도할 수 있다. 연령이 증가하면서 문제행동을 가진 아이가 보이는 행동의 정도가 심해질 수 있고, 이로 인해 다른 영유아들이 곤란함을 경험할 수 있다. 이에 보육교사는 특정 문제행동 영유아를 지속적으로 관찰하고 그에 대한 지도전략을 설정한 후에 주도적으로 그에 따라 지도할 수 있다.

3 보육실 내 규칙 준수 지도

보육교사는 영유아와 타협하여 보육실 내 규칙을 설정한다. 그 설정 과정은 영유아와 보육교사 모두 주도성을 가지고 조화롭게 수행해야 하는 부분이지만, 일단 규칙이 정해지면 보육교사는 사회적 규칙 준수에 대한 지도를 위해 다소 주도적으로 규칙 준수를 지도할 수 있다. 물론 이 과정에서 보육교사가 타율적으로 보육교사의 말을 절대적으로 순종하도록 지도하는 것은 아니다. 그러나 보육교사는 규칙을 지키지 않은 아이에게 규칙을 상기시켜 주고 다시 새기도록 도우며 지킬 것을 약속하게 한다.

4 안전에 관련한 지도

안전에 관련한 지도는 '아동 주도적'이라는 말 자체가 어울리지 않는다. '안전'은 영유아들이 편안하고 건강하게 보육기관에서 지내도록 하는 최고 중요한 요소라고 해도 과언이 아니다. 안전에 대해 보육교사는 항상 민감해야 하고 안전하지 않은 지역이나 환경을 검사하고 수정해야 하며, 영유아들을 지도할 때도 다소 보육교사 주도적으로 지도한다. 보육실에서 뛰어다니다가 친구들과 부딪쳐 안전사고가 난 영유아에게 "넌 어떤 생각이 있니? 규칙이 마음에 안 들었니? 어떻게 수정하면 좋을까?"를 물어볼 필요는 없다. 보육실에서는 안전을 위해 뛰지 않도록 정하였고 우리 모두가 지켜야 하는 것이다.

5 교수매체 결정 및 지도

보육교사는 영유아의 발달을 촉진할 교육적으로 가치 있는 경험을 제공하기 위해 교수매체를 결정하고 그 활용방법을 주도적으로 지도한다. 교수매체의 활용에 대해 영유아가 결정할 수도 있다. 그러나 우선은 교수매체를 만든 보육교사의 교육적 목적에 대해 안내해 주고 그 교수매체를 사용하면서 보육교사가 목적한 대로 영유아들의 발달이 촉진되도록 도울 수 있다.

② 아동 주도적인 활동

■1 자유선택놀이

그 어느 시간보다 보육현장에서 영유아들의 주도성을 보장해 주는 시간은 자유놀이 시간이다. 이 시간을 굳이 어린이집 평가인증에서 하루 몇 시간 이상 하라고 지도하지 않아도, 보육현장의 보육교사는 이 시간이 영유아들의 자율적인 조절능력을 신장시키며 동시에 개인의 여러 가지 발달이 이루어지는 시간임을 반드시 기억해야 한다. 보육교사 스스로가 이를 초등학교에서 말하는 '쉬는 시간'과는 전혀 다른 개념으로 인지해서 현실적인 압력에 타협하지 말아야 한다. 자유선택놀이 시간에 영유아들은 자기가 놀고 싶은 놀이를 스스로 선정하고, 놀이방법을 떠올리거나 창의적으로 개발하면서 자유롭게 놀이한다. 따라서 이 시간은 가장 아동 주도적인 시간이다.

■2 작품 구성 방법 결정과 수행

미술 영역이나 블록 영역에서 영유아들은 제공된 재료들을 이용하여 스스로 작품을 구성하고 만들 수 있다. 그 누구도 "왜 자동차를 그걸로 만들어?"라고 할 수 없고 "왜 달이 파란색이야?"라고 물을 수 없다. 작품은 영유아들의 표상 활동이고 절대적으로 아동주도성에 대한 결과이기 때문이다.

블록으로 작품을 구성할 때에도 영유아는 충분히 주도적으로, 자율적으로 할 수 있다. 그래서 정해진 방법이 없는 구성놀이는 영유아들의 발달적 특성에 적합한 놀이이다. 구성놀이는 구성주의 이론을 배경으로 한다. 구성주의의 가장 기본적인 원리가 바로 영유아가 능동적으로, 그리고 적극적으로 지식을 구성한다는 것이다. 아는 것보다는 '알게 되는 것'에 초점을 둔다. 보육현장에서 구성놀이는 점토나 블록, 미술 자료 등의 놀잇감 혹은 놀이재료를 가지고 무엇인가를 창조하는 놀이이며, 목공놀이와 요리 활동, 과학 활동도 그런 의미에서 구성놀이가 될 수 있다. 영유아는 무엇인가 주도적으로 창조하는 가운데 자신의 속도에 맞추어 자기만의 규칙과 놀이를 계획하고 고안한다.

3 전시

전시는 최근까지도 그저 보육교사가 주도적으로 하는 업무의 하나로 인식되어 왔다. 그러나 영유아들이 자율적으로 자기 작품을 전시하고 그것을 소중히 여기며 다른 영유아의 전시도 소중히 여기는 과정을 통해 '내가 중요'하고 '남도 중요'하다는 것을 알게 된다. 이때 보육교사는 최소한의 배려, 즉 영유아들이 자발적으로 전시할 수 있는 공간을 마련해 준다든지 붙일 수 있는 안전한 접착제를 주변에 배치해 주는 것으로 영유아의 주도적인 활동을 지지할 수 있다.

③ 보육교사와 아동의 중간 주도성

실제로 영유아들과 보육교사가 함께 있는 보육현장에서는 보육교사와 아동의 중간 주도성이 가장 흔하다. 몇 가지 경우를 예를 살펴본다.

1 환경 구성

이전에는 영유아들이 수업을 마치고 돌아간 금요일 늦은 시간에 보육교사들이 환경을 구성하고 영역을 재배치하였다. 그러나 최근에는 환경에 아동이 포함되는 것의 주요성이 강조되면서 영역도 영유아들과 합의하여 결정하고 구성하는 경우들이 종종 있다. 환경 구성은 그 안에서 영유아들이 교육적으로 가치 있는 경험을 하도록 마련하는 것이다. 따라서 환경을 구성할 때 어디에 무엇을 둘지, 주제가 바뀌면서 영역을 어떻게 구성해야 할지 등을 영유아들과 함께 협의하여 구성한다. 이때 보육교사는 영유아들의 연령에 따른 발달적 특성을 파악하고 그에 근거하여 발달을 촉진할 수 있는 환경을 제공한다. 그리고 끊임없이 영유아들의 놀이를 관찰하고 분석하여 활성화되는 공간과 그렇지 않은 공간을 파악하고 그를 재배정하여 모든 공간에서 영유아들이 교육적으로 가치 있는 경험을 하도록 해야 한다.

2 규칙 타협 및 결정

보육실에서 정해지는 규칙은 '보육교사만을 위한 것'도 '영유아만을 위한 것'도 아니어야 한다. 즉, 우리 모두가 같이 생활하고 그 안에서 교육활동이 이루어짐을 전제로 할 때 보육교사와 영유아 모두에게 그 규칙이 도움을 주어야 하기 때문이다. DeVries와 Zan(1994)은 아이들이 직접 규칙을 스스로 만들어 봄으로써 규칙에 대한 중요성, 주인의식, 그리고 의무감을 가진다고 주장하였다(민성혜, 신혜원, 김의향, 2013, 재인용). 보육교사는 영유아들이 규칙을 직접 만들어 보게 함으로써 타율성을 줄이고 자율성을 증진할 수 있도록 해야 한다.

3 이야기 나누기 활동

이야기 나누기 활동을 통해 여러 가지 정보와 의견이 오갈 수 있다. 이야기 나누기 활동은 보육교사가 주도적으로 준비해 온 수업의 내용을 전달할 수 있으나 그 과정에서도 영유아들에게 자주 질의하고 단답형 질문이 아닌 확장형 질문을 하여 영유아들이 자발적으로 자신의 의견을 개방적으로 표현할 수 있도록 한다. 이 과정에서 보육교사와 영유아의 주도성이 결합되어 수업이 만들어짐을 인식해야 한다.

3) 규칙 준수로 인한 문제

보육실 내에서 보편적으로 일어날 수 있는 문제 중 또 하나는 규칙에 관련된 것이다. 무엇이 규칙 준수로 인한 문제일까? 너무 지켜야 할 규칙이 많은가? 규칙 준수로 인한 어려움들이 각 보육실마다 있다.

(1) 지킬 수 있는 만큼의 규칙

규칙이 너무 많으면 지키기가 어렵다. 영유아들에게는 실제적이고 구체적으로 필요한 만큼의 규칙을 정한다. 특히 연령이 어릴수록 기억해서 지켜야 할 규칙을 정하고 반복적으로 교육하는 것이 효과적이다.

(2) 습관이 들기 전까지의 교육

영유아들이 규칙에 대해 습관화되기 전까지, 보육교사는 매일 규칙을 같이 읽고 그 의미를 새기는 것이 좋다. 규칙은 평소에 강조하여 습관화되도록 지도한다.

(3) 혼내기 위한 수단이 아님

규칙은 혼내기 위해서 만드는 것이 아니다. 사전 지도로 문제 상황이 벌어지지 않도록 한다.

(4) 부정적 관심에 대한 대응

종종 자신이 자기가 원하는 정도로 관심을 받지 못했다고 생각하는 아이들 중에 부정적 관심을 얻기 위해서 일부러 규칙을 어기는 경우가 있다. 이런 경우 규칙을 어길 때는 무시하고, 규칙대로 행동하고 있을 때 긍정적 강화를 하는 방식으로 지도해야 한다. 만약 부정적 행위, 즉 규칙을 지키지 않을 때만 관심을 기울이고 훈육한다면, 규칙을 지키지 않는 경우가 더 잦아질 것이다.

4) 서로의 시간표가 다르기 때문에 생기는 문제

한 반에 서너 명에서 20명이 넘는 영유아들이 있는 보육현장에서, 모든 개개 영유아들의 생체리듬을 인정해 주는 것은 쉽지 않다. 더구나 단체로 이루어지는 보육현장에서 연령에 적절한 교육적 경험을 하게 해야 하므로 그냥 "아이들 리듬대로 놀게 그냥 놔두세요"라고 할 수는 없다. 유난히 이른 등원으로 거의 점심 시간까지 졸려 하는 아이도 있고, 밥을 먹으면 유난히 조는 아이도 있으며, 어린이집에서 잠도 안 자고 지치지도 않는 아이도 있다. 보육교사는 각자 다른 생체 리듬을 가지기 때문에 발생하는 문제를 해결하기 위해 개인적인 배려를 해야 한다.

2. 영유아의 개별적 특성으로 인한 상황

1) 생활에 변화가 생긴 영유아

일반적으로 영유아는 일상생활이나 환경의 변화에 민감하다. 익숙한 환경에서 규칙적으로 생활할 때 안정감을 느끼는 영유아의 특성 때문에, 새로운 환경이나 상황이 벌어지면 영유아는 긴장하고 스트레스를 받게 된다. 그리고 이것은 영유아의 행동이나 생활에 영향을 미치게 되어 보육실 운영 시 문제 상황으로 연결될 수 있다. 영유아의 생활에 변화를 줄 수 있는 대표적인 요인으로는 이사, 새로운 교육기관에서의 생활, 입원 등과 같은 장소의 변화와 형제자매의 탄생이나 가족의 죽음과 같은 가족 구성원의 변화 등이다. 이러한 요인들 때문에 영유아들은 두려움과 불안을 갖거나 좀 더 심한 경우에 분노, 신경질적인 행동, 울음, 주의력 결핍 등을 보이게 된다. 이런 영유아의 행동은 또래들에게 부정적인 영향을 미치며 보육실 운영을 어렵게 하기 때문에 사전에 예방하는 것이 효과적이다.

(1) 물리적 환경 변화

익숙한 물리적 환경에서 안정감을 취하며 낯선 것에 대한 거부감을 가지고 있는 영유아에게 물리적 환경의 변화는 긴장감을 초래하거나 두려움을 갖게 한다. 따라서 새로운 환경을 제공할 때는 영유아의 긴장감과 두려움을 감소시키기 위해 단계적으로 새로운 환경을 제공하거나 새로운 환경에서 보내는 시간을 늘리는 것이 필요하다.

① 새로운 어린이집에 입학

새로운 어린이집에서의 생활은 기대와 설렘의 감정 외에 낯선 곳에서 생활하며 양육자와 헤어져야 하는 두려움이 합쳐져서 영유아에게 힘든 일이 된다. 따라서 새로운 어린이집에 다니기 위해서는 처음에 반드시 적응 프로그램에 따라 단계적으로 영유아가 적응하도록 도와야 한다. 일반적으로 영아의 경우는 10~30일 정도 적응기간이 걸리며 유아는 3~7일 정도 소요된다. 적응 프로그램을 통해 새로운 어린이집의 프로그램과 환경, 보육교사와 친밀해지면 안정적으로 양육자와 분리되어 어린이집에서 생활할 수 있으며, 영유아가 정신적으로 건강하게 발달할 수 있다. 영유아의 적응 프로그램이 진행되는 동안 보육교사는 다음 사항을 유의해야 한다.

1 입학 전에 부모로부터 영유아의 특성 및 습관 등에 대한 정보를 파악한다.

입학 전 부모로부터 영유아가 좋아하는 놀이, 음식, 밥 먹을 때의 습관, 싫어하는 음식이나 말, 잠들 때 버릇, 불안해지면 나타나는 행동 특성, 애착물, 배변 습관이나 시간 등의 정보를 미리 알아두어 적절히 대처하는 것이 효과적이다.

2 이전 기관에서 실패했던 경험이 있는 영유아에게는 더욱 주의를 기울여야 한다.

이전에 새로운 기관 적응에서 실패했던 경험이 있는 영유아에게는 새로운 기관이 익숙해질 때까지, 무리하지 않는 스케줄로 적응 프로그램을 계획하고 새로운 보육교사와 신뢰감을 형성하도록 노력한다. 이때 새로운 영유아를 잘 관찰하여 좋아하는 칭찬이나 격려 방법(신체적인 접촉을 좋아하는지, 말로 칭찬해 주는 것을 좋아하는지, 미소나 눈 맞춤을 좋아하는지 등)을 사용하면 효과적이다.

3 새로운 영유아가 특별히 관심을 보이는 놀이나 놀잇감 등을 세심히 관찰하여 보육교사나 또래들과 공동의 즐거운 경험을 공유하도록 격려한다.

4 적응 단계에 따라 양육자가 협조해야 할 사항을 세심히 안내한다.

특히 적응 초기에 영유아가 보육실에 들어와 어느 정도 안정감을 회복하면 영유아에게 인사하도록 하거나, 매일 일정한 시간에 등 · 하원이 이루어지도록 안내한다. 규칙적인 일과가 영유아의 불안을 해소해 줄 수 있기 때문이다.

5 또래들과 함께 활동하는 사진 등을 영유아와 양육자가 함께 보면서 또래들과

의 유대감과 새로운 어린이집에서의 생활에 대한 기대감을 갖도록 한다.

② 이사

집이란 모든 긴장을 풀고 휴식하는 공간이므로 편안함을 제공할 수 있어야 하는데, 새로운 집으로 이사하게 되면 물리적 공간의 낯설음 때문에 쉬지 못하고, 긴장하게 되어 짜증과 분노가 많아지기 쉽다. 따라서 이사를 앞둔 영유아 부모들에게 다음 사항을 안내하면 이사로 인한 긴장을 줄일 수 있어서 어린이집의 생활에 영향을 덜 줄 수 있다.

1 이사하기 전 새롭게 이사갈 집에 사전 견학을 가는 것이 도움이 된다.

엄마, 아빠와 새로운 집을 구경하면서 이 집으로 이사올 것이라는 안내를 사전에 듣게 되면 이사에 대해 영유아가 좀 더 편안하게 받아들인다. 익숙한 가구와 같은 물품 등은 가능한 그대로 사용하는 것이 좋다. 달라진 물리적 환경에 적응하는 것만으로도 영유아는 힘들기 때문에 가구 등의 집안 물품은 가능하면 그대로 사용하는 것이 좋다. 굳이 바꾸어야 한다면 이사한 후 영유아의 적응이 어느 정도 이루어진 다음에 변화를 주는 것이 좋다.

2 특히 영유아의 이불, 베개, 침대, 밥그릇, 수저 등과 같이 일상생활에서 자주 사용되는 것들은 최대한 나중에 하나씩 바꾸는 것이 적응에 도움이 된다.

3 어린이집에서는 이사와 관련된 동화나 교육주제를 제공하여 이사에 대한 이야기나 경험을 많이 하도록 한다.

특히 새롭게 이사한 영유아가 자신의 새로운 집을 소개하면서 그곳에 대해 기대나 친숙함을 키울 수 있도록 하는 것이 효과적이다.

(2) 가족 구성원 및 가족관계의 변화

부모의 이혼이나 잦은 불화, 사랑하는 사람의 죽음 등은 영유아에게 꽤 부정적인 영향을 미쳐 보육실 생활을 불안정적으로 만들 수 있기 때문에, 보육교사는 이에 대한 대안을 준비해야 한다. 영유아가 갑작스럽게 부정적인 행동을 보이거나 사고가 많아지고 적대심을 보이며 자제력이 떨어지고 우는 일이 많아지면, 양육자와 의논하여 가족 구성원의 변화나 영유아를 심리적으로 위축시키는 일이 있는지 알아보고 예방 및 대처방안을 제시해야 한다.

① 형제자매 탄생

임신으로 인한 엄마의 심리적 · 신체적 변화는 영유아들에게 불안감을 경험하게 한다. 동생이 생기는 과정에 대해 설명하고 이런 변화에 대해 잘 설명하여 준비시키면, 안정적으로 변화를 극복하고 불안이나 질투와 같은 부정적인 감정을 최소화하여 보육실 생활에 미치는 부정적인 영향을 예방할 수 있다.

1 그림책이나 그림 자료를 통해 아기의 탄생에 관한 설명을 해 주고, 임신한 엄마가 조심해야 하는 사항 등을 설명하여 영유아가 엄마 상태에 대해 이해할 수 있도록 한다.

2 보육교사는 부모에게 동생의 탄생으로 인해 자신이 소외되는 것에 대한 영유아의 불안감을 소개하고, 이를 예방하도록 동생의 탄생을 준비하는 과정에 영유아가 함께 참여할 수 있는 방법을 안내한다.

3 보육교사와 부모는 영유아에게 아기는 갓 태어나면 많은 부분을 도와주어야 하는 존재이며, 함께 놀 수 있을 정도로 자랄 때까지 돌보아 주고 애정을 주어야 하는 존재라는 것을 알려 주도록 한다.

4 영유아에게 형이나 언니가 되기 위한 정기적이고 계획적인 교육 프로그램을 제공한다. 즉, 아기 돌보기 놀이나 형제자매와 관련된 동화 들려주기, 이야기 나누기 등을 통해 형과 언니의 역할에 대한 정보를 제공한다.

5 동생이 태어난 시기에 가족들이 아기에게 관심을 집중할 수 있으므로 이때 영유아가 경험하게 될 질투에 대해서 부모들에게 안내하고, 이로 인한 질투의 마

음을 이해하며 영유아가 감정을 솔직히 표현할 수 있는 놀이 상황을 제공하도록 한다.

② 부모의 불화나 이혼

부모의 잦은 불화나 이혼은 영유아를 심리적으로 불안하게 하고 극단적으로는 공격적인 행동까지 유발시킬 수 있다. 영유아는 이런 어려운 상황이 발생한 원인이 자신 때문이라고 생각하기 쉬우며 굉장한 스트레스를 받기 때문에, 보육실에서 반항적인 행동을 보이거나 우울한 성향으로 인해 또래와 분쟁을 자주 일으키기 쉽다. 따라서 보육교사는 이런 영유아가 최대한 긍정적으로 어려운 상황을 극복할 수 있도록 부모에게 관련된 정보를 제공하고 영유아가 안정감을 회복하도록 정서적 지원을 해야 한다.

1 가정의 불화가 의심되는 영유아의 행동이 관찰되면 부모에게 영유아가 처한 어려운 상황을 확인하도록 한다.

2 가정 상황에 잦은 부부 싸움이 있거나 이혼을 할 위기라면 부모가 영유아 앞에서는 이성적이고 성숙하게 문제를 해결해야 하고, 영유아에게 긍정적인 모습을 보여 주며 영유아와 친밀한 관계를 유지하여 부모의 불화나 이혼이 영유아의 책임이 아니라는 것을 알려 주도록 안내한다.

3 보육교사는 부모에게 특히 이 시기에 영유아가 경험하는 스트레스와 불안이 유아가 성장한 이후에도 계속 지속될 수 있으며 성인이 되어서도 삶에 영향을 미칠 수 있음을 반드시 알려 주어, 부모가 영유아의 안정을 위해 최대한 협조하도록 해야 한다.

4 그림책, 영상 자료, 인형극 등을 통해 이혼에 대해 소개하고 이 과정에서 영유아가 경험하게 될 감정과 힘든 문제 등을 소개한다. 또한 영유아들이 자유롭게 자신의 생각을 이야기하거나 그림 등으로 표현할 수 있는 경험을 제공한다. 이 경

험을 통해 영유아는 이혼에 대해 좀 더 정확한 지식을 알 수 있고 자신의 감정을 표현할 수 있어 도움이 될 것이다.

5 교수매체를 이용해 다양한 형태의 가족 — 편부모가족, 조부모가족, 양부모가족 등 — 에 대해 소개하고 각 가족 구성원들끼리 진정으로 사랑하고 있음을 알 수 있도록 격려한다.

6 부모의 이혼이나 재혼을 경험하게 된 영유아의 경우, 본인이 경험하는 감정을 솔직히 인정하고 표현할 수 있는 기회를 제공한다. 이 과정에서 영유아는 감정적으로 힘든 것을 줄일 수 있기 때문이다.

7 어려운 상황을 극복할 때까지 영유아에게 나타나는 감정과 행동의 변화를 이해하고 수용하되, 다른 또래들에게 피해를 주지 않도록 한다.

8 일반적으로 영유아는 부정(부모의 이혼이나 재혼을 받아들이지 않는다) → 분노(행동을 통해 분노를 표출한다) → 희망(부모가 재결합하기를 바란다) → 슬픔(현실을 받아들이고 자신의 감정을 표현한다) → 수용(스스로 안정감을 취하는 방법을 찾게 되고 이전의 안정감 있는 상태로 돌아온다) 단계를 거치게 되므로 보육교사는 각 단계에 따라 지도한다.

9 보육교사는 영유아가 표현하는 감정을 공감해 주되, 부모의 이혼이나 재혼은 영유아가 막을 수 없는 일이라는 것을 분명히 해야 한다. 또한 이혼이나 재혼을 하더라도 영유아에 대한 부모의 사랑은 변함이 없다는 것을 확신할 수 있도록 한다.

10 보육교사는 영유아의 고통을 염려하여 과잉보호나 방임을 하지 않도록 조심해야 한다. 영유아의 슬픔이나 고통을 공감해 주지만 다른 사람에게 피해를 주는 행동에 대해서는 일관되고 분명한 한계를 제시해야 영유아가 안정감을 찾기 쉽다.

11 영유아가 지나치게 보육교사에게 의존하기보다는 다른 영유아와 함께 지내도록 격려하고, 다른 영유아와 다르게 차별 대우를 받지 않도록 하는 것이 영유아

가 건강하게 위험한 상황을 극복하는 데 도움이 된다.

2) 특별한 요구가 있는 영유아

보육교사는 오랜 시간 영유아와 함께 생활하기 때문에 경미한 발달적 지체를 부모보다 더 잘 파악할 수 있다. 영유아의 발달적 문제가 의심되는 경우, 보육교사는 객관적인 관찰일지를 기록하여 부모와 전문가에게 제공하고 도움을 요청해야 한다. 이런 영유아는 보다 많은 보육교사의 에너지와 시간을 요구하기 때문에 다른 또래들에게 보육교사가 소홀하기 쉽고 보육교사 혼자만의 노력으로는 부족한 경우가 많아서 안정적인 보육실 운영이 힘들기 때문이다.

(1) 의심되는 발달지체 정의하기

영유아의 발달지체가 의심되면 부모에게 알리고 전문적인 도움을 받도록 해야 한다. 부모가 자녀의 발달지체를 받아들이기는 힘든 일이며 특히 경미한 경우에는 부인하는 경우도 있다. 그리고 일시적인 현상으로 보육교사가 잘못된 판단을 했을 경우 부모에게 심리적으로 상처만 줄 수 있기 때문이다.

① 보육교사는 영유아의 행동을 본 것을 위주로 정확하고 객관적으로 관찰 · 기록한다. 좀 더 객관적인 관찰을 위해 연령과 발달 영역에 적합한 체크리스트를 사용할 수도 있다. 이를 근거로 발달적으로 문제가 있는지에 대한 자료를 준비한다.

② 보육교사가 준비한 자료를 신중하게 검토한 후 전문가에게 상세한 검사를 받아야 할 필요가 있다고 판단되면 부모에게 설명하고 부모 동의하에 전문가에게 상담을 의뢰하도록 한다. 이때 부모가 당황하지 않도록 충분히 설명을 하고 부모들에게 참고가 될 만한 각 영역의 전문가의 명단을 소개할 수 있다. 어린이집에서도 관련 분야 자료 검색을 통해 영유아와 부모들의 만족감이 높

은 영역별 전문가들의 연락처를 준비했다가 부모에게 안내하는 것이 좋다.

③ 부모가 전문가 의뢰를 결정하게 되면 그동안 보육교사가 관찰 · 기록했던 자료 및 선별 검사 결과를 전문가에 보내고, 부모나 전문가가 진단 결과를 어린이집 및 담임보육교사에게 알려 영유아에게 적합한 도움을 줄 수 있는 계획을 세우도록 한다.

(2) 특별한 요구가 있는 영유아 부모 다루기

다른 영유아와 조금은 다른 자녀를 가진 부모들은 자녀의 발달상의 문제를 충분히 인식하지 못하여 적절한 부모 역할에 대해 혼란스러워 하는 경우가 많다. 대부분의 이런 부모들은 보육교사를 힘들게 하여 안정적인 보육실 운영을 방해하기도 한다. 따라서 보육교사는 특별한 요구가 있는 영유아 부모들의 특성을 잘 이해하고 이에 적합하게 대처함으로써 안정적인 보육실 운영이 되도록 노력해야 한다.

① 자녀의 상황을 받아들이지 못하는 부모 다루기

대부분의 부모들은 자녀가 발달적으로 문제가 있다는 사실을 인정하기 쉽지 않다. 그만큼 부모에게 충격적인 일이기 때문이다. 따라서 부모에게 영유아의 발달적 지체에 대한 의심을 알리는 일은 신중하고 조심스럽게 진행되어야 한다. 성급하게 접근했다가 부모의 분노만 자극하여 영유아에게 필요한 도움을 제공받지 못하는 경우가 생길 수도 있다.

1 보육교사는 부모와 신뢰로운 관계를 형성할 때까지 영유아에 대한 걱정을 이야기하지 않도록 한다. 부모에게 지지적이고 우호적인 태도를 보이며 부모로부터 영유아가 가정에서 어떻게 생활하는지를 듣고, 관련 서적을 통해 좀 더 많은 정보를 모으도록 한다.

2 부모와 신뢰로운 관계를 형성하게 되었을 때 영유아에 대한 걱정을 객관적인 자료와 함께 설명하되, 부모가 여전히 인정하기를 거부한다면 부모의 의견을 존중

하도록 한다. 즉, 그 문제에 대해 부모가 아직 받아들일 준비가 덜 된 것임을 인정하고 자녀 문제를 부인하는 부모의 태도나 의견을 타당한 것으로 수용한다.

3 부모와 보육교사가 서로에 대해 좀 더 잘 알기 위한 공식적인 면담을 계획하고 이 시간에 서로에 대한 이해와 집에서의 영유아의 생활과 어린이집에서의 영유아의 생활에 대한 정보를 나누도록 한다. 이 시간은 영유아에 대한 걱정보다는 영유아에 대해 긍정적으로 토의하는 시간으로 만드는 것이 좋다. 이런 기회를 몇 차례 가지게 되면 부모는 보육교사를 신뢰하게 되어 보육교사의 의견을 인정하게 된다.

4 민감한 영유아의 문제를 부모에게 알리는 것은 힘들고 까다로운 과정이다. 그러나 보육교사는 전문가로서 영유아에 대한 이런 문제를 알리고 영유아를 위한 특별한 계획을 수립할 책임이 있다는 것을 명심해야 한다.

5 전문적인 서비스를 받을 재정적인 여유가 없다면 보육교사는 복지기관 등의 기관과의 연계를 통해 영유아가 필요한 도움을 제공받을 수 있는 방법을 안내하도록 한다.

② 지나치게 관여하는 부모 다루기

자녀의 부족함을 인정한 부모들은 자녀의 성장과 발달에 많은 관심을 가지게 되며 자녀의 부족함을 보완하기 위해 자녀의 생활에 깊이 관여하는 경우가 많다. 그래서 부모들은 보육교사에게 자신의 자녀에게 좀 더 특별한 관심을 가지기를 요구하기도 하고 자녀와 또래와의 관계에도 개입하여 보육실 상황에 문제를 발생시키기도 한다. 그러나 오히려 이런 부모의 관심과 헌신은 자녀가 독립적으로 성장하는 데 방해가 될 뿐만 아니라, 다른 영유아에게도 부정적인 영향을 미치게 되므로 보육교사는 부모에게 적합한 역할을 안내해야 한다.

1 자녀에 대해 늘 불안한 부모를 위해 한 달에 1회 정도의 정기적인 면담 시간을 정하여 최근 영유아의 상황을 보고하고, 부모의 불안한 마음을 위로하며 잠재

적인 문제를 예방하여 긍정적인 영유아의 발달을 도모하기 위한 부모의 역할을 안내하도록 한다.

2 부모에게 보육교사의 역할을 분명히 전달하고 보육교사는 모든 영유아가 안정감을 경험하도록 보육실 운영을 해야 함을 설명한다. 또한 발달적으로 도움이 필요한 부분은 도와주지만 그 외의 영역에서는 영유아가 독립적으로 생활하도록 지도해야 할 필요성을 설명하고 부모의 협조를 요청한다.

(3) 효율적인 통합보육 하기

발달적으로 문제가 있는 영유아가 학급에 있는 경우 보육교사는 각 영유아에게 발달적으로 적합한 보육과정을 제공하기 위해 많은 고민을 하게 된다. 발달적으로 차이가 있는 영유아를 동시에 고려해야 하기 때문에 어렵게 생각될 수도 있으나, 사실 일반적으로 영유아들은 개별적 차이가 크기 때문에 각 영유아의 개별적 특성에 적합하게 보육과정을 계획하고 제공하는 원리와 동일한 방법으로 계획하면 된다. 다만 발달적으로 문제가 있는 영유아의 개별적 특성을 정확히 파악하고 이들에 대한 보육교사의 기대를 낮추어 목표를 설정하는 것이 효과적이다.

① 발달적으로 장애가 있다는 것에 대한 선입관을 제거하고 개별적으로 독특한 요구가 있는 영유아로 이해한다면, 편견 없이 개방적으로 수용하여 영유아를 다룰 수 있다. 그리고 각 영유아에 적합한 보육과정과 일과를 계획하는 것이 효과적이다.

② 발달적으로 문제가 있는 영유아에게 적합한 보육환경과 교구를 준비하여 좌절감을 경험하지 않도록 한다. 예를 들어, 신체적 기능에 문제가 있는 영유아에게 적합한 설비가 필요하며 인지적 수준이 뒤처진 영유아를 위해서는 좀 더 쉬운 수준의 교구를 준비하여 영유아가 긍정적인 경험을 하도록 한다.

③ 다른 영유아와 유사한 점을 분석하여 다른 영유아와 공유할 수 있는 교육적

경험을 제공하고, 최대한 또래 간 상호작용이 이루어지도록 격려한다.

④ 그림책과 같은 매체를 통해 다양한 장애를 가진 영유아들에 대한 정보를 제공한다. 매체를 통해 장애를 가진 영유아들에 대한 정보를 제공할 때 장애 자체에 집중하기보다 장애가 개인적인 차이임을 설명하고 다른 영역들의 유사성을 강조하도록 한다.

⑤ 영유아들이 장애에 대해 잘못 생각하고 있다면 이를 수정하기 위한 특별한 교육적 경험을 제공하도록 한다. 예를 들면, 장애를 가지고 있는 사람들이 행복하게 살아가는 사례를 경험할 수 있는 기회, 장애가 있는 부분만 불편하여 도움이 필요하고 그 이외의 영역은 도움 없이 스스로 생활할 수 있다는 사례 소개 등이다.

⑥ 가능한 치료를 담당하고 있는 전문가나 특수보육교사와 정기적인 정보를 교환하여 특별한 도움이 필요한 영유아를 도울 수 있는 계획을 문서화한다. 이를 토대로 협조하고 그에 대한 피드백을 나누어 좀 더 구체적인 계획을 수립하도록 한다.

3) 문제행동을 가진 영유아

문제행동을 가진 영유아는 안정적인 보육실 운영을 위협하는 경우가 많다. 보육교사의 보육실 운영 방식에 따라 문제행동이 줄어들 수도 있으나 오히려 더 심각하게 하는 경우도 있다. 따라서 보육교사는 문제행동 영유아를 잘 이해하여 사전에 문제행동을 예방하고 긍정적이고 상호적인 보육실 분위기를 제공하기 위해 노력해야 한다.

(1) 문제행동 정의하기

안정적인 보육실 운영에 방해가 되는 문제행동이 빈번히 발생된다면, 보육교사는 문제행동이 일어나는 상황을 객관적인 사실에 근거하여 관찰하도록 한다. 관찰된 결과를 근거로 문제행동이 일어나는 상황적인 특성을 분석하고 문제행동을 보이는 영유아의 부모와 협의하여 원인을 알아보아야 한다.

① 부모와 협의하거나 영유아의 가정생활에 대한 정보를 잘 수집하여 문제행동의 원인을 찾는 것이 중요하다. 모든 문제행동에는 이유가 있으므로 그 원인을 분석하여 원인에 대한 대처 방안을 강구하는 것이 효과적이기 때문이다. 부모와 협의하거나 영유아의 가정생활에 대한 정보를 잘 수집하여 문제행동의 이유가 되는 원인을 찾는 것이 중요하다. 영유아를 불안하게 하는 원인이 있다면 그 원인을 제거해 주는 것이 가장 효과적인 방법이다.

② 보육교사는 부모와 영유아의 문제행동을 협의하기 위해서 사전에 객관적이고 사실적인 관찰을 해야 하며 매번 발생되는 문제행동은 일일보고서를 통해 간단히 통보하여 부모가 자신의 자녀가 보육실 운영을 방해하고 있다는 것을 어느 정도 인식하도록 한다. 자녀가 문제행동을 보인다는 것은 부모에게 꽤 충격적인 사건이므로 사전에 문제행동을 일으키고 있다는 사실을 인식해야 자녀의 문제행동에 동의하고 솔직하고 긍정적으로 문제행동 해결을 위해 협의할 수 있다.

③ 부모와의 협의과정에서 문제행동에 대한 원인을 분석하고 이에 대한 가정에서의 대처방안과 보육기관에서의 대처방안 계획을 수립하고, 정기적으로 부모와 정보 교환을 통해 문제행동 예방 및 치료에 대처한다.

④ 문제행동이 일어나는 상황적인 특성을 분석하면 문제행동을 유발하는 상황적인 특성을 제거하고 문제행동을 예방할 수 있다. 예를 들어, 매번 레고블록 영역에서 영유아의 과격한 분쟁이 일어난다면 레고블록의 수나 환경적인 변인들을 확인하여 분쟁의 원인이 되는 변인을 수정해야 한다.

(2) 문제행동을 예방하기 위한 교수전략

어떤 원인에 의해서든 문제행동을 보이는 영유아는 부정적인 감정을 가지고 있으며 이런 부정적인 감정으로 인해 부정적인 문제행동을 일으킨다. 따라서 보육교사가 부정적인 감정을 사전에 다루어 준다면 문제행동을 예방할 수 있다.

① 보육교사는 문제행동 영유아에 대해 긍정적인 생각과 태도로 긍정적인 측면을 강조해야 한다.

문제행동을 일으키는 영유아에 대한 부정적인 기대나 태도가 문제행동을 더욱 유발하기 때문이다. 따라서 아무리 절망적인 상황이더라도 문제행동 영유아가 변화될 수 있다는 믿음을 가져야 하고 이런 보육교사의 믿음이 보육교사의 행동과 말을 통해 영유아에게 전달되어야 한다.

② 항상 긍정적인 학급 분위기를 조성하도록 한다.

문제행동이 발생했을 때 매번 보육교사가 훈계하거나 처벌을 하게 되면, 보육실 분위기가 부정적으로 형성되어 학급의 모든 영유아에게 영향을 미치게 되기 때문이다. 이를 위해서 문제행동이 발생하기 전에 문제행동을 자주 일으키는 영유아의 장점을 찾아서 칭찬하고 격려하는 것이 효과적이다.

③ 문제행동을 예방하기 위해 해당 영유아에게 우선 필요한 규칙 1~2개를 설정하고 이를 지키도록 안내한다.

규칙이 너무 많을 경우 영유아가 규칙을 따르기 힘들기 때문이다. 규칙은 가능한 구체적인 것이 효과적이다. 예를 들면, 화가 났을 때는 다른 사람에게 피해를 주지 말고 말로 감정을 표현하거나 보육교사에게 도움을 요청하도록 한다는 세부적인 규칙을 정하고 보육교사는 영유아를 잘 관찰하여 영유아가 분노를 경험하는 순간에 자신의 감정을 말로 표현하거나 보육교사에게 도움을 요청하도록 안내한다. 이런 경험이 수차례 반복되면 해당 영유아는 다른 사람에게 피해를 입히지 않고 부정적인 감정을 해결하는 방법을 배울 수 있다.

④ 보육교사는 영유아를 세심히 관찰하여 문제행동을 일으키기 전에 보육교사가 규칙이나 다른 방법을 제시하는 것이 효과적이다.

예를 들면, 교구를 던지려는 영유아에게 "놀잇감을 소리나지 않게 교구장에 넣어 놓자"라고 보육교사가 기대하는 바를 구체적으로 제시하면 문제행동을 예방할 수 있고 문제행동 대신의 대안적인 행동을 가르칠 수 있다.

⑤ 문제행동 영유아에게 긍정적인 표현으로 규칙을 제시하고 지킬 수 있도록 격려한다.

"친구 때리지 마"라고 하기보다는 "친구에게 속상하다고 말해 봐"라고 안내하여 하지 말아야 할 행동보다는 해야 할 행동을 가르치는 것이 효과적이다.

⑥ 평소에 문제행동 영유아가 자신이 소중하고 존중받고 있다는 경험을 많이 하도록 배려해야 한다.

일과 운영 시 영유아가 스스로 결정할 수 있는 기회를 많이 제공하고 스스로 결정하도록 도와주고 스스로 한 일에 대해서 많은 칭찬과 격려를 해 준다. 이런 경험은 영유아에게 기쁨과 즐거움을 제공하기 때문에 영유아가 더욱 긍정적이고 협조적인 행동을 하게 된다.

⑦ 문제행동 영유아가 교육활동에서 성공감을 경험할 수 있도록 도와준다.

개별화된 활동 속에서 보육교사는 영유아의 부족한 부분을 도와주거나 영유아에게 적합한 방법을 제시함으로써 활동을 성공적으로 마무리할 수 있도록 한다. 이런 성취감은 영유아의 부정적인 감정을 해소하는 데 도움이 되기 때문이다.

⑧ 문제행동 영유아의 부정적인 감정을 해소하기 위해 물놀이나 모래놀이에 가능한 많이 참여하도록 한다.

물놀이나 모래놀이는 영유아가 쉽게 몰입하는 놀이이며 물과 모래의 부드러운 감촉은 정서적으로 편안함을 제공하기 때문에 부정적인 감정을 해소하는 데 도움이 된다.

⑨ 모든 영유아의 요구에 민감하게 반응하고 공평하게 반응한다.

문제행동 영유아에게는 특별한 요구가 있기 마련이다. 따라서 보육교사는 영유아의 개별적인 요구를 충족시켜 문제행동을 예방하되, 모든 영유아의 요구에 민감하게 반응하여 공평하게 반응하도록 해야 한다.

⑩ 문제행동에 대한 훈육의 목적은 영유아가 자신이 한 행동이 잘못된 행동이라는 것을 아는 것이다.

대부분의 영유아는 자신의 행동이 잘못된 것임을 모르고 행동하는 경우가 많다. 따라서 잘못된 행동임을 아는 것이 제일 중요하다. 한편 자기조절력이 부족한 영유아는 잘못된 행동임을 알면서도 반복하기 쉽다. 보육교사는 이런 영유아를 비난하기보다 인내심을 가지고 올바른 행동으로 반복해서 재조정해 주어야 한다.

⑪ 모든 영유아에게 누구나 실수는 할 수 있고, 이 실수를 반복하지 않기 위한 대안을 스스로 생각하고 실천해 볼 수 있는 보육실 분위기를 조성하도록 한다.

영유아 스스로 자신의 성공을 방해하는 요인을 찾아서 해결하려는 노력은 스스로 잘못된 행동을 수정하는 자기조절능력을 향상시킬 수 있으며 실패로 인해 위축되기보다는 스스로에 대해 긍정적인 시각을 가질 수 있게 한다.

⑫ 영유아의 문제행동에 대해 보육교사는 침착하고 차분하게 반응해야 한다.

많은 경우 문제행동에 대해 성인들이 흥분하는 등 커다란 반응을 보이면 보육교사의 관심을 받기 위해 문제행동을 더 일으키기도 한다. 보육교사는 문제행동에 대해 흥분하지 않고 침착하게 해결하고 문제행동에 대해 영유아와 논리적 귀결을 통해 잘못된 행동을 바람직한 행동으로 수정하도록 지도한다.

(3) 자주 발생하는 영유아의 문제행동

대부분의 문제행동들은 효과적인 교수전략으로 통제될 수 있으나 종종 심각한 정서적인 문제로 인해 심각한 문제행동을 지속하는 영유아가 있다. 이런 영유아는 학대나 방임과 같은 경험으로 인해 정서적으로 상처를 받았거나 기질적으로 문제가 있는 경우가 많다. 따라서 전문기관에 의뢰하여 정확한 검사를 받아보고 전문기관의 치료를 병행하여야 한다. 동시에 보육교사는 문제행동 영유아로 인해 안정적인 보육실 운영이 위협되지 않도록 예방하고 통제해야 한다. 영유아 시기에 자주 나타나는 대표적인 문제행동의 구체적인 지도방법은 다음과 같다.

① 무는 행동을 보이는 영유아

무는 행동은 13~24개월의 영아들에게 주로 나타나며 자신의 욕구가 좌절되었을 때 또는 분노를 표출하기 위해 충동적으로 하는 행동이다. 그러나 물린 상처는 흉터를 남기게 되므로 무는 행동이 발생하지 않도록 예방적 차원의 보육환경을 조성하고 세심한 관찰과 지도가 필요하다.

1 무는 행동은 욕구가 좌절되었을 때 주로 나타나므로 영유아에게 스트레스를 주지 않는 환경을 제공하도록 한다. 즉, 영유아가 관심을 보이는 놀잇감은 똑같은 것으로 충분한 수를 준비해 주고, 규칙적인 일과를 운영하되 개인적인 욕구를 반영할 수 있는 융통적인 보육과정을 운영하여 영아가 편안하고 안정감을 경험하도록 해야 한다.

2 영유아가 피로하거나 배고프지 않게 휴식과 영양 보충에 대해 사전에 살피고 관리하는 것이 좋다. 피곤하면 짜증이 많아져서 무는 행동이 증가될 수 있기 때문이다.

3 영유아가 분노와 같은 부정적인 감정을 표현하고 해소할 수 있는 놀이 활동이나 교구를 제공한다. 물놀이나 모래놀이, 팥주머니 던지기 등과 같은 긴장을 해소할 수 있는 놀이와 적극적인 신체 활동을 통해 부정적인 감정을 해소할 수 있다.

4 자주 무는 행동을 보이는 영유아의 경우 평소 생활을 잘 관찰하여 기분이 좋아지는 놀이나 교구를 파악하고, 기분이 나빠 보일 때 영아의 기분을 긍정적으로

바꾸기 위해 미리 파악해 둔 놀이를 사용하는 것이 도움이 된다.

5 영유아에게 자신의 감정을 말로 표현하는 방법을 가르친다. 보육교사는 실제적인 상황에서 감정을 표현하는 말로 모델링을 해 주고 영유아가 따라 하도록 격려해 준다. 처음에는 보육교사가 대신 영유아의 감정을 말로 표현해 주는 방식이지만 점차 반복할수록 영유아는 그 상황에 적합한 몸짓이나 표정으로 표현하다가 말로 표현하는 수준까지 발달할 수 있다. 이런 경험이 여러 번 반복되어야 영유아는 자신의 감정을 말로 표현할 수 있는 능력을 형성하게 되므로 보육교사의 꾸준한 지도와 모델링이 필요하다.

6 기저귀를 갈아 주거나 식사 지도 또는 낮잠 시간과 같이 개별적으로 상호작용할 수 있는 시간을 이용해 영유아 개개인에 대한 관심과 사랑을 표현하고 보육교사가 영유아를 소중히 여긴다는 사실을 인지하도록 한다.

② 손가락을 빠는 영유아

영유아는 심리적으로 편안함을 원할 때 손가락 빠는 행동을 하는 경우가 많다. 대체로 4세 이하 연령의 '손가락 빨기'는 문제라고 볼 수 없다. 손가락 빨기는 정서적 안정감을 취하고 싶을 때 영유아들에게 일시적으로 나타나는 행동이며 구강기의 욕구를 충족하기 위한 행동이므로 4세 이후에 사라지는 경우가 많다. 부모에 따라 손가락을 빠는 버릇을 문제라고 생각하기도 하고 문제가 아니라고 생각하기도 하므로 이런 행동을 문제행동이라고 하기 위해서는 부모의 동의가 필요하다. 부모의 협조 없이는 손가락 빨기를 수정할 수 없기 때문이다.

1 손가락 빨기가 최근에 나타난 행동이라면 가정이나 기관에서 스트레스의 원인이 될 만한 어떤 새로운 변화가 있었는지를 알아보아야 한다. 스트레스 상황이 일시적인 것이라면 문제를 무시해도 곧 손가락 빨기가 사라질 수 있으나 스트레스 상황이 장기적인 것이라면 이 스트레스를 제거하는 것이 효과적이다.

❷ 손가락을 빨면서 느끼는 편안함을 대신할 대체활동이나 물건을 찾아 전환시켜 준다. 부드러운 이불이나 베개 등을 만지게 하거나 인형의 촉감을 느끼도록 제안한다. 단, 이때 영유아에게 "손가락 빨지 마"라고 말하지 말고 "이것 만져 보자"라고 하거나, 아무 말 없이 부드럽게 빨고 있는 손을 빼내어 그 손에 부드러운 대체 물건을 쥐어 주고 손으로 촉감을 즐길 수 있도록 격려해 주는 것이 효과적이다. "손가락을 빨지 마"라는 부정적인 언어가 빠는 행동을 더 강화시킬 수 있다.

❸ 습관화된 행동을 수정하는 것은 영유아에게 힘든 일이므로 손가락을 빨지 않고 대체행동을 했을 때 적극적으로 칭찬하고 격려해 주는 것이 효과적이다. 습관이란 무의식적으로 나타나는 행동이므로 그 행동이 나타나려고 했을 때 당사자만 알아차릴 수 있는 시각적인 사인을 통해 손가락 빨기를 상기하고 스스로 멈출 수 있도록 도와주는 것이 효과적이다.

습관적인 행동이 수정되기 위해서는 오랫동안 반복해서 대체 행동으로 연습해야 하므로 성인의 인내와 끈기가 필요함을 명심하도록 한다.

③ 공격적이거나 때리는 영유아

영유아에게 나타나는 공격적인 행동은 충동적인 경우가 대부분이며 자신의 주장을 하기 위해 또는 의사소통의 한 방법으로 언어적인 공격성이나 때리는 행동을 하게 된다. 보육교사는 영유아에게 공격적인 방법은 친구와 상호작용할 수 있는 방법이 아님을 알려 주고, 긍정적인 방법으로 의사소통하도록 지도해야 하며 동시에 또래의 공격적인 행동에 대처하는 방법도 지도해야 한다.

또한 영유아는 공격적인 주제의 놀이를 즐기는데, 공격적인 놀이는 공격적인 행동에 영향을 줄 수 있으며 쉽게 영유아들의 분쟁으로 이어져 보육실의 안정적인 운영을 위협하게 된다. 그래서 많은 보육교사들이 공격적이고 거친 놀이를 금지하거나 실외에서만 하도록 하는 경우가 많다. 그러나 영유아에게는 선과 악을 구별하고자 하는 강한 욕구가 있어서 늘 적과 대적하고 싸우는 놀이를 즐겨하기 때문에 금지하는 것만으로는 문제를 해결하기 어렵다. 따라서 공격적인 놀이를 나쁜 사람은 나쁜 결과를 맞이하고 세상은 안전하다는 주제와 또래들 사이에서 수용될 수 있는 행동과 수용될 수 없는 행동을 가르치는 기회로 활용하는 것이 좋다. 이를 위해 공격적인 놀이는 가능한 보육교사가 함께 참여하거나 지도하에 진행되는 것이 바람직하다.

❶ 놀잇감 빼앗기 상황에서 자주 나타나는 공격적인 행동은 긍정적인 사회적 기술을 가르치는 기회로 활용한다.

놀잇감을 빼앗을 때는 그 놀잇감을 가지고 놀 수 있는 순서를 가장 나중에 주도록 하여 공격적인 행동의 귀결을 경험하도록 지도한다. 그러나 빌려 달라고 말로 요청하면 놀잇감을 가지고 놀 수 있는 순서를 우선적으로 배정하여 긍정적인 상호작용 방법을 격려한다. 이 과정에서 영유아는 기다려야 하는 인내심을 키울 수 있고 말로 하는 긍정적인 의사소통 방법을 배우게 된다.

❷ 공격적인 주제의 놀이를 허용하되, 친구들이 다치지 않게 한다는 규칙을 엄격히 설정한다. 반드시 보육교사의 세심한 감독이 필요하며 위험한 상황에서는 보육교사가 관여해야 한다.

❸ 공격적인 주제의 놀이 시 서로 역할을 바꾸어서 해 보도록 하여 공격적인 역할과 그렇지 않은 역할에 대한 공감 능력을 키워 준다. 이 경험을 토대로 공격적인 놀이 시 놀이 규칙을 영유아들이 스스로 만들고 지키도록 하는 것이 효과적이다.

❹ 공격적인 주제의 놀이는 폭력이나 악당에 대해 구체적인 지식과 정보를 알아보는 기회로 활용한다. 영유아의 경우 무조건 악당이라고 규명하면서 공격하는 행동만을 보이는 경우가 많으므로, 어떤 잘못된 일을 했는지 설정하도록 하여 사회적으로 잘못된 행동에 대한 지식을 이해하도록 한다.

❺ 잘못된 행동은 무엇이고 나쁜 사람은 어떤 사람인지, 착한 사람이 되기 위한 방법은 무엇인지 영유아와 알아보는 기회로 활용한다.

❻ 보육교사는 공격적인 놀이의 단점을 잘 기억하여 가능한 긍정적인 친사회적인 방향으로 영유아의 놀이와 상호작용이 이루어지도록 격려해야 한다.

④ 불안해서 울거나 투덜거리는 영유아

영유아가 불안한 변화를 경험하고 있는 경우에 울거나 보육교사에게 매달리는 행동은 문제행동이 아니지만 자신의 욕구를 해결하기 위한 방법으로 사용한다면 문제행동으로 보아야 한다. 특히 3세 이상의 영유아는 울거나 매달리고 투덜거리기보다는 말로 자신의 욕구와 생각을 표현할 수 있어야 하기 때문이다. 그러나 영아기를 막 벗어난 3세 유아일수록 이전 습관에 익숙해 말로 표현하기보다는 울음이나 징징거림, 보육교사에게 매달림으로써 자신의 욕구를 해결하려고 하는 경우가 많다. 이런 경우는 영유아의 응석을 받아 주는 것이 오히려 영유아의 발달을 저해하게 된다. 따라서 3세 이상의 유아의 울음이나 응석은 무시하는 것이 효과적이다.

❶ 영유아가 일시적인 변화로 인해 불안감을 표현하는 수단으로 울음이나 응석을 보인다면, 불안한 감정을 해소해 주기 위해 영유아의 불안감을 공감해 주고 안정감을 제공할 수 있는 방법을 부모와 함께 모색하여 제공해야 한다.

❷ 영유아가 울음이나 응석을 부릴 때, 영유아의 감정에는 공감하되 곧바로 영유아가 즐겁게 놀이에 참여할 수 있도록 영유아가 즐기는 놀이로 안내하도록 한다. 이런 경험이 반복될수록 영유아는 보육교사에게 매달리기보다 또래와의 놀이에 집중하여 불안도 해소할 수 있기 때문이다.

❸ 보육교사 옆자리는 가능한 한 모든 영유아에게 골고루 기회가 돌아갈 수 있도록 해야 한다. 일시적으로 너무 불안해하는 영유아를 계속 돌보아야 하는 경우에는 다른 영유아에게 상황을 설명하고 다른 영유아에게 보육교사의 지속적인 관심과 사랑을 표현해야 한다.

❹ 습관적으로 보육교사에게 울거나 매달리는 영유아의 경우에는 영유아가 또

래와 즐겁게 놀이하도록 안내하고 또래와 함께 상호작용하는 것을 격려하도록 한다. 보육교사에게 매달리거나 옆에 있는 시간을 제한하여 가능한 또래와 상호작용하도록 하는 것이 좋다. 예를 들면, 간식을 다 먹고 나면 친구와 무슨 놀이를 할 것인지 결정하게 하거나 간식 시간에 보육교사의 옆에 앉았으므로 밥 먹을 때는 앞쪽에 앉도록 하여 보육교사와 일정한 거리를 유지하면서도 안정감을 느낄 수 있도록 도와준다.

5 울음이 많거나 응석이 많은 영유아는 대부분 개인적인 관심과 사랑이 많이 필요한 경우이다. 따라서 개별적인 상호작용을 할 때 집중적인 관심과 사랑을 충분히 표현하는 것이 효과적이다.

⑤ 수줍어하고 위축된 영유아

기질적으로 수줍음이 많고 겁이 많거나 자아개념이 낮은 영유아에게 많이 나타나는 행동이다. 보육교사는 이런 영유아의 기질과 행동이 다른 영유아로부터 놀림을 당하거나 거부당하지 않도록 배려하고, 영유아의 낮은 자존감을 격려하여 긍정적으로 높여 주기 위해 노력해야 한다. 특히 수줍음이 많은 영유아는 조용하기 때문에 보육교사는 이런 영유아를 문제가 없다고 생각하기 쉽다. 따라서 조용한 영유아일수록 좀 더 세심한 관찰과 정보 수집이 필요하다.

1 개별적인 흥미나 관심을 고려하여 영유아에게 적합한 수준의 활동을 제공하여 가능한 한 많은 성취감을 경험하도록 한다.

2 보육교사를 도와주는 일이나 보육실에서 관리해야 하는 일 등을 부탁하고 영유아가 도와주었을 때 감사와 격려를 충분히 해 준다.

3 영유아가 자신의 의견이나 생각을 표현하려고 시도하는 몸짓이나 표현을 격려하되 영유아가 편안하게 표현할 수 있도록 충분히 기다려 주고, 표현한 경우 많은 칭찬과 격려를 제공한다.

4 어린이집에서 영유아가 스스로 선택하고 결정할 수 있도록 보육교사가 선택의 범위를 제시하여 쉽게 선택이 이루어지도록 한다.

5 다른 영유아를 도와주는 사회적 기술을 적극적으로 지도하고, 다른 영유아가 영유아의 도움에 고마움을 표현하도록 한다. 그리고 보육교사는 이런 친사회적인 행동을 적극 격려하여 다른 영유아와 상호작용이 활발히 이루어지도록 한다.

⑥ 시끄럽고 산만한 영유아

다른 영유아를 방해할 만큼 큰 소리로 이야기하거나 산만한 영유아들이 있다. 이런 행동의 원인은 다양하지만 대부분 영유아의 주의집중능력이 떨어지거나 타인에 대한 지각능력이 부족한 경우이다. 보육교사는 이런 영유아가 활동에 집중하여 다른 또래들에게 방해가 되지 않고 영유아 자신도 스스로 성취감을 경험할 수 있도록 보육실 운영을 해야 한다.

1 많은 영유아가 소란스럽고 산만하다면 보육실의 물리적 환경이 너무 자극적인지 확인해 보도록 한다. 자극은 최소화하고 부드럽고 편안한 색상과 분위기로 구성하여 영유아에게 심리적 안정감을 제공해야 한다.

2 동적인 활동과 정적인 활동의 균형이 잘 맞는지 확인하도록 한다. 균형잡힌 동적인 활동과 정적인 활동은 영유아에게 심리적 안정감을 제공하기 때문이다.

3 대집단 활동 시 더 소란스러워지므로 가능한 한 대집단 활동보다는 소집단 활동을 통해 영유아의 주의집중 능력을 향상시키도록 한다.

4 일과를 진행할 때 반드시 다음 활동에 대한 예고를 하여 영유아들이 앞으로 해야 할 일에 대해서 명확히 알고 있도록 한다.

5 산만한 영유아에게 지시할 때는 구체적으로 지시하고 반드시 한 가지만 지시하도록 한다.

6 너무 산만하고 시끄러운 영유아는 보육교사 옆에 앉히거나 보육교사와 자주 눈을 맞출 수 있는 자리에 위치하도록 하여 주의집중이 유지되도록 신체적인 접촉이나 시각적인 사인으로 도움을 주어야 한다.

7 산만하고 시끄러운 영유아에게 활동을 작은 단위로 나누어 제시하고 각 단계를 마무리 지을 때마다 칭찬하고 격려하도록 한다. 그리고 점차 활동의 단위와 시간을 복잡하고 길게 제시한다.

8 산만하고 시끄러운 영유아가 다른 영유아에게 방해되지 않는 범위 내에서는 돌아다니거나 움직이는 것을 허용하는 등 그 영유아의 특성을 배려해야 한다.

9 한 학기 동안 지속적으로 관리하였음에도 불구하고 영유아의 산만한 행동이 수정되지 않았다면, 그동안의 관찰일지 등을 토대로 전문가에게 의뢰하는 것이 효과적이다.

⑦ 다른 사람의 말을 들으려고 하지 않는 영유아

다른 사람이 말할 때 집중하지 않고 지시나 규칙에 따르지 않으며 지루해지면 우스운 행동을 하는 영유아들은 다른 사람과 의사소통 시 많은 문제를 야기하게 된다. 의사소통의 어려움은 영유아들이 보육실에서 또래들과 함께 생활하기 힘들어 점점 부정적인 행동을 하는 경향을 보인다. 따라서 보육교사는 영유아가 다른 사람의 말에 집중하여 듣는 능력을 키울 수 있도록 도와주어야 한다.

1 어릴수록 영유아의 기억능력은 짧은 시간 가능하다. 따라서 보육교사는 가능한 쉬운 말로 간단한 지시를 말하고 듣도록 한다.

2 부드럽고 큰 목소리, 조용한 목소리, 천천히 말하기 등에 영유아가 집중하기 쉽다.

3 영유아에게 보육교사로부터 들은 이야기를 다시 반복해서 이야기해 보도록

하는 것이 효과적이다. 특히 보육교사가 이야기할 때 사용한 제스처나 표정 등을 따라 하도록 하면 더 잘 집중하고 기억하기 쉽다.

4 영유아가 집중해서 들을 수 있도록 다양한 매체를 사용하거나 제스처를 많이 이용한다. 이때 억양이나 목소리에 변화를 주어 이야기하거나, 잘 듣지 못하는 영유아가 집중하는 매체나 제스처를 기억했다가 그 영유아에게 이야기하기 전에 주의집중 단서로 이용하면 효과적이다.

5 영유아에게 이야기할 때는 개별적으로 하는 것이 효과적이며 영유아가 보육교사를 바라보고 있을 때 집중해서 들을 수 있으므로 눈을 마주 보고 이야기하도록 한다.

6 목소리가 큰 영유아에게 말할 때는 작은 목소리로 말하고 영유아도 작은 목소리로 말해 보도록 권유한다.

CHAPTER 09

보육교직원, 가족 및 지역사회와의 협력

1. 보육교직원과의 건설적인 상호작용
2. 학부모와의 상호작용
3. 지역사회와의 협력

1. 보육교직원과의 건설적인 상호작용

1) 어린이집 교직원으로 취업하기와 역할 알기

어린이집 보육교사로 지원하는 경우, 지원하는 시설의 교육목표 및 아동관 등을 홈페이지나 소개 책자를 통해 알아보고 자신의 생각과 일치하는지 분석한다. 또한 면접 시 어린이집의 원장이나 주임보육교사에게 경영 방향, 기관이 지향하는 아동관 및 교육관, 적용될 프로그램의 유형과 전개방법 등에 대해 알아보고 자신의 생각과 유사한지 확인하거나 약간의 차이가 있더라도 자신의 생각을 조정할 수 있는지에 따라 시설에서의 근무를 결정해야 한다. 그렇지 않으면 근무하는 내내 교육관 차이로 인한 갈등이 일어날 수 있다.

어린이집에서의 근무가 결정되면 다음과 같은 사항에 유의하여 자신이 속한 어린이집에서 조직의 효율성을 높일 수 있는 자신의 역할을 구성한다.

① 어린이집의 취업규칙이나 기관 자체의 교직원 평가기준에 대해서 숙지한다.

어린이집의 취업규칙이나 기관 자체의 교직원 평가기준을 토대로 보육교사는 어린이집에서 제시하는 아동관리, 학부모와의 관계, 조직 내의 관계, 분장된 업무를 효율적으로 처리하기 위한 구체적인 계획을 수립한다.

② 초기에는 조심스럽고 신중하게 동료들을 통해 원장과 주임보육교사의 장점과 업무 수행 시 유의해야 할 사항을 파악하도록 한다. 평소 업무회의나 다른 동료의 업무수행 과정을 잘 관찰하여 유의할 점 등을 정리하여 자신의 업무에 적용하도록 한다. 보육교사 고유의 업무와 담당하게 된 공동 업무를 처리하기 위한 사전 계획을 꼼꼼히 챙겨 업무 진행에 차질이 없도록 한다.

③ 많은 수의 영유아들과 교직원이 함께 생활하는 특성상 자신이 담당한 업무를 소홀히 하게 되면 다른 동료에게 피해를 주거나 영유아 보육이 원활하지 못하게 되는 경우가 생기므로 각별히 유의해야 한다. 특히, 소규모의 시설에서는 각 보육교사에게 할당되는 공동 업무와 청결 관리 공간의 범위가 많아지기 때문에 일일 또는 주간 업무 시간 안배능력이 필요하다. 이를 위해 주간계획표나 월간계획표를 작성하거나 일일계획표를 사용하는 것이 효과적이다.

④ 원장이나 주임보육교사와 정기적인 면담시간을 갖는 것이 보육교사 자신을 위해 효과적이다. 개별적인 면담시간을 통해 보육교사 자신의 가치관 및 개인적인 상황에 대한 정보를 공유하고, 문제 상황으로 전개되지 않았지만 위험의 소지가 있는 문제나 업무상의 어려움 등에 대해 의견을 나누고 도움을 받아 업무의 효율성을 높인다. 이때 원장이나 주임보육교사의 도움을 받았다면 감사한 마음을 전하는 것이 좋다.

2) 동료보육교사와 효율적으로 업무 협조하기

업무특성상 보육교사는 동료보육교사와 우호적인 관계를 맺으며 협조하는 것이 중요하다. 그러나 각 보육교사는 자신만의 특성을 가지고 있으며, 각자에게 적합한 교수방법이나 업무처리 방식에서 차이가 있다. 이런 이유로 동료와의 협조가 어려워지면 보육 프로그램의 질에 부정적인 영향을 미칠 수 있기 때문에 동료보육교사와 동반자적 관계를 형성하는 것은 매우 중요하다.

동료와의 관계는 보육교사의 소진과도 관련이 높다. 동료관계가 좋지 않음은 보육교사의 정서적 고갈과 비인간화, 그리고 소진 경험을 높이며 개인적 성취감을 낮게 한다(김순안, 2006). 따라서 보육교사가 동료보육교사와 긍정적인 관계를 맺는 것은 결국 보육의 질을 높이는 효과가 있다.

① 동등한 지위에서의 협력

동료보육교사와는 동등한 지위에서 일을 협조하는 관계이므로 동료보육교사를 감독하거나 경쟁하기 위한 적대적 관점을 가져서는 안 된다. 이를 위해 함께 일하면서 걱정되거나 의심되는 부분이 있다면 솔직히 표현해야 할 의무와 권리가 있음을 명심해야 한다. 이때 동료보육교사보다 자신이 우위인 척하는 태도를 지양하고 더 효율적인 업무처리하기 위한 입장에서 I-message 방식으로 의견을 전달하는 것이 바람직하다.

전체 보육교사회의나 소모임 후에는 다른 동료보육교사들과 회의 내용에 대한 이야기를 함께 나누어 공유하고, 이에 대한 아이디어나 계획을 함께 수립하여 협의한다.

② 동료들과 즐거운 경험 쌓기

업무 외의 영역에서 동료보육교사들과 함께 즐거운 경험을 공유할 수 있는 기회를 정기적으로 갖도록 한다. 동료보육교사들과 업무 이외의 기타 경험을 함께하며 동료들과 어린이집의 목적과 철학을 명확히 확인하고 이에 동의하여 친밀감을 돈독히 할 수 있고, 각 보육교사의 개인적 특성에 대해 좀 더 자세히 알 수 있다. 뿐만 아니라 동료들과 기관 밖에서 즐거운 경험을 공유하면서 보육교사로서의 스트레스를 해결하는 건설적인 기회가 된다.

③ 동료와의 갈등 건설적으로 해결하기

어린이집 내 동료와 불편한 관계가 발생했다면, 먼저 다른 동료보육교사와 상의하기 전에 불편을 야기한 동료 보육교사의 입장과 상황을 다시 한 번 고려해 보고 스스로 그 문제에 대한 자신의 생각을 정리한다. 그러고 나서 동료보육교사와 조용히 방해받지 않고 이야기할 수 있는 시간과 장소를 만들어 이야기하는 것이 감정적 실수를 줄일 수 있는 방법이다. 갈등으로 인한 대화를 나눌 때는 마주 앉지 말고 같은 방향을 보고 나란히 앉아서 I-message를 사용하여 이야기하는 것도 좋다. 동료보육교사의 행동이나 태도가 자신에게 어떤 느낌을 들게 하는지 설명하고 이에 대한 동료보육교사의 의도를 확인한다. 만약 이 과정에서 서로의 오해가 있었다면 오해에 대해 서로 사과하고 앞으로 오해가 생기지 않을 수 있는 방법에 대해서 의논하도록 한다.

대인 간 문제를 너무 오랫동안 방치하고 조속히 해결하지 않으면, 사소한 문제까지도 큰 감정으로 변하고 여러 가지 요인들이 영향을 미쳐 문제의 심각성이 높아질 수 있기 때문에 주의해야 한다.

당사자끼리 해결되지 않는 문제가 있을 경우 주임보육교사는 원장에게 솔직하게 의논하여 새로운 해결방법과 도움을 요청하는 것이 좋다.

④ 적절한 사례 교환하기

동료보육교사가 영유아와 상호작용하는 방법이 걱정된다면 자신에게 도움이 되었던 방법이나 사례를 이야기하는 지지적인 방법이 효과적이다. 아이들과의 상호작용뿐 아니라 부모와 관계 맺기에서 유사한 상황에서 어떤 기분이었고 심정이 어떠했는지에 대한 공감과 이를 해결하기 위해 노력했던 방법들을 서로 공유할 때, 상대 보육교사는 정서적 지지뿐만 아니라 효과적인 업무능력을 배울 수 있다.

3) 어린이집 원장과의 건설적인 상호작용

조직으로서의 어린이집에서는 각 지위에 따른 역할과 책임이 있기 때문에 보육교사는 원장이나 주임보육교사와 동등한 입장일 수 없다. 즉, 보육교사의 입장에서는 원장이나 주임보육교사의 역할과 책임에 대해 완전히 공감할 수 없으므로 종종 상사들의 결정이나 행동에 동의할 수 없는 경우가 발생할 수 있다. 이럴 경우 보육교사들은 쉽게 결론을 내리기보다는 상사의 생각과 입장을 알아보고, 이에 적합한 한 조직의 구성원으로서 행동하는 것이 바람직하다. 그러기 위해서 우선 보육교사의 입장에서 어린이집 원장의 지위에 따른 업무와 역할에 대해 알아보는 일이 필요하다.

(1) 어린이집 원장의 업무와 역할 알기

① 어린이집 원장의 소신

어린이집 원장은 자신이 운영하는 기관에 대해 소신을 가지는데, 그 대부분의 소신은 "영유아들을 잘 키우고 싶다"이다. 어린이집 원장 본인이 어린이집을 설립하였든 아니든 간에 기관을 운영하기 위해서는 일관적으로 본인 스스로와 타인에게 전달해야 하는 소신이 있다. 이런 기관 대표자의 소신은 운영하는 기관의 분위기에 영향을 미친다. 보육교사로서 생활하면서 원장이 될 것을 꿈꾼다면 "내가 어린이집 원장이 되면 어떤 교육적 소신을 가지고 운영을 할 것인가?"를 생각해 보는 것이 좋다.

② 어린이집 원장의 운영능력

어린이집 운영이라는 것은 원아들에게 적절한 교육적 경험 외에 보육교사나 그 외 교직원들에게 충분한 보수를 지급하고 기관 수리 등의 내용을 포함한다. 운영하는 기관이 국가 지원 시설이 아니라면, 재정적인 운영 능력은 원장이 가져야 할 중요한 능력의 하나이다. 원장은 교육적 소신과 재정적인 운영 사이에서 균형감을 가지기 위해 노력한다.

③ 어린이집 원장의 리더십

어린이집 원장은 보육교사와 학부모, 원아, 지역사회와의 원만한 인간관계를 형성해야 한다. 소규모 집단이면서 설립자 중심의 조직체로 구성되며, 인간관계가 밀접하고, 주로 여성으로 이루어진 집단이기에 유아들을 대상으로 교육한다는 것은 과업 중심적이라기보다는 인간중심적인 면이 있다. 그러나 실제로 인간중심적인 기관에서 모든 사람의 요구를 다 만족시키는 것은 어렵다. 학부모들의 다양한 개별적 요구를 수용하는 것도 어렵고, 경력과 관심이 다른 보육교사들의 요구를 수용하는 것도 쉽지 않다. 어린이집 원장은 이런 복잡한 인간 요구의 핵심에서 그들을 품고 이끌어 가는 존재이다.

④ 어린이집 원장의 다중 역할

어린이집 원장은 다중 역할을 수행한다. 경영자, 교육철학자, 치료사, 상담가, 기획가, 그리고 영유아들 개개인의 특성을 누구보다 세심하게 관찰하고 이를 보육교사들과 의논하는 전문시각을 가진 관찰자이다. 또한 보육교사들의 성향에 맞추어 지도하는 보육교사 훈련가이고 나아가 어린이집의 분위기를 만드는 마술사이기도 하다.

(2) 어린이집 원장과의 상호작용

① 어린이집 원장이 가진 철학과 신념 이해하고 수용하기

어린이집 원장이 해당 어린이집을 운영하기 위해 가진 철학과 신념을 이해한다. 이는 채용 시 서로의 대화를 통해 체크하는 것이 좋다. 여러 과정을 거쳐 해당 어린이집에서 보육교사로 임무를 수행하기로 하였다면 그 철학과 신념을 이해하고 충분히 수용하기 위해 노력한다.

② 어린이집의 전체적인 운영 익히기

어린이집에 채용이 되고 나면 그 어린이집의 전체적인 운영에 대해 신속히 익히는 것이 서로에게 도움이 된다. “왜 견학을 이렇게 자주 가지?”, “부모 상담을 왜 이렇게 일찍 하지?” 등의 불필요한 불만은 서로 간의 건설적인 상호작용을 해칠 수 있기 때문이다. 채용이 된 후 1년 운영에 대해 익혀서 미리미리 모르는 것에 대해 질문하고 준비하는 것이 좋다.

③ 정기적인 회의 시간과 개인적인 면담 활용하기

정기적인 회의 시간에 개방적으로 의견을 이야기하고 협의에 참여하는 것이 좋다. 그러나 만약 원장에게 개인적으로 해야 하는 불편한 이야기나 다른 보육교사들의 심기를 건드릴 수 있는 이야기는 개인적인 면담을 청하여 하는 것이 좋다. 불편한 이야기를 공개적으로 함으로써 조직 구성원들 간의 원활한 상호작용을 저해할 수 있기 때문이다.

④ 원장에게 칭찬하기

문화적으로 우리는 아랫사람을 칭찬하기에는 익숙하지만 윗사람을 칭찬하는 것에는 익숙하지 않다. 그러나 원장에게도 칭찬이 필요하다. 행사를 성공적으로 마쳤거나 새로운 프로그램에 대한 이야기를 나눈 후 "오늘 정말 좋았습니다", "좋은 경험을 하게 해 주셔서 감사합니다" 등의 칭찬과 인사가 오간다면 더욱 원활한 상호작용이 될 것이다.

2. 학부모와의 상호작용

보육교사 역할의 1차적 대상은 영유아이지만, 학부모와 협력적이고 신뢰 있는 관계를 형성하는 것은 보육에 있어서 영유아와의 관계에 못지않은 중요한 측면이다. 어린이집을 이용하는 학부모는 자신의 자녀를 오랜 시간 돌보아 주는 보육교사에 대해 믿음을 가져야 할 것이고 그런 믿음에 기초하여 보육교사가 영유아를 함께 보육함으로써 어린이집과 부모의 관계가 상호 지지적인 동반자 관계가 될 때, 영유아의 원만한 성장과 발달을 가져올 것이기 때문이다. 이 장에서는 학부모와의 관계에서 저해가 되는 요소와 보육서비스의 수혜자로의 학부모를 살펴본다.

1) 학부모와의 관계에서 저해가 되는 요소들

(1) 신뢰가 쌓이지 않아 생기는 상황들

학부모와 보육교사 간에 신뢰가 쌓이지 않으면 여러 가지 오해들이 일어난다. 이런 오해들은 보육교사의 소진을 가져올 위험이 있고, 영유아 대상 교육에 있어 부담을 가지게 되는 결과를 가져온다. 몇 가지 경우를 살펴보면 다음과 같다.

말이나 상황	내용
① 선생님, 애 낳아 보셨어요?	미혼 보육교사들이 가장 상처를 많이 받는 말이다. 특히 영유아의 문제행동이나 발달상의 어려움에 대해 고민하고 준비해서 상담을 하는데 상대편 부모가 "선생님, 애 낳아 보셨어요? 애 키워 보셨어요?" 하면 순간 마치 보육교사로서 필수적으로 이수해야 할 과정을 빠뜨린 듯한 당혹감을 느낄 수 있다. 따라서 보육교사는 평소에 일관되게 전문적인 태도와 언행, 그리고 영유아들에 대한 심층적인 관찰을 통한 개별적 파악이 전달되도록 한다. 그래서 거꾸로 "아니, 애도 안 낳아 보신 분이 어찌 그리 잘 아세요?"라는 말이 나올 수 있도록 보육교사로서의 전문적인 모습을 보여야 한다.
② 우리 애가 거짓말 하겠어요?	"선생님이 오늘 우리 아이 밥을 안 주셨다면서요?" 이런 황당한 말을 듣는다면, 일단 아이와 보육교사 간 의사소통이 어디서 잘못되었는지 돌아보아야 한다. 아이가 뭔가 보육교사에게 불편한 마음을 가지고 있거나 보육실에서 무엇인가 속상한 일이 있어서 그 불편한 마음을 부모한테 "선생님이 밥 안 줬어요"로 표현할 가능성이 크기 때문이다. 먼저 아이의 상태를 점검하고, 부모의 불신에 대해 아이의 상태 파악을 통해 서로 간 오해를 풀어 나가야 한다.
③ 선생님은 그때 뭐 하고 계셨어요?	아이가 다치거나 친구와 싸워 상처가 났을 경우 부모는 보육교사가 신속히 적절한 조치를 취하지 않았다는 섭섭함을 느끼며 "선생님은 그때 뭐하고 계셨어요?"라고 할 수 있다. 이때 보육교사는 마음이 불편하더라도 우선 다친 아이 부모로서의 안타까운 마음을 먼저 헤아려 주는 것이 필요하다.
④ 왜 우리 아이만 항상 마지막에 나가나요?	부모 성향이나 가치관에 따라 다양한 불만을 표시할 수 있다. 보육교사는 모든 생활지도를 일관적이고 중립적으로 하여 어느 상황에서 부모가 어떤 말을 하여도 떳떳할 수 있도록 행동하는 것이 중요하다. 만약 부모가 생활지도에 대한 불만을 가지고 이야기하면 항상 모든 영유아들이 평등하게 대우받고 있음을 강조해서 이야기하고, 보육교사 자신이 영유아들을 평등하게 대하기 위해 어떤 점에서 노력하고 있는지를 예를 들어 설명하는 것이 좋다.

말이나 상황	내용
⑤ 오늘이 소풍이었어요?	알림장이 나가도 알림대로 준비해 주지 않고 소풍 가는 날조차 "오늘 소풍이었어요? 어떡하지? 선생님, 김밥 좀 나누어 주세요" 하는 부모가 있다. 이 정도 되면 불신에 의한 보육교사와의 상호작용의 문제가 아니라, 부모로서 무심함이 지나쳐 자녀에게 신경을 못 쓰고 있다는 표시이다. 이런 경우 보육교사 자신이 섭섭하거나 언짢은 것보다, 풍부한 양육 환경을 위해 부모에게 적절한 양육에 대해 교육해야 한다.
⑥ 제대로 보신 거예요? 우리 아이는 그런 아이가 아니에요	자신의 자녀에 대한 이야기를 비난으로 받아들이는 부모들이 있기 때문에 아이의 부정적인 행동이나 수정해야 할 행동에 대해 이야기하거나 상담할 때는 매우 조심해야 한다. "제대로 보신 거예요?"라는 질문에 "네, 맞습니다"라고 대답할 수 있기 위해서는 평소에 많이 관찰하고 그 기록을 남겨 놓아야 한다. 객관적인 관찰과 전문적인 해석을 무시할 부모는 많지 않다.

(2) 학부모에 대한 이해 부족

보육실에서는 영유아만을 만나지만 실제로 그 영유아의 배경에 가족이 있기 때문에 가족과 함께 영유아를 지도하고 교육하는 것이라 볼 수 있다. 이에 보육교사는 누구보다 공동양육자로서의 학부모를 수용하고 이해하는 것이 필요하다. 학부모가 누구인지에 대한 의미를 고찰함으로 학부모를 수용하고 이해하는 데 도움이 된다.

말이나 상황	내용
① 학부모의 애정	학부모 혹은 보호자는 일단 자기 자녀에 대한 애정이 남다른 사람들이다. 보육교사가 보기에 어떤 특정 면을 지나치게 강조하는 부모라 할지라도 그 부모는 나름대로 자녀의 성공 아니면 발전을 위한 마음이 우선이다. 어느 부모도 자기 자녀의 불행을 두고 보지는 않으며, 차이는 있다 하더라도 모든 부모들은 자기 자녀를 사랑한다.

말이나 상황	내용
② 학부모의 능력	최근 시중에 나와 있는 수많은 양육지도서와 다양한 프로그램의 영향으로 학부모들은 어떻게 하면 아이에게 반응적이고 민감한 부모가 되는지 잘 안다. 내 아이를 위해서라면 어느 박물관에 가야 하는지, 어디에서 어떤 전시가 열리는지, 어떤 책이 좋은지, 어떤 프로그램이 좋은지, 그리고 어느 기관이 최고의 기관인지를 알아내는 데 유능하다.
③ 학부모의 순수함	학부모는 순수하다. 무슨 정치적인 계략이나 전술이 없는 사람들이다. 단지 '내 자녀'라는 존재로 인해 보육교사를 어려워하고 보육교사에게 부탁하고 인사하고 보육교사와 이야기 나누는 사람들이다. 선생님한테 섭섭하면 섭섭한 것이 티가 나고 다른 아이한테 섭섭하면 그것이 또 티가 난다. 그만큼 순수한 모습을 가지고 있다.
④ 학부모의 '기꺼이' 성향	학부모는 기꺼이 한다. 교육기관에서 필요해서 자료를 요청하면 '기꺼이' 협조한다. 내 자녀가 다니는 기관의 행사에 '기꺼이' 참여한다. 유아들의 발표회에 부모, 조부모는 '기꺼이' 와서 박수 치고 사진을 찍으며, "선생님 고생 많으셨습니다" 하며 인사한다. 내 자녀의 올바른 성장, 그리고 내 자녀가 사랑받으며 크게 하기 위해 학부모는 '기꺼이' 협조한다.
⑤ 학부모의 선택	학부모는 영유아 기관에 대한 선택권이 있다. 선택권이란 여러 기관 중에 내 자녀의 성향에 잘 맞고 특히 나의 교육관, 양육관에 맞는 기관을 선택한다는 뜻이다. 영유아기는 부모의 선택이 영유아들이 경험하는 것을 결정짓는 데 가장 큰 부분을 차지한다.

2) 학부모 협조 구하기

보육교사는 학부모의 신뢰와 협조를 얻기 위해 다방면으로 노력해야 한다. 입학상담 때부터 학부모의 개별적인 질문이나 기대, 부탁사항을 듣고 그를 메모해 두었다가 나중에 보육할 때 혹은 학부모를 만나거나 전화로 상담할 때 활용한다. 예를 들어 "○○이가 잘 넘어져서 걱정하셨지요? 요즘은 균형 감각이 많이 좋아져서 지난번보다 덜 넘어지네요. 계속 주의 깊게 보겠습니다"라고 이야기한다.

입학상담 때 상담한 모든 영유아가 입학하지 않는다 하더라도 대체로 학부모들이 무엇을 원하는지 알 수 있기 때문에 추후에 보육활동을 계획하고 수행하는 데 도움이 된다. 만약 입학 상담한 대상 영유아가 입학하였다면 학부모는 그 영유아에 대해 기억하고 있는 보육교사를 쉽게 신뢰할 수 있다. 특히 자녀를 어린이집에 입학시키면서 가지고 있는 가장 큰 염려나 부탁을 기억하고 그를 상담이나 만남 시 늘 대화에 포함시킨다면 더욱 그러하다. 따라서 보육교사는 입학상담 때부터 학부모와 나눈 이야기들을 기록하는 습관을 기른다.

학부모의 협조를 받기 위해서 오리엔테이션 기간을 활용한다. 오리엔테이션 기간에 처음 자신의 자녀를 입학시키기 위해 온 학부모들에게 자신을 적절히 소개하고 자신이 운영하는 반에서의 하루 일과를 상세히 소개하며 학부모가 충분히 신뢰하고 자녀를 맡길 수 있도록 해야 한다. 자신을 소개할 때에는 다음을 포함한다.

(1) 보육관

자기가 담당하는 영유아의 연령에 맞추어 보육관을 소개한다. 만 2세를 담당하게 되었는데 "학교에 들어가기 전 준비를 하도록 도울 겁니다"라고 이야기하는 것은 적절하지 않다. 오히려 "다양한 경험을 통해 감각 발달기에 적절한 교육을 실시하려고 합니다"가 더 적절하다. 학부모들은 보육교사가 모든 영유아를 아우르는 말을 하는 것보다 각각의 영유아가 서로 다름을 알고 그에 맞춰 보육하겠다는 말을 더 선호한다. "제가 담당하게 된 ○○반의 친구들이 즐겁게 생활하도록"이라는 말보다는 "○○반 친구들 모두가 즐겁게 어린이집 생활을 할 수 있도록 세심하게 신경을 쓰는"이라는 말이 학부모에게는 더 적절하다. 보육교사가 학부모에게 언급하는 보육관은 다음과 같다.

① 영유아 연령의 발달적 특징
② 그 발달적 특징에 맞는 보육 프로그램의 주 내용과 주 방향
③ 담임 보육교사가 가지고 있는 영유아 사회 · 정서 지도 방향
④ 학부모와의 교류 방향

초임 보육교사의 인사말 예시

"안녕하세요? 저는 이번에 ○○대학교 아동복지학과를 졸업한 ○○○입니다. 올해 담임을 처음 맡아 여러 부분이 염려되지만 그동안 열심히 공부하고 경험을 쌓은 것에 기초하여 민들레반 친구들과 잘 생활해 보겠습니다. 특히 저는 만 3세가 얼마나 중요한지 배워 왔습니다. 그리고 또한 이 친구들이 얼마나 서로 다른지, 그리고 그 서로 다름을 인정하고 또한 아이들이 가진 장점을 극대화하는 것이 얼마나 중요한지를 익혀 왔습니다. 이제 제가 쌓은 경험과 지식을 우리 민들레반 친구들에게 실현하고자 합니다. 많이 도와주시고 또한 어떤 말씀이라도 항상 나누어 주시기 바랍니다."

(2) 학부모와 보육교사의 교류

학부모는 늘 보육교사에게 자신의 자녀 이야기를 듣고 싶어 하지만 "선생님이 싫어할까 봐", "수업에 방해될까 봐", "내가 너무 유별나다고 할까 봐" 자주 교류하기를 꺼려 한다. 또한 보육교사는 "부모님이 무서워서", "날 좋아하지 않을까 봐", "유별나게 하는 것 같아서", "너무 바빠서" 자주 교류하지 않게 된다. 평소에

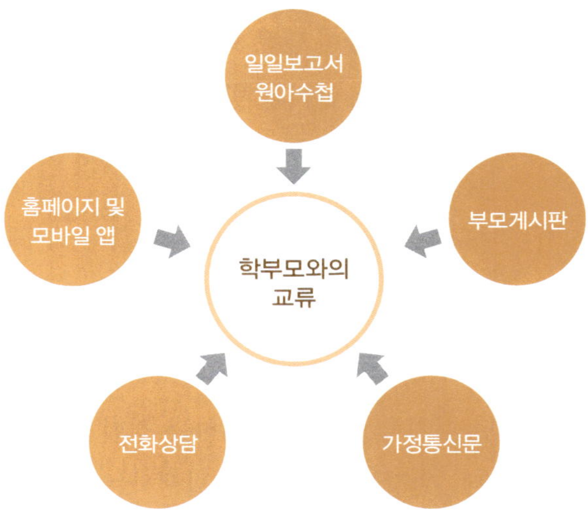

그림 9-1 학부모와의 교류 유형

일상적인 관계를 맺으면 중요한 문제나 어려운 상황이 벌어지더라도 훨씬 상호작용하고 문제해결하기가 용이하다. 그러나 만약 평소에 한 번도 보육교사가 전화하거나 학부모와 교류한 적이 없는 상황에서 자녀가 얼굴을 다친다든가 하면, 의외로 간단한 문제에서 큰 어려움을 가져올 수 있다. 따라서 학부모를 처음 만난 자리에서 학부모와 보육교사가 영유아 교육에 협력하면 좋겠다는 의견을 이야기하면서 온라인 홈페이지를 통한 보육교사와의 의사소통 안내나 전화 가능 시간 안내, 상담시기를 안내한다.

(3) 해당 연령에서 자주 일어나는 문제 상황에 대한 예고

학부모들은 자신의 가정에서만 자녀를 보기 때문에 여러 영유아가 모여서 생활하는 어린이집에서 어떤 문제 상황이 생길 수 있는지 쉽게 예상할 수 없다. 그래서 문제 상황, 예를 들어 친구끼리 싸우다가 얼굴을 다치게 되는 상황이 내 자녀에게만 일어나고 내 자녀가 다니는 어린이집에서만 일어난다고 이해할 수 있다. 따라서 보육교사는 학부모를 처음 만났을 때 해당 연령에서 자주 일어나는 문제 상황에 대해 예고하는 것이 좋다. 예를 들어 만 2세의 영아 경우, 아직 언어적으로 원활하게 의사소통이 되지 않아 갈등상황이 되면 신체적 공격을 많이 한다고 예고한다. 즉, 만 2세 유아들의 사회적 갈등이 많은 이유는 아직 자기중심성이 강한 시기라서 내 물건을 나누어 써야 한다는 논리를 받아들이지 못할 가능성이 높으며 자기가 친구를 밀면 친구가 넘어질 수 있다는 것도 쉽게 예상할 수 없기 때문이라고 미리 알려준다.

3) 학부모와 상담하기

학부모와의 상담은 어떤 시기를 정하여 실시하는 정기 상담과 수시로 이루어지는 비정기적 상담이 있는데, 현장에서 더 자주 발생하는 상담은 비정기적인 상담이다. 전화 상담일 수도 있고, 출퇴근길에 우연히 길에서 만난 상담일 수도 있고,

알림 편지를 통한 상담일 수도 있다. 보육교사는 자신이 담당하고 있는 영유아의 발달 상태를 알고 있기 때문에 특별히 당황할 필요는 없으나, 그만큼 항상 영유아를 정확히 관찰하고 주의 깊게 반응을 살펴보는 것이 필요하다.

(1) 정기 상담

정기 상담은 주로 학기 초와 말에 이루어지고, 학기 초 상담은 주로 4월 정도에 이루어진다. 가장 큰 목적은 어린이집에 입학한 후 한 달 동안의 적응기간에 대해 보고하는 것이고 동시에 학부모로부터 각 영유아에 대한 보다 상세한 정보를 듣기 위해서이다. 정기 상담은 대체로 한 학부모당 30분을 배정하는 것이 좋으나 영유아들을 보육해야 하기 때문에 상담 시간이 제한될 수밖에 없고, 학부모도 대부분 직장이 있어 쉽게 상담에 임할 수 없는 상황이 있을 수 있다. 이런 경우 보육교사는 융통적인 상담 방법을 제시할 수 있다. 특정 시간을 정해 전화 상담을 할 수도 있고, 편지 상담이나 이메일 상담을 할 수도 있다. 그러나 전화 상담은 얼굴 표정이 보이지 않아 언어적 의사소통에서 생길 수 있는 오해의 소지가 있으며, 편지 상담이나 이메일 상담 역시 그러한 위험이 있다. 따라서 가장 적절한 것은 면대면으로 상담하는 것이다.

상담의 방법이 달라지더라도 정기 상담은 학기 초와 학기 말로 정하는 것이 좋으며 상담의 내용은 학기 초에는 적응 기간에 대한 보고와 가정에서의 생활에 대한 정보를 듣는 것에, 학기 말에는 1년 동안의 생활 보고와 다음 연령에서의 주의 사항이나 예상되는 발달형태 등을 이야기하는 것이 적절하다.

보육교사가 정기 상담을 하고자 할 때는 다음과 같은 것을 준비해야 한다. 이는 전문적인 보육교사가 실제로 영유아들을 전문적으로 관찰하고 있고 그들의 개별적 발달특성을 체크하고 있음을 나타내는 것이기에 학부모의 신뢰를 얻고 또한 자신의 교육활동을 조직적으로 표현하는 데 반드시 필요한 사항이다.

말이나 상황	내용
① 영유아 개별 정보	대부분 입학 시 학부모가 작성하여 보낸 가정환경조사서, 입학원서 등을 말한다.
② 교사 관찰 문서	보육교사가 영유아를 관찰한 일화기록이나 체크리스트, 사회 · 정서 평정기록지 등을 말한다. 관찰 문서가 포함된 경우 보육교사가 얼마나 영유아를 평소에 잘 관찰하고, 세심한 관심을 가지고 있는지를 표현할 수 있다. 또한 학부모와 상담할 때 객관적 자료로 사용할 수 있다.
③ 영유아 포트폴리오	영유아가 생활하면서 표현한 작품이나 사진으로 뽑은 놀이 상황, 보육교사의 글로 적은 영유아 에피소드 등이 묶인 포트폴리오가 있으면 좋다. 포트폴리오는 영유아의 작품만을 열거하는 것이 아니고, 다양한 측면의 자료를 포함하여 영유아의 발달과정과 특징이 나타나 있어야 한다. 작품을 제시할 때, 시기에 따라 제시하여 발달과정을 볼 수 있도록 하며, 쌓기놀이나 실외놀이 상황은 사진 찍어 놓은 것을 프린트하여 그 상황을 설명하는 것도 좋다. 또한 보육교사가 친구와 이야기 나눈 것 등을 기록해 두었다가 포함하기도 한다.

(2) 비정기 상담

비정기 상담은 등하원 시 상담, 전화 상담, 편지 상담, 그리고 우연히 발생하는 상담이 있을 수 있다. 전화 상담의 경우 대부분 담당하고 있는 영유아에게 특별한 일이 생겼을 때 하게 되지만, 신학기에는 하루에 몇 명 정도를 정해 놓고 전화를 걸어 상담할 수 있다. 이는 초기 적응을 염려하는 학부모에게 큰 지지를 받을 수 있는 방법이다. 편지 상담도 마찬가지로 특별한 일이 생겼을 때 보낼 수 있으나 간혹 일상적인 상황에서 재미난 에피소드가 발생하였거나 영유아가 특별한 발달의 양적 혹은 질적 변화를 보였을 때 실시하는 것이 좋다.

(3) 학부모와의 문제 상황

자녀가 어린이집에서 잘 지내는지 궁금해하는 학부모는 특정 상황에서 보육교사에게 어려움을 토로할 수 있다. 자녀가 다른 또래와 다툼이 있거나 관계가 좋지 못할 때 혹은 보육교사가 자녀에 대한 관심이 소홀하다거나 시설의 운영방침에 만족하지 못하여 어려움을 이야기할 수 있다. 각각의 상황에 대해 살펴본다.

① 보육실 내에서 다른 또래와의 어려움

또래와 어려움이 지속된다고 생각하거나, 특정 또래가 자신의 자녀를 괴롭힌다고 생각하는 경우 부모는 보육교사에게 전화나 방문으로 불만을 이야기할 수 있다. 이때 보육교사는 보육실을 관리하는 입장에서 그 상황에 대한 원인과 결과를 정확히 파악하고 있어야 한다. 보육교사는 부모가 이야기하는 상황을 객관적으로 다시 부모에게 이야기하며 가능하면 모든 상황을 사실에 기초하여 이야기하되 특정 유아에게 비난이 가지 않도록 해야 한다. 연령적 특성으로 이야기할 수도 있고(예: 2세는 아직 언어적으로 미숙하여 또래 간에 갈등이 있을 때 신체적 공격성을 보일 수 있습니다), 상황에 기초한 설명일 수도 있다(예: 제가 너무 오랜만에 특별한 재료를 제공하고 그것이 충분치 못하였던 듯합니다. 재료에 대한 다툼이 있었고 이것은 저의 불찰입니다).

이 상황에서 피해야 할 것은 부모에게 특정 유아를 지목하여 "○○이가 특별히 △△를 힘들게 하네요"라든가 부모가 불만을 가지고 있는 대상 유아의 집 전화번호를 알려 주는 등의 행동은 하지 않는 것이 좋다. 우선 "많이 속상하셨지요. 저도 그러네요. 아이들과도 이야기해 보고 내일 다시 연락을 드리겠습니다"라고 유보하는 것이 좋다.

부모가 가정으로 돌아가고 나면 보육교사는 자신의 보육실 관리에 대해 돌아보는 기회로 삼아야 한다. 만약 본인이 운영 관리하는 보육실에 다툼이 잦다면 혹시 영역 배치에서 교구 배치가 부적절하지 않은지, 영역의 배치가 부적절하지 않은지, 본인이 유아들 간의 다툼이나 갈등에 대해 부적절한 개입전략을 가지고 있는 것은 아닌지 등을 반성하고 영유아 관리에 더 신경을 써야 한다. 그리고 불만을 이야기한 부모에게는 그 이후 다시 전화를 드려 후속 조취에 대한 이야기를 나누도록 한다.

② 보육교사의 관리가 소홀하다고 불평하는 부모

부모는 가정에서 한두 명의 자녀를 돌보고 있기 때문에 종종 자기 자녀에 대한 보육교사의 관리가 부족하다고 느낄 수 있다. 특히 자녀가 어렵게 태어났거나 가정에서 특별히 귀함을 받는 자녀인 경우 더욱 그렇다. 보육교사는 부모의 이러한 불평을 자기 자신에 대한 비난이나 불평으로 받아들이지 말아야 한다. 만약 보육교사 자신에 대한 불평으로 받아들이면 이후의 보육교사-유아 관계에서 부정적 영향을 줄 수 있기 때문이다. 겉옷을 잘 챙겨 주지 않았다든지, 밥을 먹여 주지 않아서 아이가 밥을 잘 못 먹고 왔다든지, 배변 후 처리를 제대로 해 주지 않아 마음이 불편하다고 할 수 있다. 버스 탈 때 안전에 신경을 좀 더 써야 하지 않겠냐고 할 수도 있고, 너무 더워서 불편해 한다고 할 수도 있다. 보육교사는 이 모든 것이 자녀를 오랜 시간 어린이집에 맡기는 부모의 마음이라고 이해하고 그 상황에 대해 사실에 기초하여 설명하며 좀 더 신경을 쓰겠다고 답한다.

그러나 만약 부모의 요구가 다른 또래와 함께 있는 자녀의 관리에서 다소 무리가 있다면 이를 설명할 필요가 있다. 예를 들어, 3세반 자녀에게 밥을 먹여 달라고 요구하는 부모라면 기본생활습관 지도에 대해 설명할 필요가 있고, 가정에서는 하루에 세 번 정도 옷을 갈아입힌다고 하는 부모에게는 자녀가 불편해 하는지를 물어보고 만약 불편해 한다고 하면 전체 유아를 관리하느라 신경 쓰지 못할 수 있으니 자녀로 하여금 옷을 갈아입고 싶을 때는 보육교사에게 와서 요구하도록 지도해 달라고 부탁한다.

③ 기관의 운영방침에 대해 불만을 이야기하는 부모

부모가 기관의 운영방침에 대해 불편한 마음이 있을 때 직접 원장에게 전화하지 않고 보육교사에게 이야기할 때가 있다. 보육교사는 기관 구성원으로서 부모가 기관의 운영방침에 대해 이야기할 때, 우선 자기가 이해하고 있는 선에서 사실에 기초하여 기관의 입장을 설명한다. 예를 들어, 급식에 대해 불만이 있는 부모에게 기관이 왜 지금과 같은 급식을 하는지, 메뉴는 어떻게 정하며 조리는 어떻게 하는지 등을 자세히 설명하고 그래도 불만이 해소되지 않는 경우, 원장에게 의견을 전달하겠노라고 할 수 있다. 그리고 원장과 의논 후 그 결과를 원장이나 보육교사가 반드시 정확히 전달한다.

보육교사는 보육실에서 영유아를 지도하는 것 이외에 기관 구성원으로서의 역할, 지역사회와의 관계, 부모와의 관계 등을 모두 일일이 신경 쓰고 관리해야 하는 책임을 가진다. 그리고 이 모든 역할과 책임이 영유아의 적절한 발달을 위한 것임을 알고 수행해야 한다.

3. 지역사회와의 협력

영유아의 건강한 성장을 위해서는 부모를 포함한 가정 환경과 함께 영유아를 둘러싼 지역사회의 환경을 살펴볼 필요가 있다. 어린이집에서는 지역사회와의 의미 있는 상호 협력 관계를 통해 지역사회를 이해할 뿐 아니라 지역 사회에서 필요한 지지를 받을 수 있도록 노력해야 한다. 이를 지역사회와의 연계프로그램, 지역사회의 인적환경 활용하기로 나누어 살펴보면 다음과 같다.

① 지역사회와의 연계프로그램

보육교사는 아이들에게 정해진 주제에 대한 유의미한 경험의 기회를 계획하는 가운데 지역사회와의 다양한 연계프로그램을 고려해 볼 수 있다. 예를 들면, 인근 학교, 노인시설, 병원, 관공서, 은행, 병원, 박물관, 미술관, 도서관, 시장, 마트 등 영유아를 둘러싼 지역 사회 자원을 활용하는 것이다. 특히 그 지역만의 독특한 환경을 이용한 지역사회 환경의 활용은 영유아가 본인이 속한 지역사회를 좀 더 구체적이고 실제적으로 이해하는 데 도움이 된다. 보육교사가 지역사회 연계 프로그램을 계획하는 데 고려해야 할 내용을 '어린이집 인근 재래 시장 방문'을 주제로 경제생활에 대한 직접적인 경험을 체험하는 프로그램으로 살펴보면 다음과 같다.

우선 견학의 형태를 띠는 활동이므로 보육교사는 미리 시장을 방문해서 견학의 동선과 가게의 종류, 아이들과 함께 알아볼 수 있는 시장의 내용 등을 살펴보아야 한다. 이를 토대로 보육실에서 사전 활동을 하고, 실제 시장에서 할 일을 계획하고 실행하며 평가한다. 이때 중요한 것은 보육교사 자신이 지역사회와 연계되는 프로그램의 중요성을 먼저 인식하고, 그 프로그램을 즐기는 일이다. 만약 보육교사가 평소 재래 시장에서 물건 구입하는 것 자체를 불편하게 인식하고 있다면, 아이들과 상호작용하는 과정에서 그 불편한 느낌을 은연중에 전달하게 되어 효과적인 결과를 얻기 어려울 것이기 때문이다. 또한 보육교사는 늘 같은 프로그램을 계획하는 것이 아니라 그 해 반 아이들의 흥미와 욕구를 관찰하여 가장 적합한 지역사회의 프로그램과 연결하고자 하는 의지가 있어야 한다. 그렇게 했을 때 다양하고 적합한 프로그램을 찾을 수 있고 그 효과가 배가될 수 있다. 해마다 하는 재래 시장 견학 프로그램이라 해도 작년과 올해 아이들의 관심은 다를 수 있다는 것을 반드시 염두에 두고 계획하는 것이 필요하다.

〈지역사회 연계프로그램의 예〉

연간주제	지역사회 기관	프로그램 내용
봄	인근 공원과 꽃가게	나무와 꽃 해설 (공원 관리소, 화원과 연계)
동 · 식물과 자연	노인복지관	할아버지 할머니와 텃밭 가꾸기
나와 가족	노인복지관	요리하기, 책 읽기, 폐품 공통 작품 만들기
우리 동네	다양한 가게, 시장, 미용실	가게와 시장에 들려 물건 사기, 미용실 견학
여름	보건소나 병원	건강 위생 교육
교통기관	어린이 교통 나라	교통 교육(교통안전 체험)
우리나라	한옥마을, 고궁, 떡 박물관	전통생활 체험

연간주제	지역사회 기관	프로그램 내용
가을과 열매	농촌 마을	가을걷이 체험
환경과 생활	인근 놀이터나 공원	망가지거나 고장난 것 찾아 담당 기관에 알리기
겨울과 놀이	소방서	화재대피 훈련
형님이 되어요	인근 초등학교	초등학생으로서의 준비

② 지역사회의 인적환경 활용하기

지역사회에는 다양한 인적 환경이 존재한다. 가깝게는 영유아들의 부모님이 있고, 주변을 살펴보면 지역 특성에 따른 각기 다른 인적 자원을 찾아볼 수 있다. 먼저 부모님의 인적자원은 어린이집 공동육아자로서 무엇보다 효과적인 자원에 속한다. 부모의 인적자원을 활용함으로써 어린이집과의 공동육아자로서의 신뢰로운 관계를 증진시키고, 자녀와의 친밀감을 높이는 기회가 될 수 있다. 부모가 인적환경으로 활용되는 경우는 봉사(교통 차량 도우미, 교구 제작 및 세척, 환경 미화 등)와 다양한 재능 기부(직업 개방, 악기 연주, 다문화 소개, 마술 등) 등이 포함된다. 특히 보육현장에서 열린 어린이집을 지향하며 부모와의 동반자적 관계 형성의 중요성을 부각하고 있는 현 시점에 부모의 다양한 인적자원은 매우 의미 있는 기초 자원에 해당된다.

부모 외에 지역 특성을 고려한 주변 인적 자원의 활용 또한 가치 있는 활동으로 연결될 수 있다. 예를 들어 대학교 근처에 위치한 어린이집 경우, 대학 안에 있는 다양한 동아리들 속 인적 자원을 활용해 영유아들에게 주제 관련한 의미 있는 환경을 제공해 줄 수 있다. 우리나라 주제에서 전통 탈춤에 대해 동영상이 아닌 직접 체험을 유아들에게 경험하게 하고 싶다면, 대학 동아리 탈춤반을 찾아가 목적과 내용을 알리고 유아들과 대학생이 함께하는 시간을 마련하는 경우다. 이와 유사한 활동으로 주변 인적 자원을 어린이집으로 직접 초대해 악기 연주를 감상하게 하거나, 도자기를 만드는 등의 미술 활동을 전개하기도 한다. 그 외 주변 노인복지관의 노인 인력을 찾아 전래동화 들려주기 활동을 계획하거나, 텃밭 가꾸기 활동에 어른들의 경험과 노하우를 결합하여 서로의 필요를 채워 주는 중간 교량의 역할을 할 수 있다.

이때 중요하게 고려할 것은 어린이집과 지역 사회 구성원 간 서로에게 도움이 되도록 그 방향성과 수준을 잘 고려해야 한다는 점이다. 한쪽의 일방적인 이익을 추구하다 보면 그 관계가 지속되기 어렵고, 서로 간에 유익을 창출하고자 하는 처음의 선한 의도가 왜곡될 수 있기 때문이다.

CHAPTER 10

보육교사의 윤리와 의무

1. 아동의 권리
2. 보육교사의 윤리강령

1. 아동의 권리

1) 아동권리의 이해

권리는 인간의 존엄성 측면에서 보면 개인의 삶에 기본적 · 필수적 요소이다. 이러한 점에서 사람은 누구나 권리를 가지고 있고 권리의 행사는 보편적인 것이다. 국제사회는 인권을 인간인 이상 누구나 빠짐없이 가질 수 있고, 또 가져야 할 천부적인(inherent), 불가양의(inalienable), 그리고 만인의(universal)것으로 규정하였다(황옥경, 2005). 1948년 세계 인권 선언을 필두로 제정되기 시작한 인권선언 및 협약은 최근 90여 개에 이르고, 세계 각국이 이에 가입하는 추세이다.

유엔에서는 아동권리선언(1959)의 선포 20주년이 되던 1977년을 '세계아동의 해'로 정하고 아동권리선언의 이행을 촉구하였다. 10년이 지난 1989년 11월 20일 유엔총회에서는 보다 더 구속력을 가지고 아동의 권리를 보장하기 위해 '아동의 권리에 관한 국제협약(Convention on the Right of the Child)'을 만장일치로 통과시켰다.

이 협약의 주요 규정은 모든 아동들에게 필요한 보호와 도움을 제공하기 위하여 아동의 인격발달과 복지증진을 위하여 가정, 사회, 국가 모두 다 특별한 배려를 해야 한다고 규정되어 있는데, 적용대상은 18세 미만의 아동이다.

1990년 9월 2일 20개국 이상의 비준을 받게 됨에 따라 1990년 9월 2일부터 국제법의 효력을 갖게 되었으며 우리나라는 1990년 9월 25일에 서명하고 1991년 1월

20일에 이를 비준함으로써 협약당사국이 되었다. 유엔아동권리협약은 전 세계 193개국(2013년 기준)이 비준함으로써 국제협약 사상 가장 많은 국가들이 협약 당사국이 된 국제협약이 되었다(한국보육진흥원, 2013).

Tip 10-1 모든 어린이들이 마땅히 누려야 할 권리

어린이에게는 행복하게 누려야 할 많은 권리가 있습니다. 아동권리협약(Convention on the Rights of the Child: CRC)은 18세 미만 아동의 모든 권리를 담은 국제적인 약속으로 1989년 11월 20일 유엔에서 만장일치로 채택되었습니다. 2014년 현재, 한국을 포함한 전 세계 195개 나라가 이 협약을 지키기로 했습니다. 유엔아동권리협약에는 이 세상 어린이라면 누구나 마땅히 누려야 할 생존, 보호, 발달, 참여의 권리가 담겨 있습니다.

출처: 유니세프한국위원회(http://www.unicef.or.kr)

유엔아동권리협약이란 국제인권조약 가운데 가장 많은 가입국을 보유한 조약으로, 18세 미만의 어린이와 청소년을 아동으로 규정하고 있다. 우선적인 원칙은 아동에게 최상의 이익을 제공한다는 것이며, 네 가지 권리는 다음과 같다.

① **생존의 권리**(Right to Survival): 적절한 생활수준을 누릴 권리, 안전한 주거지에서 살아갈 권리, 충분한 영양을 섭취하고 기본적인 보건서비스를 받을 권리 등 기본적인 삶을 누리는 데 필요한 권리

② **보호의 권리**(Right to Protection): 모든 형태의 학대와 방임, 폭력, 고문, 징집, 부당한 형사처벌, 과도한 노동, 약물과 성폭력 등 어린이에게 유해한 것으로부터 보호받을 권리

③ **발달의 권리**(Right to Development): 잠재능력을 최대한 발휘하는 데 필요한 권리, 교육받을 권리, 여가를 즐길 권리, 문화생활을 하고 정보를 얻을 권리, 생각과 양심과 종교의 자유를 누릴 수 있는 권리 등

④ **참여의 권리**(Right to Participation): 자신의 생활에 영향을 주는 일에 대하여 의견을

말하고 존중받을 권리, 표현의 자유, 양심과 종교의 자유, 평화로운 방법으로 모임을 자유롭게 열 수 있는 권리, 사생활을 보호받을 수 있는 권리, 유익한 정보를 얻을 권리 등

2) 아동권리침해와 옹호 이해

아동은 자기의 권리침해로부터 자신을 보호하기가 어렵고, 기회가 있어도 그것을 활용하지 못할 수도 있다. 아동권리침해 양상은 다양하며 아동에게 오랫동안 영향을 미치고 치명적인 결과를 초래할 수 있다.

영유아에 대한 아동권리침해가 여러 가지 형태로 나타나고 있다. 특히 최근 어린이집 종사자에 의한 영유아 체벌, 폭행, 폭언 등 아동학대 사건이 언론에 보도되면서 어린이집에서의 아동권리침해가 사회문제로 대두되었다.

보육교사는 아동권리에 대한 분명한 인식을 가지고 자신이 돌보는 영유아의 권리가 침해되지 않는지 세심하게 살펴보는 아동권리 민감성을 발달시켜야 한다.

따라서 보육교사는 유엔아동권리 협약의 권리 유형에 대한 명확한 지식을 가지고 있어야 하며, 이를 준거로 아동권리침해 여부를 판단할 수 있어야 한다. 유니세프는 아동권리 핸드북을 발간하고 아동권리침해를 판단할 수 있도록 하였다.

성인보다 아동에게 위험한 상황은 많이 있고, 실제로 아동들만이 부딪히게 되는 위험도 있다. 이처럼 아동이 소유한 일부 권리는 성인들의 권리와 다르기 때문에 아동에게는 다른 유형의 인권보호가 필요하다.

옹호활동은 상당히 다양한 형태로 이루어질 수 있는데, 주로 관련법의 개혁이나 법 제정을 추진하고, 아동권리에 대한 연구를 하고, 캠페인을 벌이며, 기관 간 그리고 각 부처 간 협조체계를 끌어내는 활동 모두를 포함한다.

법 제정을 추진하는 것은 전형적인 권리 옹호활동으로, 옹호활동은 문제의 원인에 접근한다는 점에서 아동권리 증진을 위한 구체적인 노력이다(황옥경, 2004).

아동권리모니터링은 아동권리를 침해하는 상황을 개선하거나 아동권리를 증진

하기 위해 필요한 조치를 확인하고 평가하는 일련의 모든 과정을 의미한다. 아동권리 신장을 위한 옹호활동에서부터 아동권리침해 사례에 대한 보호 모두를 망라한다. 아동권리모니터링은 국가의 아동관련 정책 및 아동이 생활하고 있는 환경에 대한 평가, 분석, 제안하는 일련의 모든 활동이다. 아동권리 문제에 관한 정보의 수집, 확인, 활용 등이 모두 포함된다(황옥경, 2012).

이를 기본으로 영유아의 인권은 아동복지법이나 영유아보육법 등을 통해서 법적으로 보장하고 있다. 즉, 보육은 영유아의 이익을 최우선적으로 고려하여 제공되어야 하고 영유아가 안전하고 쾌적한 환경에서 건강하게 성장할 수 있도록 하여야 하며 영유아는 자신이나 보호자의 성, 연령, 종교, 사회적 신분, 재산, 장애, 인종 및 출생지역 등에 따른 어떠한 종류의 차별도 받지 않도록 제공되어야 한다. 이는 곧 유엔아동권리협약에서의 주요 원칙인 무차별의 원칙, 아동 이익 최우선의 원칙, 아동의 생존 · 보호 · 발달의 원칙, 아동 참여의 원칙과 맥락을 함께한다(안지혜, 2015).

아동의 권리를 존중해야 하는 어린이집의 일과에서 교사는 수많은 딜레마에 놓이고 이를 해결해야 하는 어려움에 처하게 된다. 따라서 교사는 윤리적 책임을 인식하는 것이 중요하다.

2. 보육교사의 윤리강령

1) 윤리의 기본개념

윤리(ethics)란 사람으로서 마땅히 행하거나 지켜야 할 도리로서 도덕성에 관한 비판적 숙고이고 기본적인 개념은 도덕(moral)을 의미한다. 이는 자발적인 준수를 요구하는 행위 규범으로 일반적으로 법률이 사회유지를 위한 외적 · 공식적 통제체제라면, 윤리나 도덕은 바람직한 사회를 위한 당위적이고 이상적인 내적 · 자율적 통제체제를 지칭한다. 윤리는 옳고 그른 것에 관한 비공식적 규칙으로 인간이 다른 사람과의 관계 속에서 삶을 영위해 나가는 데 개인 또는 집단의 성원으로서 지켜 나가야 할 것으로 기대되고 약속된 행동기준이며 그것을 당위론적으로 준수할 것을 요구하는 사회적 규범을 의미한다(조필수, 2008).

2) 교직윤리

교직윤리란 교사가 교직생활에서 지켜야 하는 규범이다. 윤리가 각 개인이 사회생활에서 지켜야 할 행위의 규범, 도덕의 근본이념인 도리나 의무라는 사실을 고려한다면, 교원의 윤리란 비록 강제를 수반하는 법률적 성격을 갖지는 않지만 교사가 교육활동을 수행하면서 사람들의 사표(師表)로서 행동하기 위해 지키고 따라야 하는 행위 규범 또는 도덕적 의무를 말한다.

교직윤리의 책무성과 관련하여 영유아보육에 있어서의 윤리적 행동기준은 오랜 역사에 근간을 둔 핵심가치에 대한 책무에 근거한다. 핵심가치란 첫째, 영유아기를 인생에서 특별하고 가치 있는 단계로 인식하고 둘째, 영유아가 어떻게 발달하고 학습하는지에 대한 지식에 기초하며 셋째, 영유아와 가족 간의 결합을 인식하고 지원하며 넷째, 영유아는 가족, 문화, 조직, 사회의 맥락에서 가장 잘 이해되고 지원받는다는 것을 인지하며 다섯째, 각 개인(영유아, 가족구성원과 동료)의 존엄, 가치, 유일함을 존중하고 여섯째, 영유아, 가족, 동료들의 다양성을 존중하며 마지막으로 영유아와 성인은 신뢰와 존중을 기초로 한 관계의 맥락에서 그들의 모든 잠재능력을 발현한다는 것을 인지하는 것이다(이완정, 2005, 재인용).

보육교사는 어린 영유아를 돌보고 가르치는 자로 희생과 봉사, 엄격한 직업윤리가 요구되고 특별한 자질과 사명감, 다른 일반 전문직과 구분되는 창의성, 무엇보다 영유아에 대한 보편적 지식과 더불어 개별 아동과 가정이 갖는 특수성에 대한 지식과 현장경험의 경력이 매우 중요한 전문가라고 할 수 있으므로(백승선, 2010) 전문인으로서의 책임감을 갖고 기본 윤리를 준수하여야 한다.

3) 보육교사의 직업윤리

직업윤리란 한 직업 세계에서 그 직업의 지속과 번영을 위해 요구되는 관습화된 행동규범이며, 사람이 마땅히 행하고 지켜야 할 도리와 이에 대한 비판적 인식이다. 보육교사에게는 특별한 직업윤리가 요구된다. 보육교사는 초 · 중 · 고 교원과 달리 발달이 가장 빠르고 왕성하게 일어나는 시기의 영유아를 가르치기 때문이다. 보육교사의 직업윤리에 대한 확고한 신념과 윤리강령은 교사의 충실한 직업윤리의 이행을 돕는다.

발달적으로 매우 취약한 시기에 있는 영유아의 권리를 보호하기 위해 보육교사는 보육이 영유아의 발달에 미치는 영향을 분명히 인식하고 영유아교사 역할의 범주와 한계를 정확하게 파악해야 한다. 보육교사에게 요구되는 도덕적 자기무장을 하는데, 이러한 인식은 중요하다. 교사는 영유아와의 상호작용과정에서 '큰 소리로 야단하거나', '지시적이거나 명령적'인 행동을 하고 싶거나 등의 바람직하지 않은 행동을 하고 싶은 유혹을 느낄 때가 있다. 교사는 영유아에게 어떠한 형태의 체벌과 가혹행위를 해서는 안 된다는 사실을 주지하고 모든 영유아가 공평하게 발달할 수 있는 기회를 제공해야 한다(한국보육진흥원, 2011).

4) 윤리강령

윤리강령은 책임성과 고객, 사회, 동료들에 대한 행위의 일반적 원리를 규정한 것으로 직업의 사회적 유용성을 주장하고 공공복리의 이론적 설명의 기틀을 세우며, 부적격하고 부도덕한 직업 활동을 제거하기 위한 기준을 제시하는 데 그 의의가 있다. 또한 어린이집의 특성상 보육교사가 대하게 되는 많은 딜레마적 갈등 상황을 해결해 갈 수 있는 기본 잣대로서 윤리강령은 그 역할을 할 수 있다. 즉, 윤리강령은 보육교사로 하여금 비판적으로 반성적인 사고를 할 수 있도록 도와주고 동료와 함께 바른 해결책을 찾는 논의의 준거가 될 수 있다.

윤리강령은 보육교사의 역할에 대한 철학적 기초를 제공함으로써 교사의 결정 방향을 제시해 줄 수 있고, 다양한 가치 속에서 보육교사의 역할을 인식하고 올바른 판단을 내릴 수 있게 한다(한국보육진흥원, 2011).

(1) 미국유아교육협회(NAtional Association for the Education of Young Children: NAEYC)의 윤리강령

미국유아교육협회(NAtional Association for the Education of Young Children: NAEYC)는 영유아, 가정, 동료, 지역사회와 사회로 영역을 나누어 각 맥락에서 유아교육자들의 기본적인 책임을 설명하고, 각 영역별로 모범적인 전문적 실천을 반영하는 이상(Ideas)과 요구되는 실천 원리(Principles)를 제시하고 있으며, 4개 영역[1], 이상(Ideals) 40항목[2], 원칙 57항목[3]으로 구성되어 있다.

(2) 한국보육시설연합회의 윤리강령(2010)[4]

한국보육시설연합회(현, 한국어린이집총연합회)와 육아정책연구소(2010)의 연구에서 윤리강령 제정의 필요성에 대해 인식 조사를 한 결과, 어린이집 원장은 84.7%가 보육교사는 71.7%가 필요하다고 인식하였다. 2010년 한국보육시설연합회와 육아정책연구소가 개발한 윤리강령은 다음과 같이 구성되어 있다.

1) NAEYC의 윤리강령은 4개 항목으로 구성됨. 즉 '유아들에 대한 윤리적 책임', '가정에 대한 윤리적 책임', '동료에 대한 윤리적 책임', '지역사회와 공동체에 대한 윤리적 책임'이다.

2) 이상(ideals)은 전문적이고 바람직한 이상 제시.

3) 교사에게 요구, 금지, 허용되는 원칙들로 구성됨.

4) 한국보육시설연합회·육아정책연구소(2010). 보육 시설장·교사 윤리강령 개발 연구.

Tip 10-2 윤리강령의 구성(서문과 4장으로 구성)

• 서문

전문직업인으로서의 보육 종사자와 윤리강령의 의의, 윤리강령이 다루고 있는 범위 등을 먼저 제시하여 앞으로 나오게 될 각 장에 대한 도입의 의미가 있다. 뿐만 아니라 윤리강령의 준수에 임하는 의지와 자세를 강하게 제시해 두고자 하였다.

• Ⅰ장 : 영유아에 대한 윤리

모두 11개의 항목으로 구성되어 있으며, 항목들은 다시 유엔 아동권리협약에 의거한 영유아의 기본권 네 가지에 따라 구분될 수 있다.

영유아 기본권리를 생존권, 보호권, 발달권, 참여권이라 할 때, 이와 같은 나열 순서에 따라 윤리강령의 각 조항들의 순서를 매긴다.

• Ⅱ장 : 가정에 대한 윤리

보육시설장과 보육교사들이 영유아의 가정과 소통관계를 유지해 갈 수 있도록 인식과 태도에 대한 항목을 참고할 수 있게 하였다. 중요한 기본적 의식으로서, 각 가정의 양육가치와 의사를 존중할 것을 우선적으로 제시하고, 가정에 대한 정보제공과 참여유도를 강조하였다.

• Ⅲ장 : 동료에 대한 윤리

두 부분으로 나누어지는데, 보육시설장으로서 보육교사에 대한 윤리와 보육교사가 보육시설장 및 동료 보육교사에 대해 갖는 윤리적인 측면의 제시이다. 보육교사는 존중과 신뢰를 바탕으로 협력하며, 서로의 전문성과 자율성을 인정하고, 상호 간 역량계발과 복지증진에 부합하는 근무환경이 되도록 힘쓰며, 보육시설 내에서 영유아 및 보육교사의 인권과 복지를 위협하는 비윤리적 사태가 발생한 경우, 법률규정이나 윤리기준("한국보육시설연합회 윤리강령위원회" 참조)에 따라 조치를 취할 것 등을 규정하고 있다.

• Ⅳ장 : 사회에 대한 윤리

사회에 대해 보육은 무엇보다 질적으로 훌륭하고 좋은 서비스를 제공하는 것이 가장 중요한 책임이다. 공적 비용이 투입되는 시설로서 투명한 재정을 유지하고 사적 이익이 개입되지 말아야 할 것, 사회적으로 영유아 전체 인권 증진을 위해 노력하는 책무를 이행하고, 지역사회의 주요 기관으로서 역할을 찾아 이를 실천하는 데 참여하는 것도 필요하다.

• 보육인 윤리 선언[5)]

윤리강령의 부속물로서 '보육인 윤리 선언'을 제작하였다. 이는 총 6개의 문장으로 이루어진 선언문으로, 윤리강령이 보다 구체적이고 다양한 내용을 세부적으로 다룬 데 비해 이는 행사나 필요한 경우 구어로 읽고 다짐하는 데 활용할 수 있게 하려는 목적이다.

5) 구체적인 내용은 tip Ⅸ-2 참조.

5) 영유아에 대한 비밀보장과 부모 동의

영유아에 대한 사적인 정보 및 자료는 철저하게 비밀이 보장되어야 한다. 정보를 공유해야 할 상황이 발생되는 경우를 제외하고 특정부모나 영유아에 대한 정보를 다른 사람에게 말하는 것은 금해야 한다. 영유아와 가족의 개인적 사항을 외부에 발설하는 것은 개인생활에 대한 침해가 될 수 있다. 영유아에 대한 정보를 사용하거나 노출할 경우 반드시 부모의 동의를 얻어야 한다.

특히 영유아의 사진을 찍거나 영유아 사진을 자료로 활용하는 것도 반드시 부모의 동의가 필요하다. 보육교사는 언제나 영유아의 사적 생활에 대한 정보가 누설되지 않도록 세심하게 주의를 기울여야 하며 부모 동의절차 및 관련 서류가 어린이집에 적절하게 비치될 수 있도록 한다.

Tip 10-3 한국 어린이집 원장 · 교사 윤리강령(한국어린이집총연합회)

보육은 영유아를 건강하게 양육하고, 안전하게 보호하며, 발달특성에 적합한 교육을 제공하는 복지서비스이며, 보육인은 사랑과 존중과 전문지식을 바탕으로 영유아의 전인적 성장에 영향을 미치는 전문직업인이다. 그러므로 보육인은 윤리적 의식과 태도를 가지고 사회적 본분에 임해야 한다.
이에 어린이집원장과 보육교사는 스스로 책무성을 발현하여 윤리강령을 제정함을 밝힌다. 본 강령을 직무수행의 규준으로 삼아, 보육현장에서 발생하는 윤리적 갈등을 해결하고, 생존권, 보호권, 발달권, 참여권 등 영유아의 권리를 보장함으로써, 직무상의 윤리적 책임을 다하여 전문직업인으로서의 위상을 공고히 하고자 한다.
더불어 영유아와 그 가정, 동료와 사회의 존엄성을 존중하는 보육의 실천으로 다각적인 신뢰를 구축하고, 영유아의 잠재력을 최대한 발휘시킴으로써 영유아가 긍정적인 자아개념을 형성하고 유능한 사회인으로 성장할 수 있도록 도와, 궁극적으로는 영유아와 그 가정, 동료와 사회의 통합적 · 이상적 복지 실현에 기여하고자 한다.

제 I 장. 영유아에 대한 윤리

1. 영유아에게 고른 영양과 충분한 휴식을 제공하여, 몸과 마음이 건강한 사람으로 자라도록 돕는다.
2. 성별, 지역, 종교, 인종, 장애 등 어떤 이유에서도 영유아를 차별하지 않고, 공평한 기회를 제공한다.

3. 영유아는 다치기 쉬운 존재임을 인식하여 항상 안전하게 보호한다.
4. 영유아에 대한 정서적, 언어적, 신체적 학대를 행하지 않는다.
5. 시설 내외에서의 영유아 학대나 방임을 민감하게 관찰하며, 필요한 경우 관련 기관("아동보호전문기관" 등)에 보고하고 조치를 취한다.
6. 영유아의 인격을 존중하고, 개인의 잠재력과 개성을 인정한다.
7. 개별적 상호작용 속에서 영유아의 요구를 수용하기 위해 노력한다.
8. 영유아의 사회 · 정서 · 인지 · 신체 발달을 통합적으로 지원하는 보육프로그램을 실시한다.
9. 특별한 도움을 필요로 하는 경우, 전문가와 협력하여 영유아의 입장에서 최선의 대안을 찾는다.
10. 보육활동을 계획, 실행, 평가하는 모든 과정에 영유아의 흥미와 의사를 반영한다.
11. 영유아의 개인적 기록과 정보에 대해 비밀을 보장한다.

제Ⅱ장. 가정에 대한 윤리

1. 상호 신뢰를 바탕으로 영유아의 가정과 동반자적인 관계를 유지한다.
2. 각 가정의 양육가치와 의사결정을 존중한다.
3. 경제적 수준, 가족형태, 지역, 문화, 관습, 종교, 언어 등 어떤 것에 의해서도 영유아의 가정을 차별 대우하지 않는다.
4. 보육활동 및 발달 상황에 관한 정보를 정확하게 제공하여 영유아에 대한 가정의 이해를 돕는다. 다문화, 심신장애 등으로 의사소통에 도움이 필요한 경우 문제를 해결할 최선의 방법을 도모한다.
5. 시설 운영 전반에 관한 정보를 공개하여 영유아 가정의 알 권리에 응한다.
6. 보육프로그램과 주요 의사결정에 영유아의 가정이 참여하도록 안내한다.
7. 필요한 사회적 지원, 전문서비스 등 관련 정보를 제공하여 영유아 가정의 복리 증진을 돕는다.
8. 영유아 가정의 사생활을 보호하고 익명성을 보장한다.

제Ⅲ장. 동료에 대한 윤리

[어린이집원장]

1. 최상의 보육서비스 제공에 필요한 인적, 물적 환경의 조성 및 유지를 위해 노력한다.
2. 보육교사를 신뢰하고 존중하며 전문성과 자율성을 인정한다.
3. 성별, 학연, 지연, 인종, 종교 등에 따라 보육교사를 차별하지 않는다.
4. 업무 관련 의사결정이 필요한 경우, 보육교사의 의견 개진 기회를 보장한다.
5. 보육교사에게 지속적 재교육 등 전문적 역량 제고의 기회를 부여한다.
6. 보육교사에게 적정 수준의 보상(보험, 급여 등)을 안정적으로 제공하며, 복지 증진에 힘쓴다.

7. 보육교사 개인의 기록과 정보에 대한 비밀을 보장한다.

[보육교사]

1. 존중과 신뢰를 바탕으로 협력하며, 서로의 전문성과 자율성을 인정한다.
2. 상호 간 역량계발과 복지증진에 부합하는 근무환경이 되도록 힘쓴다.
3. 어린이집원장 및 동료와 영유아 보육에 대한 신념을 공유한다.
4. 보육교사로서의 전문성 향상을 위해 스스로 노력한다.
5. 시설 내에서 영유아 및 보육교사의 인권과 복지를 위협하는 비윤리적 사태가 발생한 경우, 법률규정이나 윤리기준("한국어린이집총연합회 윤리강령위원회" 참조)에 따라 조치를 취한다.

제Ⅳ장. 사회에 대한 윤리

1. 공보육에 대한 책임을 인식하고, 항상 질 좋은 보육서비스를 제공한다.
2. 영유아의 안전을 위협하는 환경이나 정책이 발견될 시, 관계기관과 협의하여 개선한다.
3. 공적 책임이 있는 시설로서 재정의 투명성을 유지하고, 부정한 방법으로 사적 이익을 취하지 않는다.
4. 영유아의 권익보호를 위해 관련 정책 결정 및 법률 제정에 적극 참여하며, 사회적으로 이를 널리 알리는 데 앞장선다 .
5. 지역사회 실정에 맞는 시설의 책임과 역할을 인지하고, 실천하고자 노력한다.

한국 보육인 윤리선언(한국어린이집총연합회)

나는 영유아의 건강한 성장과 발달을 지원하는 보육교사(보육시설장)로서, 직무상의 윤리적 책임을 다하여 다음 사항들을 지킬 것을 다짐합니다.

1. 나는 내가 영유아에게 지대한 영향을 미치는 존재임을 잊지 않으며, 항상 스스로의 말과 행동에 신중을 기한다.
1. 나는 영유아의 인격과 권리를 존중하며, 어떠한 경우에도 영유아에게 해가 되는 일을 하지 않는다.
1. 나는 영유아 가정의 다양성을 이해하고 존중하며, 상호 신뢰하는 동반자적 관계를 유지한다.
1. 나는 동료를 존중하고 지지하며, 서로 협력하여 최상의 보육서비스를 제공하기 위해 노력한다.
1. 나는 보육의 사회적 책임과 역할을 인식하고, 영유아의 권익과 복지를 위한 활동에 앞장선다.
1. 나는 「보육 시설장 · 교사 윤리강령」을 직무수행의 도덕적 규준으로 삼아 진심을 다하여 충실히 이행한다.

CHAPTER 11

딜레마와 갈등 해결

1. 아동학대와 관련된 딜레마

어린이집에서 교사로서 일과를 운영하고 영유아들을 돌보고 지도하다 보면 수많은 딜레마를 경험하게 된다. 얼마나 전문적인 교사가 되고 얼마나 능숙하게 교실을 운영하느냐는 이러한 딜레마를 경험하면서 얼마나 적절하게 해결하느냐와 관련된다고 해도 과언이 아니다.

영유아 지도와 관련된 상황들은 앞에서 충분히 다루었기에 본장에서는 다소 민감한 쟁점 두 가지를 다루고자 한다. 그 하나는 어린이집에서의 아동학대와 관련된 딜레마이고 다른 하나는 성인과의 관계, 즉 학부모나 동료교사, 원장과의 관계에 대한 딜레마이다. 이론적 점검들은 각 장에서 다루었기에 본장에서는 사례 위주로 다루기로 한다.

1. 아동학대와 관련된 딜레마

아동학대와 관련된 사건들이 간혹 뉴스에 나올 때마다 "어떻게 저런 일이 일어날 수 있지?"라고 한다. 그러나 보육교사로서 역할하고자 하는 이들은 좀 더 민감하게 이 사안을 들여다볼 필요가 있다. 학대에 관련된 개념정의를 이 장에서 세세하게 다루지 않더라도 어디까지를 학대로 볼 것인지? 주로 때리고 밀치고 가두는 등의 행동을 학대로 보는지를 함께 고민해 봐야 한다. 네 가지 사례를 통해 살펴보자.

1) 영유아 입장에서의 딜레마

"선생님이 날 좋아하는 걸까?"

"왜 매일 무서운 표정을 짓지?"

영유아 입장에서는 이런 딜레마가 있다.

영유아들이 "선생님~" 하고 부를 때 미소를 지으며 바라보거나 "응, 왜?"라고 답해야 하는 이유는 영유아들의 경우 기본적으로 자신을 돌보는 성인에게 정서적 더듬이가 가 있다고 할 수 있기 때문이다.

"선생님이 오늘 날 예쁘다고 했어"라고 엄마에게 말하면서 행복하고 "선생님이 나 안 예뻐해"라고 하면서 힘 없어 하는 아이들의 모습을 볼 수 있다. 교사의 말 한마디, 표정 하나에 영향을 받는다고 하면 교사는 다소 부담을 느낄 수 있지만 긴 시간 보육교사와 지내는 영유아들의 입장을 이해하면 충분히 알 수 있다.

출처: http://kimsoonjong.com/599

한 지역 어린이집에서 일어난 사건이다. 2015년 1월에 발생한 사건이었다. 많은 정치인들도 뉴스에 나와 분노를 표했고 해당 유아가 맞는 장면은 수시로 뉴스에 방영되었다. 그러나 그때마다 눈에 띈 것은 뒤에 앉은 아이들이었다. 혹시 맞는 유아만 학대받았다고 생각한다면 학대에 대한 민감성을 좀 더 갖추어야 한다.

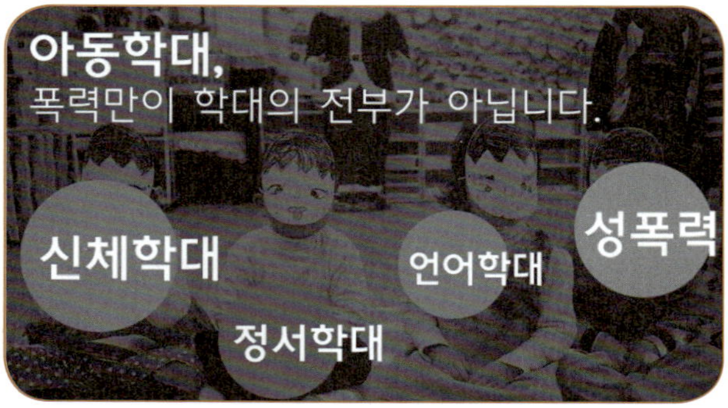

출처: http://blog.naver.com/mitchinkking/220587065506

사례 1.

"얘, 너 양말 봐. 으이그~ 구멍 났잖아."

선생님의 말에 개나리반 아이들이 다들 하하호호 웃기 시작하였다.

선생님은 태균이가 별로 영향을 받지 않는다고 생각했는지 "으이그~ 하여간~" 하며 혀를 찼다.

이러한 딜레마를 만날 때 해결하는 방법에 대해 생각해 보자.

교사는 별로 심각하지 않게 여길 수 있다. 일상적인 대화라고 볼 수도 있다. 뭐 그 정도를 '학대' 운운하느냐고 느낄 수 있다. '으이그~', '하여간~' 같은 추임새가 담긴 말들은 친한 성인 친구들끼리 할 수 있는 말일 수 있다. 그러나 아직 어린 영유아들에게는 당황스럽고 어떻게 반응해야 하는지 모르는 말이다. 그래서 마음을 다칠 수 있다. 교사는 말 한마디에도 영유아들을 존중하는 마음을 담아야 한다. 성인이 교사가 알아차리지 못하는 사이에 영유아들이 마음에 상처를 받을 수 있기 때문이다.

예비교사는 교사가 되기 이전부터 이에 대한 준비를 하는 것이 좋다. 성인 친구들끼리도 친구의 실수에 큰 소리로 웃는다든가, 유행하는 비속어를 사용하는 습관을 고치는 것이 좋다. 습관화를 하기 위해서이다. 친구가 부르면 웃는 얼굴로

"응, 왜?"라고 답해 보기도 하고 성인 친구가 이야기할 때에도 고개를 끄덕이며 조용히 눈을 마주치고 들어보는 연습을 하는 것이 좋다.

(2) 하루 일과와 관련된 딜레마

영유아들이 개별성을 존중하고 수용한다고 하지만 다수의 영유아들을 한꺼번에 보육하려면 종종 딜레마에 부딪친다. 급식지도나 낮잠 지도시간은 이와 관련된 딜레마를 포함하는 일과의 대표적인 사례이다.

사례 2.

"선생님 저는 안 자고 싶어요."

낮잠 시간에 안 자고 싶은 영유아에게 교사들은 대부분 조용한 놀이를 하고 있으라고 한다.

"선생님 저는 이거 안 먹을래요."

먹고 싶지 않은 콩을 먹지 않겠다고 하는 영유아에게 "그래. 하지만 조금만 먹어 볼까?"라고 한다.

"선생님 엄마한테 전화할래요."

엄마의 목소리를 일과 시간 중 듣고 싶어하는 영유아에게 "그래. 전화하자"라고 한다.

이러한 딜레마를 만날 때 해결하는 방법에 대해 생각해 보자.

실제로 2015년 한 지역 어린이집에서 보육교사가 낮잠을 자지 않는다는 이유로 아동을 학대한 사건이 있었다. 다른 아이들과 달리 낮잠을 자지 않는다는 이유에서였다.

교사는 영유아들의 개별적인 요구를 들을 때 순간적으로 의사결정을 해야 한다. 한 명의 영유아만 보육하는 것이 아니기 때문에 "혹시 다른 아이도 안 자겠다고 하면 어쩌지?", "혹시 다른 아이도 안 먹겠다고 하면 어쩌지?"라는 걱정이 앞설 때가 있고 그래서 가능하면 설득해서 자게 하거나 먹게 하려고 할 때가 있다. 그러나 딜레마인 것은 확실하다.

"엄마. 선생님이 나 자기 싫다고 했는데 자라고 했어"라는 말 한마디가 오해를 불러일으킬 수도 있고 한 명의 영유아를 조용한 놀이로 지도하면 다른 아이도 "저도 안 잘래요", "저도요"라고 하는 상황도 분명히 일어난다. 낮잠 지도를 하는 것은 동적인 활동을 많이 한 영유아들의 건강을 위해 하는 것임을 아는 상황이지만 난감한 상황도 확실히 있다. 특히 초기 적응 시기에는 이러한 생활리듬이 서로 유사해질 수 있도록 일과 적응에 좀 더 심혈을 기울이는 것이 좋다. 하루 일과 운영을 적절히 할 수 있도록 상황을 만들고 간혹 표현되는 개별적인 요구에 대해서는 "그렇구나"라고 수용을 하고 "하지만 건강을 위해 조금은 누워 있어 보면 어떨까?" 등의 타협안을 제시하는 것이 좋다.

(3) 교사 자신의 상황과 관련된 딜레마

어린이집에서의 아동학대를 다루면서 놓칠 수 있는 부분이 바로 교사 자신의 상황과 관련된 딜레마이다. 여성이 교사인 경우가 다수이다 보니 생리기간 전후로 전체적으로 기분이 좋지 않은 날도 있고, 실제로 실연을 당한 교사가 기분이 좋지 않아 교실에서 부적절한 행동을 하게 되는 경우도 관찰한 적이 있다. 임신을 하는 경우도 있고 그 이외에도 개별적인 상황은 얼마든지 있을 수 있다. 결론부터 말하자면, 적극적으로 해결해야 한다.

사례 3.

"원장선생님 저 오늘 좀 일찍 퇴근하면 안 될까요?"

"어디 아파요? 그런데 지금 그 반을 도와줄 사람이 없는데…."

"저도 알고 있지만 배가 너무 아파서 아이들에게 자꾸 짜증을 내게 되어서요."

이러한 딜레마를 만날 때 해결하는 방법에 대해 생각해 보자.

교사가 건강해야 함은 여러 번 강조하여 기술하였다. 그러나 여의치 않은 상황도 일어난다. 이 경우 교사는 자신의 상황으로 인해 영유아들에게 짜증을 내게 되거나 과도하게 반응하게 되는 경우가 많이 생기기 때문에 위의 교사처럼 원장에게 이야기하고 도움을 청하는 것이 맞다. 어린이집의 경우 대체교사나 보조교사가 상시 있는 것이 아니라면 이 경우 참 난감하다. 그래도 일차적으로 원장과 의논하고 도움을 받아야 한다.

또한 자신도 이러한 상황이 반복된다면 시기에 따라 자신의 건강 상황 등을 좀 더 조절하기 위해 노력할 필요가 있다. 생리 전후로 어려움이 많다면 해당 시기에는 좀 더 편안한 의상을 입는다든지, 따뜻한 차를 마시는 것 등이다. 그러나 쉽지 않은 상황임에는 틀림이 없다.

(4) 다루기 어려운 영유아와 관련된 딜레마

모든 교실에 다루기 어려운 영유아가 있을 가능성이 있다. 발달적으로 정서조절을 익혀야 하는 연령이기도 하고 문제행동은 모든 교사들이 다루기 어려워하는 부분이기도 하다. 동화를 듣자고 다 같이 모이자고 하면 무조건 뛰기 시작하는 유아도 있고 규칙을 지키기 어려워하는 유아도 있다. 친구를 보면 무조건 공격하는 유아도 있고 교사가 조금만 주의를 주면 울거나 화를 내는 행동을 하는 유아도 있다. 문제행동에 대해서는 앞에서 다루었다.

문제행동을 하는 영유아가 있는 상황에 해당 영유아만 지도할 수 없고 다수의 영유아들이 있는 상황에서 지도해야 하기에 '생각하는 의자'에 가라고 하거나 급한 마음에 잡다가 팔을 잡아당기게 되는 위험도 있다. 보육종사자가 아닌 경우 이해하기 힘든 상황이 있을 수 있다.

사례 4.

"자, 선생님이 오늘의 동화를 읽어 줄게."

"선생님, 지훈이가 옷 잡아당겨요!"

"지훈아, 자리가 불편하니? 선생님 옆으로 올래?"

자리를 옮기고 나서 지훈이는 앞에서 요란한 표정과 행동을 보이며 친구들을 웃기기 시작했다. 수업진행이 불가능했다.

이러한 딜레마를 만날 때 해결하는 방법에 대해 생각해 보자.

교사는 일차적으로 교실 내 문제행동에 대한 지도방법에 대해 숙지하고 그를 실습해야 한다. 하지만 딜레마 상황은 있다. 교사 시절 한 번은 하루 종일 아이들에게 하는 말 중에 어떤 말이 제일 많은지를 생각해 본 적이 있었다. 그 당시 저자가 가장 많이 한 말은 아이들 이름을 부르는 것이었다. 그리고 대체로 2~3명의 이름이었다. 그러면 나머지 18명 정도는 하루 종일 이름이 한 번도 불리지 않은 아이도 있는데, 그 사실이 역으로는 한 번도 불리지 않은 영유아들에 대한 방임, 즉 학대의 일종이라고 할 수도 있다.

(5) 신고와 관련된 딜레마

보육교사는 의무적으로 아동학대를 신고해야 한다. 실제로 최근에는 자신이 운영하는 어린이집의 교사가 아동학대를 한 사실을 자진 신고한 어린이집 원장도 있었고 어린이집 원장의 부적절한 급식 제공에 대해 신고한 교사도 있었다. 당연히 해야 하는 의무이고 적절히 수행한 경우이다.

법무부는 2014년 "아동학대범죄의 처벌 등에 관한 특례법 시행령안 및 시행규칙안"에 신고의무자가 정당한 사유없이 아동학대 사실을 신고하지 않을 경우 최대 500만 원의 과태료가 부과된다고 하였고 유치원 및 어린이집 종사자는 아동학대 신고의무자로서 신고의 중요성을 깨닫고 아이 신체에 학대 징조 또는 흔적을 발견하면 반드시 신고해야 한다고 명시하였다.

이러한 딜레마를 만날 때 해결하는 방법에 대해 생각해 보자.

학대와 관련된 민감도가 사람마다 다르고 과연 신고를 하는 것이 내게 불이익이 없을까에 대한 염려도 있기 때문에 교사 본인에게는 해결하기 어려운 딜레마가 될

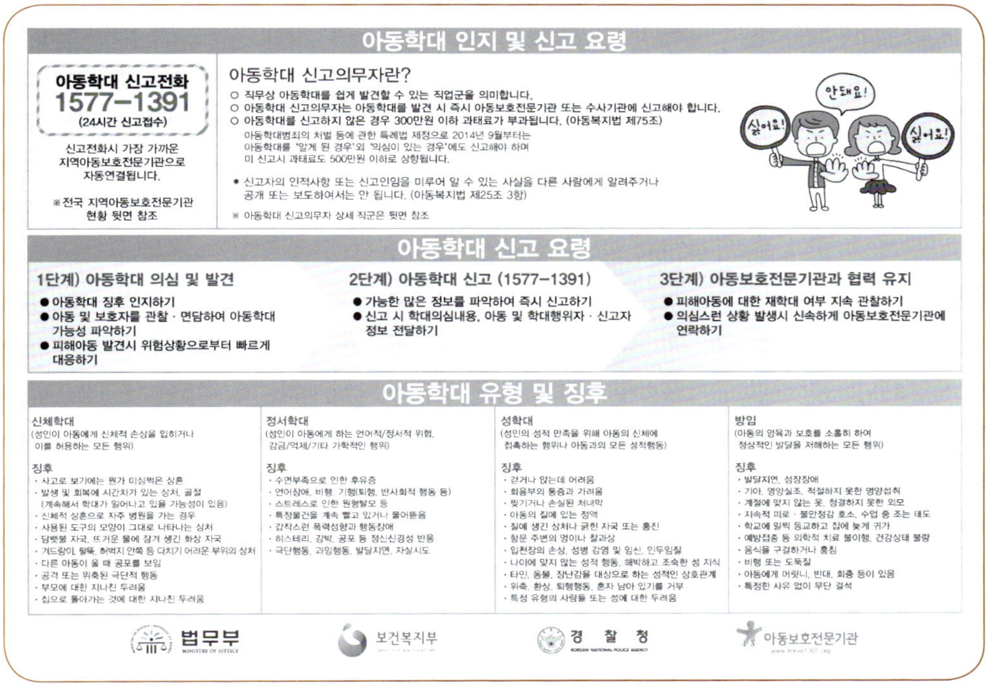

아동학대 인지 및 신고 요령

아동학대 신고전화
1577-1391
(24시간 신고접수)

신고전화시 가장 가까운 지역아동보호전문기관으로 자동연결됩니다.

※전국 지역아동보호전문기관 현황 뒷면 참조

아동학대 신고의무자란?

○ 직무상 아동학대를 쉽게 발견할 수 있는 직업군을 의미합니다.
○ 아동학대 신고의무자는 아동학대를 발견 시 즉시 아동보호전문기관 또는 수사기관에 신고해야 합니다.
○ 아동학대를 신고하지 않은 경우 300만원 이하 과태료가 부과됩니다. (아동복지법 제75조)
아동학대범죄의 처벌 등에 관한 특례법 제정으로 2014년 9월부터는 아동학대를 '알게 된 경우'외 '의심이 있는 경우'에도 신고해야 하며 미 신고시 과태료도 500만원 이하로 상향됩니다.

* 신고자의 인적사항 또는 신고인임을 미루어 알 수 있는 사실을 다른 사람에게 알려주거나 공개 또는 보도하여서는 안 됩니다. (아동복지법 제25조 3항)

※ 아동학대 신고의무자 상세 직군은 뒷면 참조

아동학대 신고 요령

1단계) 아동학대 의심 및 발견
- 아동학대 징후 인지하기
- 아동 및 보호자를 관찰 · 면담하여 아동학대 가능성 파악하기
- 피해아동 발견시 위험상황으로부터 빠르게 대응하기

2단계) 아동학대 신고 (1577-1391)
- 가능한 많은 정보를 파악하여 즉시 신고하기
- 신고 시 학대의심내용, 아동 및 학대행위자 · 신고자 정보 전달하기

3단계) 아동보호전문기관과 협력 유지
- 피해아동에 대한 재학대 여부 지속 관찰하기
- 의심스런 상황 발생시 신속하게 아동보호전문기관에 연락하기

아동학대 유형 및 징후

신체학대
(성인이 아동에게 신체적 손상을 입히거나 이를 허용하는 모든 행위)

징후
- 사고로 보기에는 뭔가 미심쩍은 상흔
- 발생 및 회복에 시간차가 있는 상처, 골절 (계속해서 학대가 일어나고 있을 가능성이 있음)
- 신체적 상흔으로 자주 병원을 가는 경우
- 사용된 도구의 모양이 그대로 나타나는 상처
- 담뱃불 자국, 뜨거운 물에 잠겨 생긴 화상 자국
- 겨드랑이, 팔뚝, 허벅지 안쪽 등 다치기 어려운 부위의 상처
- 다른 아동이 울 때 공포를 보임
- 공격 또는 위축된 극단적 행동
- 부모에 대한 지나친 두려움
- 집으로 돌아가는 것에 대한 지나친 두려움

정서학대
(성인이 아동에게 하는 언어적/정서적 위협, 감금/억제/기타 가학적인 행위)

징후
- 수면부족으로 인한 후유증
- 언어장애, 비행, 기행(퇴행, 반사회적 행동 등)
- 스트레스로 인한 원형탈모 등
- 특정물건을 계속 빨고 있거나 물어뜯음
- 갑작스런 폭력성향과 행동장애
- 히스테리, 강박, 공포 등 정신신경성 반응
- 극단행동, 과잉행동, 발달지연, 자살시도

성학대
(성인의 성적 만족을 위해 아동의 신체에 접촉하는 행위나 아동과의 모든 성적행동)

징후
- 걷거나 앉는데 어려움
- 회음부의 통증과 가려움
- 찢기거나 손실된 처녀막
- 아동의 질에 있는 정액
- 질에 생긴 상처나 긁힌 자국 또는 홍진
- 항문 주변의 멍이나 찰과상
- 입천장의 손상, 성병 감염 및 임신, 인두임질
- 나이에 맞지 않는 성적 행동, 해박하고 조숙한 성 지식
- 타인, 동물, 장난감을 대상으로 하는 성적인 상호관계
- 위축, 환상, 퇴행행동, 혼자 남아 있기를 거부
- 특정 유형의 사람들 또는 성에 대한 두려움

방임
(아동의 양육과 보호를 소홀히 하여 정상적인 발달을 저해하는 모든 행위)

징후
- 발달지연, 성장장애
- 기아, 영양실조, 적절하지 못한 영양섭취
- 계절에 맞지 않는 옷, 청결하지 못한 외모
- 지속적 피로 · 불안정감 호소, 수업 중 조는 태도
- 학교에 일찍 등교하고 집에 늦게 귀가
- 예방접종 등 의학적 치료 불이행, 건강상태 불량
- 음식을 구걸하거나 훔침
- 비행 또는 도둑질
- 아동에게 머릿니, 빈대, 회충 등이 있음
- 특정한 사유 없이 무단 결석

법무부 MINISTRY OF JUSTICE · 보건복지부 · 경찰청 KOREAN NATIONAL POLICE AGENCY · 아동보호전문기관

출처: http://blog.naver.com/mitchinkking/220587065506

수 있다. 그러나 어린이집 아동학대는 교사가 신고하는 경우 가장 정확하다고 판단되고 인정되고 있다. 실제로 한국 어린이집 아동학대의 특성 및 아동보호서비스의 최종조치 관련 요인분석 연구를 한 김기현 교수는 어린이집 아동학대로 판정된 사건에서 신고자가 동료교사일 경우 학대 행위자에게 자격정지, 고소 고발 등 강력한 최종조치가 내려질 가능성이 4.07배 높은 것으로 나타났다며 학대 신고에 대한 영향력을 보고하였다(한국일보, 2015년 1월 20일 기사). 특히 최근에는 신고의무자가 불이익을 받지 않도록 제도를 개선하고 관계당국이 보호한다는 의지를 분명히 하고 있다.

2) 성인과의 관계 딜레마

(1) 학부모와의 관계

보육교사는 학부모와 협력적이고 신뢰 있는 관계를 형성한다. 어린이집을 이용하는 학부모는 자신의 자녀를 오랜 시간 돌보아 주는 교사에 대해 믿음을 가져야 할 것이고 교사는 그런 믿음에 준하여 영유아를 보육한다. 그것이 영유아의 적절하고 원만한 성장과 발달을 가져오게 된다. 그러나 종종 교사는 학부모와의 관계에서 딜레마를 경험한다. 신뢰가 덜 생겨서 딜레마가 생기기도 하고 영유아 대상 보육에 대한 입장이나 관점 차이로 딜레마를 경험하기도 한다. 사소한 의사소통, 즉 전달의 문제가 생기기도 한다.

① 신뢰가 쌓이지 않아 생기는 딜레마

"선생님, 오늘 우리 아이가 밥을 안 먹었다고 하네요?"
"아닌데요. 다른 때보다 조금 먹기는 했지만 먹었습니다."
"그래요? 그런데 얘가 왜 이렇게 이야기를 하지요?"
"모르겠어요. 내일부터는 점심시간에 좀 더 자세히 볼게요."

이러한 딜레마를 만날 때 해결하는 방법에 대해 생각해 보자.

부모는 기본적으로 일정 시간 자신의 어린 자녀를 어린이집에 보육시키면서 염려가 있을 수 있다. 부모의 불편한 마음을 들으면 교사도 사실은 섭섭하다. 하루 종일 영유아들과 지내느라고 몸과 마음이 지쳐 있는 상황일 수 있기 때문이다. 그러나 교사는 우선 자신의 의사소통이 어딘가 원만하지 않았을 수 있다고 생각해 보자. 만약 실제로 영유아가 집에 가서 자신이 밥을 먹지 않았다고 이야기했다면 특히 다른 날은 그러지 않았는데 그날만 그렇게 이야기했다면 급식과 관련된 불편한 마음이 있을 수 있기 때문이다. 그런 불편한 마음을 엄마에게 "안 먹었어요"라고 이야기했을 수 있다.

신뢰감은 시간을 필요로 한다. 일관적이고 지속적인 지도방법과 상호작용이 교사에 대한 신뢰를 가지게 된다. 다행인 점은 이런 어려움들이 비교적 초임교사일 때 겪는 일이고 경력교사가 되면서는 신뢰와 관련된 문제들이 많이 줄어든다는 점이다. 교사는 부모가 불편해 하는 상황에 대해 반드시 일차적으로 중립적이고 객관적으로 사실에 근거하여 설명해야 한다. 감정적으로 대처해서는 안 된다.

위의 사례에 대해 동료들과 함께 '중립적이고 객관적인 설명'으로 해결해 보자.

"선생님, 오늘 우리 아이가 밥을 안 먹었다고 하네요?"
이런 전화를 받았다면 어떻게 하면 좋을까요?

물론 예비 보육교사들이 부모와의 관계 딜레마를 배울 때 부모들도 교사와의 관계 딜레마에 대해 배우면 좋다. 신입생 오리엔테이션 등의 기간에 반드시 시행하기를 바란다.

② 보육교사직에 대한 부모의 이해 부족으로 인한 딜레마

최근에는 많이 좋아졌지만 여전히 보육교사직에 대한 부모의 이해가 부족한 경우가 있다. 그저 '아이 봐주는 사람'이라고 보는 경우도 있기 때문이다. 보육교사직에 대한 부모의 이해는 교사와 원장이 노력해야 하는 부분이 있다. 딜레마는 '어떤 상황에 이해를 시켜야 하는지', '어떤 상황에 사과를 해야 하는지?'를 판단하는 문제이다.

"선생님, 집에 와서 아이가 토를 했어요."
"아, 그래요?"
"네, 낮잠시간부터 어지러웠대요. 선생님한테 이야기했는데 그냥 누워 있으라고 했다고….”

여러 상황을 보고 판단해야 하지만 위의 상황은 ‘사과해야 하는 상황’ 쪽에 가깝다. 보육을 시행하는 동안 영유아들의 상태에 대해 민감하게 관찰하고 그에 적절하게 대처해야 하는 역할을 가지기 때문이다. 다음 사례는 어떠한가?

“선생님, 얘는 그냥 휴지로 닦아 주시면 안 돼요. 물휴지로 해야 돼요.”

“네, 전에 그렇게 말씀하셨지요. 저희 화장실에 물휴지가 준비되어 있어요. 아이들 지금 배변훈련 중이고요.”

“훈련은 무슨요? 그냥 닦아 주세요.”

이 상황은 ‘사과해야 하는 상황’이 아니라 ‘이해를 시켜야 하는 상황’이다. 본서에 기술된 모든 내용에 근거해서 판단할 수 있겠지만 교사는 지도를 하고 교육을 하고 보호해 주는 역할을 담당하는 사람이다. 특히 발달단계에 근거하여 지도하는 역할이다. 만 3세 유아를 지도할 때 화장실에 가서 스스로 배변처리를 하는 것을 지도하지만 부모의 요구대로 닦아주는 역할을 하지는 않는다. 배변지도를 하는 초기에 도와주고 어떻게 처리해야 하는지 일일이 지도하지만 부모의 요구가 다소 과할 수 있다고 판단된다. 판단의 근거는 아동발달 사항이다. 이런 경우 부모에게 배변지도에 대한 일반적인 내용을 설명하고 이해하도록 돕는 반면 가정에서의 협조 지도도 부탁할 수 있다.

③ 보육교사의 부모에 대한 이해 부족

보육교사도 부모에 대한 이해가 부족해서 딜레마 상황이 발생할 수 있다. 우선 부모는 교사의 친구도 아니고 교사의 하는 일을 100퍼센트 이해하는 전문가도 아니다. “어떻게 교사한테 그런 것을 요구할 수 있지?”라는 질문을 가질 수 있지만 상당부분은 부모가 보육교사처럼 아동발달이나 보육 상황에 대한 이해가 부족해서 발생하는 상황일 수 있다. 교사는 부모에 대해 기본적으로 영유아에게 그러하듯이 이해하고 수용하는 자세를 가지는 것이 적절하다. 그리고 부적절한 상황에 대해서는 일관적이고 지속적으로 설명하고 이해를 구하는 작업도 해야 한다.

일차적으로 부모는 자신의 자녀 1인만을 보는 경우가 많다. 당연한 일일 수 있다. "선생님, 우리 아이는 예민해서 낮잠 자기가 어려워요"라고 하는 상황에 "그래도~"라고 하기보다는 그 상황을 이해하고 설명해야 한다. 교사와의 상호작용에서 "어떻게 대처해야 하지?" 혹은 "어떻게 설명해야 하지?"라는 상황은 여러 상황에서 발생할 수 있다. 그럴 때 보육교사는 일차적으로 부모가 자녀에 대한 개별적 애정이 있어서 그럴 수 있다고 이해하는 것은 필요하다. 그러한 이해에 기초하여 객관적인 설명을 하면 좋다.

(2) 동료교사나 원장과의 관계

① 조직구성원으로서의 위치 딜레마

보육교사도 한 조직의 조직구성원이다. 가장 딜레마로 많이 느끼는 것이 "내 교실에서의 일을 먼저 할 것이냐 아니면 지금 어린이집 전체에서 실행하는 행사 준비를 먼저 할 것이냐"이다.

유치원과 어린이집 교사의 직무 및 수행 여부를 분석한 김은영(2013)의 연구에서는 교사들이 행사 관련 업무 영역의 직무를 90퍼센트 이상 수행하고 있다고 보고하고 있다. 행사를 위한 정보를 수집하고 프로그램을 준비하고 행사 관련 환경구성을 하고 유인물을 제작 발송하는 일에서부터 행사를 진행하고 뒷정리와 마무리를 하는 일까지이다. 이런 일은 1년 내내 어린이집에서 일어난다고 볼 수 있다. 그런데 만약 교사의 업무 중에 "다음 날 수업준비를 해야 하는 경우"가 있다면 딜레마 상황이 된다.

"선생님, 잠깐 저희 반에 다녀올게요."
"왜요? 지금 다같이 운동회 준비하고 있는데."
"내일 수업준비물을 다 못챙겼어요."
"우리도 수업 준비 다 못했어요."

이런 상황은 상대적으로 자주 발생하는 상황이다. 우선 행사 관련이나 조직구성원으로서의 역할이 일차적으로 해야 하는 직무로 인식되는 것이 보편적이다. 다같이 모일 수 있는 시간을 정해서 다같이 모여 효율적 효과적으로 일을 수행하고 그 후에 각자의 교실을 돌아보게 된다. 이 경우 교사는 본인이 한 조직의 구성원임을 인식하고 협조하도록 한다.

이는 행사뿐 아니라 평가인증을 준비한다든지 원내 행사를 준비할 때도 비슷한 상황이 된다. 위에서도 말했듯이 모든 교사들이 다같이 모여서 효과적 효율적으로 일할 수 있는 시간에 전체 조직의 일을 준비하고 다른 시간에 개별 교실의 일을 준비하도록 하는 것이 보편적이다.

② 교수매체 준비나 교수방법에서의 협력과 관련된 딜레마

보편적으로 모든 교사는 서로 협조하는 것이 요구된다. 바쁜 일정 속에 같이 교수매체를 준비하고 교수방법에 대해 서로 알려 주고 협력한다. 그러나 종종 교사는 경험이 쌓이고 전문화될수록 '내 교실'에 대한 '하고 싶은 활동'이 생길 수 있고 이런 상황에서 딜레마가 발생한다.

"선생님, 이거 뭐예요?"
"네, 우리 반 애들하고 하려고 준비하고 있어요"
"우아! 이거 좋다. 나도 하나 만들어 줘. 만드는 김에 하나 더 만들어 줘요."

교사가 협력하는 것에 대해서는 질문의 여지가 없다. 서로 직무가 과중하고 일정이 바쁘기 때문에 서로 협력해야 한다. 실제로 어린이집에서는 이런 딜레마가 종종 발생하고 다른 어떤 딜레마보다 다루기 어려울 수 있다.

실제로 어린이날 선물을 다같이 준비하던 교사가 특별히 사비를 들여 자기 반 아이들을 위해 선물을 하나 더 준비하는 바람에 교사들 간에 갈등이 생긴 적이 있었다. 객관적으로 보면 전혀 문제되는 상황이 아니다. 그러나 한 조직의 구성원으로서 최선을 다하고 싶은 상황에서 종종 갈등의 원인이 되기도 한다. 한 조직의 구성원으로서 서로 배려하고 관심을 보이도록 한다.

③ 직무와 관련된 딜레마

초임교사나 실습생일 때는 선배교사와의 관계에서 딜레마 상황이 발생하는 경우가 거의 없다. 그러나 한 어린이집에 오래 같이 근무하다 보면 누군가는 주임교사가 되어야 하고 누군가는 다른 어린이집에서 경력을 많이 쌓은 후 이직해서 해당 어린이집으로 취업하게 된 경우도 있다. 교사의 상황이 다양해지고, 교사의 경력이 다양해지면 지시를 주고받는 데에서 딜레마 상황이 발생할 수 있다.

모든 교사는 일차적으로 자신이 주임교사가 되거나 지시를 해야 하는 상황이 되면 '리더십'과 관련된 공부를 하기를 권한다. 누군가에게 의사를 전달하고 규칙을 전달하는 것이 쉬운 일은 아니기 때문이다. 그리고 본인이 지시를 받아야 하거나 규칙을 전달받아야 하는 위치가 된다면 조직구성원으로서 따르도록 하는 것이 좋다. 보육교사의 이직을 연구한 박순길, 이윤아, 정경희(2011)는 어린이집 내 대인관계가 높은 이직요인이라고 하였다.

(3) 원장과의 관계

① 보육에 대한 신념이 다른 데서 오는 딜레마

교사는 공개채용을 통해 어린이집에 교사로서 근무하게 된다. 이 경우 면접 과정을 거쳐 일차적으로 원장과 본인의 신념이 유사한지를 체크할 수 있다. 그러나 영유아 보육만큼 '보편적이고 이상적인 이야기'로 신념에 대한 대화가 오갈 수 있는 경우도 많지 않을 것이다. "아이들을 좋아하나요?"라고 물으면 당연히 "아이들을 좋아한다"라고 하고 실은 보육에 대한 신념에 대해 이야기할 기회가 많지 않을 수 있다. 그런데 실제로 보육을 하다 보면 아이들의 문제행동을 다루는 것에서나 부모와의 관계에 대한 부분, 프로그램에 대한 이해와 수행 부분에서 차이가 나타날 수 있다.

"개나리반 선생님. 이리 와 보세요"

"네, 원장님."

"다른 반에 비해서 개나리반의 재료구입비가 너무 많이 들어요. 특별히 개별적으로 구입 청구를 하시는 경우 액수가 많아지네요."

"네, 저는 아이들에게 절약교육은 시키지만 필요한 재료는 사용할 수 있게 하거든요. 아이들이 선택하고 의사결정을 하는 훈련도 하기 위해서요."

"선생님, 다른 반과의 형평성도 중요해요."

어린이집 원장의 입장에서 가장 스트레스를 많이 받는 것은 경영과 관련된 스트레스이다(최인숙, 이혜숙, 임신일, 2013). 이 부분은 교사로서는 100퍼센트 이해하기 어려운 부분일 것이다. 교사는 전체 어린이집의 운영에 대해서도 관심을 가지되 보육을 위해 반드시 필요한 부분이 있다면 절차를 거쳐 요구하기를 권한다. 단지 "원장님이 많이 사지 말라고 해서…"라는 등의 단순한 이유는 아닐 수 있기 때문이다.

② 조직운영에 대한 생각이 다른 데서 오는 딜레마

보육교사에게 '나라면 저렇게 하지 않을 텐데…'라는 생각이 생길 수 있다.

학생들을 대면하고 지도할 때는 "응, 나중에 그렇게 안 하면 돼"라고 지도한다. 교사로서 원장의 운영방침이나 전략이나 방법을 교정하기는 어렵다. 회의를 거쳐, 그리고 대화를 거쳐 건의할 수 있지만 기본적으로 원장과 교사는 조직운영에 대한 생각에 차이를 보일 수 있다.

딜레마를 줄이는 가장 첫 번째 방법은 위에서 언급하였듯이 면접과정에서의 대화에서 "채용만 해 주시면…"이라는 대화보다는 자신이 보육교사로서 가지고 있었던 생각이 해당 어린이집에서 펼쳐질 수 있을지를 평가해 보는 것이 좋다. 물론 초임교사일 때는 어려운 일이다. 경험이 쌓이면서 "내가 이런 교사구나"를 이해하게 되고 교사로서의 정체성을 형성하게 되면 이 과정이 보다 쉬워질 것이다.

PART 03

보육교사의 성장

CHAPTER 12

교사의 발달

1. 교사의 발달단계
2. 초임보육교사 적응
3. 교사의 전문성 발달

1. 교사의 발달단계

교사 전문성을 언급하려면 교사의 발달단계에 대한 정리가 우선되어야 한다. 교사라는 직업은 기본적으로 교사로서 필요한 교육과정을 통해 자격증을 소지함으로써 시작되지만, 경험하며 알게 되는 현장성의 특성으로 인해 처음부터 전문성을 갖추고 시작하는 것이 아니고 현장 속에서 전문성의 요소들을 통합하는 과정이 필요하기 때문이다. Katz(1972)의 분류는 교사의 관심사에 따라 생존기, 강화기, 갱신기, 성숙기의 4단계로 교사의 발달을 구분하고 있다. 각 단계에 따른 내용은 다음과 같다.

1) 발달 단계

(1) 생존기

생존기는 주로 교사로서의 최초 1년간의 시기로, 학과의 관련 과목을 이수하고 자격증을 취득하여, 어린이집에 취직한 첫해를 말한다. 이 시기에는 담임교사라는 중책을 맡게 되면서 사전에 경험해 보지 못한 여러 가지 당황스러운 경험을 하게 되고, 또 그에 대한 적절한 대처를 할 수 있는지의 여부가 최대 관심사가 되는 때이다. 초임교사로서 본인에게 맡겨진 영유아들의 교육과 안전을 무사히 수행하기 위한 고민, 아이들의 부모를 대하면서 느끼는 어려움, 원장을 비롯하여 동료 교사들과 조직 속 관계를 맺어가는 과정의 시행착오 등 생존기는 교사로서 혹은 사회인으로서의 직접적인 생존에 관한 문제들에 직면하게 되는 시기이다. 이 시기를 잘 넘기고 초임교사들이 경험하게 되는 여러 문제들을 잘 처리해 보다 빠른 시기에 극복하도록 돕기 위해서는 주변에서 관심을 가지고 그에 맞는 지원을 해 주는 것이 필요하다. 생존기 교사에게 적절한 지도방법은 지원, 이해, 격려, 위로 등의 심리적 안정과, 교수방법이나 보육실 운영에 대해서 보다 구체적으로 지도하는 운영의 실제에 대한 도움으로 나눌 수 있다.

생존기 교사의 경우 스스로 성향이 비슷하고 자신이 의지할 수 있는 원내 혹은 원외 지지자를 구하여 그에게 어려움을 이야기하고 지원을 받는 것이 필요하다. 그러나 생존기 교사라고 해서 격려와 인정, 위로만으로 성장되는 것은 아니고, 적절한 지도를 받아 보다 빠르게 직무에 적응하는 과정이 요구된다. 따라서 교사는 스스로 자기가 생존기임을 인정하고 자신에게 구체적 도움을 줄 수 있는 주변 자원을 살펴보거나 관련 매체를 찾아보도록 한다. 이때 한꺼번에 모든 영역을 지원해 줄 사람을 찾기보다는, 영역별로 본인에게 가장 시급한 영역을 먼저 찾는 것도 좋다. 예를 들어 본인이 음률 활동의 창의적 신체표현 활동에 부족함이 있다고 판단되면 창의적 표현의 상호작용을 잘하는 선배 보육교사에게 "선생님처럼 아이들과 창의적 표현을 잘하고 싶은데, 어떻게 하면 아이들과 그런 상호작용을 끌어낼 수 있나요?"라고 물어보거나, "이번 활동을 위해 자료를 만들었는데, 적절하게 준비가 된 건지 선생님이 좀 봐주시겠어요?"라고 구체적인 도움을 요청하는 것이 좋다. 혹 주변인에게 질문하기 어려운 상황이면 관련 사이트나 관련 자료로부터 도움을 받을 수도 있다. 이때 너무나 다양하고 질적인 부분이 검증되지 않은 많은 자료가 적절한 선택을 더 어렵게 한다면, 육아종합지원센터 등을 이용해서 정보를 얻는 것도 바람직한 방법이다.

(2) 강화기

강화기는 교직 경력이 1년 되는 해부터 3년 정도의 시기를 말하고, 이 시기에 보육교사는 어느 정도 안정감과 자신감을 가지면서 운영에 익숙해지게 되는 시기이다. 일상적인 업무처리에 편안해지고 개별적인 유아의 문제나 상황에 관심을 가지고 그것을 적극적으로 학부모와 상담하면서 해결할 만큼의 여유가 생긴다.

실제 현장에서 위와 같은 이유로 이 시기의 교사들이 가장 활기 넘치게 일하는 것처럼 보이는데, 아이러니하게도 이 시기는 이직의 욕구를 가장 많이 느끼는 시기이기도 하다. 아직 교사직에 대한 전문적인 시각이 생기지 않은 채 생활에서의 익숙함이나 일상의 습관화로 인해 이직의도 혹은 전직의도를 느낄 수 있다. 따라서 강화기 교사에 대해서 본인 스스로가 좀 더 전문적인 시각을 가질 수 있도록 지도하는 것이 필요하다. 현장에서 경험이 많은 교사와 짝을 이루어 유아의 문제행동에 대한 경험을 구체적으로 나누거나 정보를 제공해 주는 것도 좋고, 수업에서의 융통성이나 조직화에 대해 지도해 주는 것도 필요하다.

Katz(1972)가 강화기에는 동료 및 상담자의 충고가 도움이 된다고 한 것처럼, 강화기 교사에게 가장 적절한 장학은 동료 장학이다. 동료 장학을 통해 과도한 평가의 부담 없이 자신의 수업의 질을 높일 수 있도록 지원해야 할 것이며, 더불어 막 생존기를 벗어난 교사들이므로 정서적 지원과 격려 또한 함께 아끼지 않아야 한다.

강화기의 교사는 자신이 어느 정도 어린이집에서의 생활에 익숙해졌다고 판단되면, 수업에서 자기만의 특성을 살리고, 전문적인 교사의 모습을 갖출 수 있도록 노력해야 할 것이다. 몇 년 간의 현장 경험을 통해 활동이나 자료의 내용을 선별하여 사용할 수 있으므로, 좀 더 높은 질의 관련 자료를 찾아보거나 동료 교사들과 함께 새로운 영역에 대한 자료나 정보를 찾아 집중적으로 자기훈련을 하여 자기만의 전문성을 만들어가는 것이 필요하다.

(3) 갱신기

갱신기는 경력 3년에서 5년쯤 되었을 때를 표현하는데, 종래와 같은 일을 반복하기보다는 무엇인가 새로운 것을 시도해 보고자 하는 시기이다. 앞선 강화기에서 정규적인 일상에 익숙해지고 이 직업에 계속해서 남기로 결정한 교사들은 이제 새로운 정보와 도움을 얻고자 더 적극적인 모습을 보이게 된다. 즉, 갱신기에 접어든 보육교사들은 자기 장학의 방법으로 전문서적을 읽거나 강습회 및 교사 연수에 참가하고, 대학원에 새로이 등록하는 경우가 많다. Katz(1972)도 교사 발달단계에 따른 훈련 요구에서 갱신기의 경우 협회와 전문적 단체, 저널, 잡지, 시범 프로젝트, 교사센터 방문 등의 보다 적극적인 방법을 취하게 된다고 하였다.

그러나 흥미롭게도 실제 어린이집 교사 경력으로는 3년에서 5년에 해당됨에도 불구하고, 관심사를 조사해 보면 아직도 생존기에 해당되는 교사가 있다. 이는 현장 경력 자체가 교사 성장의 단계를 가늠하는 전적인 지표가 될 수 없음을 시사한다. 따라서 경력교사들은 자신의 관심사가 발달단계에 따라 발달하는지 반드시 스스로 체크하고, 만약 다른 교사들보다 오랫동안 생존기에 머물고 있다면 그 원인을 생각해 본다. 그리고 그에 맞는 재교육과 장학의 방법을 택하여 본인의 발달 수준에 맞는 도움을 받아야 한다. 교사는 생존기에 관심사를 가지고 있는데 단지 경력이 오래되었다는 이유로 갱신기 교사에게 적절한 장학의 방법을 선택하게 한다면 교사 개인의 발전에는 부적절할 수 있다.

(4) 성숙기

일반적으로 성숙기는 빠르면 5년에서 그 이상 되었을 때 도달하는 시기이다. 그러나 앞서 갱신기에서 언급하였듯이 반드시 경력 연수에 따라 성숙기에 이르는 것은 아니고, 교사의 관심사가 성숙기에 해당되는 관심사에 도달했느냐의 문제에 더 관심을 가져야 한다. 교사는 이 단계에 이르면 교사로서 완전한 자신감과 경험을 갖추게 된다. 자신을 인정하게 되고, 부족한 부분에 대해서는 자율적으로 채워 나갈 줄 알게 되며 자신의 경험을 조직화하여 다른 교사들을 지도하고 지원하는 데 사용할 수도 있다. 또한 자신만의 보육 철학을 정리할 수 있고 어린이집 관련 인간관계 관리에 대해 나름대로의 안목을 가지며 문제해결도 원만하게 할 수 있게 된다.

교사의 관심사는 현장에서 실제 교육의 내용을 정하고 구체적인 교수 활동을 하며 의사결정을 내리는 데 여러 영향을 미친다. 이런 교사의 관심사는 위에서 설명하듯 대부분 현장 경력에 의해 달라진다 구분하지만, 실제로 많은 교사들에게는 경력과 상관없이 개인의 특성, 상황변인 등에 의해 생존, 강화, 갱신, 성숙의 발달단계가 다르게 나타날 수 있다(염지숙 외, 2014). 또한 각 교사가 경험하는 발달단계의 요소가 순서에 따라 필수적으로 거쳐야 되는 것을 의미하지도 않는다(박은혜, 2013). 따라서 교사는 어린이집의 일상과 영유아들과의 생활에 어느 정도 익숙해지고 나면, 경력과 상관없이 개인 교사로서의 전문성에 대한 관심을 가지고 단계를 한층 발전시켜 나가려는 노력을 해야 한다. 즉, 자신의 관심사가 어디에 있는지 늘 체크하고 자신의 현재 관심사보다 높은 단계의 관심사를 가지려면 현재의 위치와 수준, 그리고 상황에서 어떻게 해야 하는지를 고민하는 보육교사가 되어야 한다. 보육 현장에서 전문성을 지니고자 하는 교사로서의 한 개인의 고민은 결국, 우리나라 보육의 질을 높이는 밑거름이 될 것이다.

따라서 교사는 본인의 관심사를 파악하는 것이 중요하다. 이를 측정하는 도구로는 Tasi(1990)가 제작한 유아교사 관심사 평정척도(Kindergarten Teacher Concersn Rating Scale: KTCRS)를 윤영애(2002)가 수정 · 보완한 것을 사용해 볼 수 있다. 다음은 교사 관심사 질문지에 대한 내용과 점수 방법이다.

Tip 12-1 교사 관심사 질문지

다음 문항을 읽고 교사로서 자신의 관심 정도를 문항별로 체크하고 합산하여 자신의 현재 관심사 수준을 확인해 본다.

(1: 전혀 그렇지 않다, 2: 거의 그렇지 않다, 3: 보통이다, 4: 대체로 그렇다, 5: 매우 그렇다)

번호	내용	1	2	3	4	5
1	세미나 참석하기					
2	다양한 영유아 프로그램 참석하기					

번호	내용	1	2	3	4	5
3	문제 영유아 돕기					
4	학급의 영유아 수(보육교사: 영유아 비율)에 관심 갖기					
5	교양지식의 기초형성을 위해 다양한 독서하기					
6	영유아교육에 관련된 전문지나 학술지 보기					
7	기관에 오기 싫어하는 영유아 다루기					
8	학급 통제나 훈육의 중요성 강조하기					
9	다른 분야의 전문가와 만나기					
10	연구정보를 교수법에 적용하기					
11	학습부진아 도와주기					
12	영유아발달 정보를 얻어 적절한 수준의 기대 갖기					
13	원아 모집 및 선발을 위한 윤리적, 철학적 기초 갖기					
14	교수법에 관한 자료(비디오, 영화) 시청하기					
15	특별한 요구를 가진 영유아(가정적, 발달적)에 관심 갖기					
16	교육계획안 작성하기					
17	성장과 학습의 특징에 관해 이해하기					
18	영유아교육 관련 협회에 가입하기					
19	지나치게 의존적인 영유아 다루기					
20	교수매체 제작 및 활용에 관한 정보에 관심 갖기					
21	교육정책 이행에 관심 갖기					
22	부모회 조직을 위한 새로운 방법 모색하기					
23	기관에 와서 부모와 떨어지기 싫어하는 영유아 도와주기					
24	영유아가 학습해야 할 교육내용을 상황에 따라 조절하기					
25	근무하는 기관의 철학적 근거에 관심 갖기					
26	프로그램의 목적 달성을 위한 새로운 방법 모색하기					
27	계속해서 우는 영유아 다루기					
28	영유아의 기초 기술 다루기					

번호	내용	1	2	3	4	5
29	영유아교육의 역사와 철학에 대해 알기					
30	영유아발달 이론을 다양한 방법으로 교육과정에 적용하기					
31	영유아의 공격적 행동 다루기					
32	일과 계획 조직 및 구체적인 수업활동 계획하기					
33	급변하는 사회 속의 기관 역할 및 기능에 대해 생각하기					
34	시범수업 참관하기					
35	영유아들의 갈등에 관심 갖기					
36	영유아로부터 인정받기					
37	학위 취득을 위한 학위과정에 등록하기(대학원)					
38	유아를 위한 새로운 과학실험이나 활동에 관심 갖기					
39	병약한 영유아 도와주기					
40	동료교사로부터 인정받기					
41	기관에서 종일반을 실시하는 것					
42	현장연구 계획하기					
43	영유아의 언어장애에 관심 갖기					
44	행정적 지도에 관심 갖기					
45	교사의 권익과 처우에 관심 갖기					
46	영유아교육 관련 협회나 워크숍에 참여하기					
47	유아의 긍정적인 자아개념 증진하기					
48	학부모로부터 인정받기					
49	유아교육의 공교육화에 관심 가지					
50	연수에서 배운 새로운 지식과 기술 적용하기					
51	문제 영유아의 부모와 상담하기					
52	수업 준비를 위한 충분한 시간 할애하기					

보육교사의 관심사 범주	문항별 점수														총점
생존 관심사 (13문항)	문항	4	8	12	16	20	24	28	32	36	40	44	48	52	
	점수														
강화 관심사 (13문항)	문항	2	6	10	14	18	22	26	30	34	38	42	46	50	
	점수														
갱신 관심사 (13문항)	문항	3	7	11	15	19	23	27	31	35	39	43	47	51	
	점수														
성숙 관심사 (13문항)	문항	1	5	9	13	17	21	25	29	33	37	41	45	49	
	점수														

출처: 윤영애, 2002

2. 초임보육교사 적응

어린이집에 채용되어 일정기간의 오리엔테이션 없이 첫날부터 가르치는 업무를 맡은 초임교사는 교수방법, 보육실 운영, 영유아의 동기유발뿐만 아니라 부모와의 면담 등 전체적으로 책임져야 할 것들이 많아 어려움에 직면하게 된다. 이런 일들이 반복되면서 초임교사는 직무능력의 한계를 느끼며 좌절감에 빠지기도 한다. 즉, 충분한 실제 현장 경험 없이 초임교사는 언제, 어떻게 기술이나 전략을 사용하는지 또는 보육실에서 발생된 일 중 어떤 일을 무시해야 하는지에 대해서는 예비교사 양성과정을 통해서 적절한 훈련을 받지 못했으므로 경력교사와 똑같은 업무를 수행할 때 어려움을 겪는 것은 당연한 일이다. 이러한 초임교사의 적응상 어려움에 대해 많은 학자들은 가라앉느냐 아니면 헤엄치느냐에 비유하기도 했다. 따라서 그들의 성장과정은 바람직한 교사상 확립과 이후의 전문성을 갖춘 성공적인 교사로서 발달해 나가는 데 있어 중요한 초석이 된다(임승렬 외, 2014).

Murry(2002, 재인용)는 초임교사의 교직에 적응하며 변화하는 과정을 기대기, 생존기, 환멸기, 반성 및 회복기의 과정으로 제시하면서 개인의 노력과 과정의 중요성을 강조하였다. 초임교사의 성장과정과 각 과정을 극복하기 위한 방법을 다음과 같이 제시해 본다(임승렬 외, 2014, 재인용).

첫 번째 단계로 교직에 대한 기대를 갖게 되는 시기이다.

양성과정에서 배운 내용을 열정을 가지고 실천하면서 이상적이고 바람직한 교사상을 꿈꾼다. 보육현장에 대한 통찰력 부족으로 발생하는 다양한 문제 상황을 경력교사나 온라인의 교사지원시스템 등을 통해 도움을 받을 수 있는 네트워크를 형성한다. 저널쓰기, 아이디어 노트 등을 통해 실행해 본다.

두 번째 단계로 하루살이와 같은 생존의 시기이다.

이 시기의 초임교사들은 예상치 못한 문제가 매일 발생하면서 정신없이 하루하루를 보내게 되는데도 경력을 가진 교사에게서 나타나는 직무능력을 동일하게 기대한다. 따라서 다른 동료교사로부터 구체적인 아이디어나 지혜를 얻어야 한다. 특히 경력이 많은 교사의 지원과 격려로 교수활동, 학습자료 사용 등 교수실행의 어려움을 의논하고 도움을 받아야 한다. 즉, 일상적인 교실상황에서의 생존여부에 관심이 있으므로 교사는 이 시기에 나만의 멘토를 만들어서 좋은 관계를 유지하며 학습계획, 여가활동의 지원을 받는 것이 중요하다.

세 번째 단계로 현실과의 괴리를 경험하는 환멸감의 시기이다.

초임교사가 1~2개월이 지나면 양성과정에서 습득한 전공영역의 이론들이 실제와 거리가 있음을 깨달으며 이에 대한 상심으로 좌절을 느끼며 교사직에 대한 절망과 환멸을 가지게 된다. 이로 인해 스트레스, 좌절, 질병, 과도한 책임의식에 빠져 이직도 생각할 수 있는 시기이다. 따라서 교사는 경험과 노력을 통해 어려운 문제를 잘 견디고 해결하기 위하여 역량을 키우고 강하고 담대한 마음을 가지도록 노력해야 한다. 이 과정에서 가족, 친구, 동료교사의 이해와 격려를 받는 것이 중요하다.

네 번째 단계로 자신을 되돌아보고 재충전하는 반성과 회복의 시기이다.

바쁘게 여유 없이 학기가 지나고 휴가나 주변사람들로부터 지지를 받아 원기를 회복하면 교사로서 자신의 생활을 되돌아보는 마음의 여유가 조금 생긴다. 이 시기에 교수활동에 대한 반성과 더 나은 학급운영이나 수업계획에 진전을 보이려고 방법을 찾아보게 된다. 따라서 다음 학기를 위한 재충전이 필요하고 다른 기관 교사와 학술대회 전문가 모임에 적극적으로 참여하는 등 성공적인 교사가 되기 위한 자신의 비전을 점검하는 것이 필요하다.

대부분 초임 교사들의 관심은 생존기에 있고, 개념, 도덕, 자아 발달 등도 낮은 수준이라고 할 수 있다. 이러한 생존기에 있는 초임 교사의 발달과정에서 동료 교사의 영향은 중요하고, 초임 교사들 스스로 자신의 발전을 위하여 직무역량 증진에 다양한 방법을 동원하여 노력한다는 것을 알 수 있다. 따라서 동료 교사가 여러 가지 어려움에 직면하는 초임 교사의 전문성 발달을 촉진하기 위해서 지원, 격려, 확신, 위로 등 심리적 안정과 어린이집 현장에서 전문적인 도움을 주고 초임교사를 위한 입문 교육프로그램을 제공할 필요가 있다.

3. 교사의 전문성 발달

최근 보육현장 교사를 대상으로 한 전문성 교육 혹은 전문성 향상을 위한 프로그램이라는 주제를 많이 접하게 된다. 이는 사회적 변화와 요구에 따라 보육기관을 이용하는 사람들의 수가 늘면서 보육교사로 하여금 그들 직업에 대한 상당한 수준의 지식과 경험을 통한 질 높은 역할 수행을 바라는 사회적 요구에 의한 것이다. 보육의 질적 향상을 위해 강조되고 있는 보육교사의 전문성이란 무엇이고, 그 전문성 함양을 위한 구체적인 방안들에는 어떤 것이 있는지 살펴보고자 한다.

1) 보육교사로서의 전문성

현 시대는 보육교사를 단순 양육 서비스 제공자로 보는 시각에서 벗어나 지속적 자기 성장과 발전이 요구되는 전문가로 인식하는 시각의 변화를 요구하고 있다(김명순, 2015). 일반적으로 전문성이라 함은 어떤 직업에서 요구되는 전문적 지식이나 기술을 말한다. 이는 개인적인 차원에 해당되는 것으로 그 직업에 종사하는 사람들이 보여주는 태도와 행동, 즉 자신의 일에 대한 신념, 오랫동안 자신의 직업에 헌신하는 태도, 전문가로서 지니고 있는 지식에 의해 결정할 자유가 있다고 믿는 태도를 포함한다(이혜상, 2005). 이런 일반적인 전문성을 교사에게 적용한 교사의 전문성은 영유아의 학습과 경험을 증진시킬 수 있는 전문적 지식, 기술, 태도를 향상시키도록 디자인하는 과정 또는 체계를 말한다(Chrrington et al., 2013). 교사 전문성에 대해 Brock(2013)은 영국 내 영유아 교사들이 스스로 인식하는 전문성에는 지식, 자격과 훈련 및 전문성 발달, 기술, 자율성, 수용, 직업윤리의 적용, 자기동기적 보상의 특성이 포함된다고 하였다. 교사의 전문성은 교사직을 택한 사람들이 역할을 수행하면서 발달해 가는 것을 의미하는데, 이근주(2013)는 보육교사의 전문성 발달수준은 전문직으로서 보육교사의 역할을 수행해 내는 정도라고 하였고, 그 내용으로 지식과 기술발달, 자기이해 발달, 생태적 발달의 측면으로 나누어 살펴보았다. Saracho와 Spodek(1993) 경우, 교사의 전문성 인식에 대한 기준을 전문적 지식과 기술, 봉사성, 자율성, 직업윤리에 두었다. 또한 영유아에게 양질의 보육서비스를 제공하기 위해서는 교사로서의 충분한 경험과 그에 기반을 둔 역할수행, 신념, 책임감이 중요하며 교사의 전문적 신념은 의사결정과 교수행동에 기초가 된다고 하였다. 전문성 있는 교사는 영유아에 대한 자신의 중요한 영향력을 이해하고 이에 대한 책임감과 의무감을 갖추어야 하며, 교사로서의 신념과 철학, 그리고 전문인으로서 인정받을 수 있는 책임성을 갖춘 윤리강령이 있어야 한다. Martin과 Dowson(2009)은 교사의 전문성 계발에 대해 교사로 하여금 학생들의 동기에 관한 실제적 지식을 증가시키고, 동기문제를 확인하여 고려하는 능력을 높이며, 학생들의 동기를 유지시키기 위한 새로운 교수프로그램을 계획함으로써 학생들의 동기를 촉진시키는 데 효과적이라고 주장하였다.

이런 교사의 전문성을 구성하는 요소에 대해 다양한 견해가 있는데, 이윤식(1999)은 교사의 전문성 발달 요소를 교수학습과 학급 경영을 다루는 전문적 영역, 자아효능감이나 자아 이해를 포함하는 개인적 영역, 리더십과 관계발달에 관계한 조직 영역으로 구분하였다. 최근 교사교육에서 강조되는 내용으로 박은혜(2014)는 교사의 실천적 지식과 반성적 사고를 들고 있다. 이는 현장에서 필요한 전문성 함양

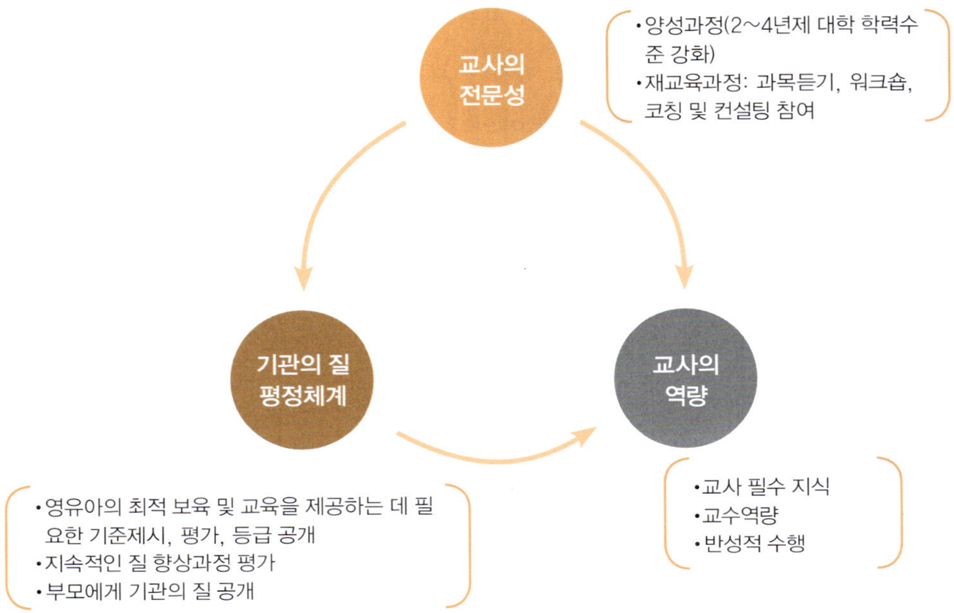

그림 12-1 유능하고 우수한 교사를 기르기 위한 통합적 기초 지원체계

출처: 보육교직원 전문성 향상을 위한 보수교육체제의 다각적 고찰 및 현행체계 진단과 개선방안. 김명순(2015). 재인용

의 요소로 기존의 교사의 지식과 기술적 측면 외에 교사 자신의 내적 측면이 강화되고 있다는 것을 의미한다. 기술기반 전문성, 지식기반 전문성, 신념기반 전문성을 유아교사 전문성 구성요소로 표현한 황해익(2012) 역시 전문성의 하위 요인에 교사의 유아관, 교사관, 인성 및 가치관, 자신에 대한 태도를 포함하여 비지적인 요소를 강조하고 있다. Bryant 등(2011)은 보육교사의 전문성 향상을 위해서 기관의 평가를 바탕으로 교직원의 전문성발달, 교사역량 간의 밀접한 연계가 원활히 실행될 수 있는 통합적 지원체계의 필요성을 강조한다. 이런 체계의 원활한 순환을 통해 보육교사의 전문성과 함께 궁극적으로 영유아의 최적발달과 성장이 이루어진다고 주장하였다.

2) 현장에서 실시할 수 있는 전문성 향상 방안

(1) 멘토링과 피드백

멘토링(Mentoring)이란 한 사람이 다른 사람과 지속적인 인간관계를 맺고 상호정보를 공유하면서 개인적인 영향력을 미치는 과정을 말한다. 일반적으로 한 사람의 성장을 위해 행하는 멘토링은 같은 분야의 경험과 기술 수준이 높은 사람이 경험과 기술이 초보인 사람과 짝을 이루어 긴밀히 상호작용하면서 지원하는 형태를 띤다. 보육현장에 전문성 향상을 위해 멘토링이 필요한 이유는 보육 대상의 발달 특성상 속도가 빠르고 개인차가 커서 특별한 전문성이 더 요구되는 반면, 실제 보육교사 양성과정에서 완전히 준비되지 않은 상태로 보육교사 역할을 감당해야 하기 때문이다(백혜리, 2008). 이론과 현장 간의 차이를 배우며 성장하기 위해서는 구체적 상황에 대한 긴밀하고 지속적인 피드백을 통한 멘토링이 필요하다. 이론에서 모든 사례를 일일이 가르쳐 주는 것에는 한계가 있기 때문이다.

멘토링은 멘토와 대상자 모두의 발전에 도움이 되도록 진행되어야 한다. 먼저 멘토는 멘토링을 통해 자신의 전문성에 대해 새롭게 인식하는 기회와 성인 교육자로서의 정체성을 확립하고 선배보육교사로서의 자긍심을 가져 보육 기관에 오래 근무할 수 있는 동기를 부여받는다. 반면 경력이 적은 대상자는 생존과 발전을 위한 실제적인 지식과 전문적 서비스 실천 기술을 향상시키는 기회가 된다. 각자의 궁극적인 목표는 다르지만 결국 모두의 전문성에 영향력을 미치는 과정을 통해 상승효과가 있도록 진행한다.

멘토링에는 크게 두 차원, 즉 전문적인 지원과 정서적인 지원이 있다. 전문적 지원은 학급 운영과 교수 방법에 대한 내용이 포함되고, 정서적 지원은 초년 보육교사로서 겪게 되는 직업적 갈등이나 스트레스, 인간관계의 어려움 등 교수 수행이 직접적인 요소는 아니지만 교수 수행에 긍정적 영향을 미치는 간접적 요소의 지원을 의미한다(Stroot, 1999). 멘토링 대상의 상황과 상태에 따라 두 가지 차원의 지원이 한쪽으로 치우치지 않도록 균형을 잘 잡아야 하는데, 자칫 초임 보육교사의 정서적 지원을 너무 강조하다 보면 실제 전문성 향상에 대한 목적이 불분명해질 수 있으므로 이를 위해 멘토링의 시작이 보육교사로서의 전문성 향상이었다는 것을 늘 기억해야 한다.

멘토링은 다양한 방법으로 진행할 수 있기 때문에, 형식적인 일정 틀을 강조하지 말고 멘토링이 필요한 보육교사의 요구에 적합하게 구성되는 것이 바람직하다. 성공적인 멘토링은 보육교사가 아이를 대하듯 대상자의 요구를 명확히 인식하고 얼마나 민감하게 반응하느냐에 달려 있다. 멘토링의 또 다른 성공 요건은 멘토와 대상자의 관계이다. 서로에 대한 믿음, 즉 멘토는 대상자가 발전할 것이라는 믿음, 대상자는 멘토가 나를 잘 이끌어 줄 것이라는 믿음이 있어 상호 신뢰관계가 맺어져 있을 때 효과적인 결과를 얻을 수 있다. 특히 경력 보육교사와 초임보육교사가 파트너가 되어 팀 티칭으로 반을 운영하는 경우, 선배 경력 보육교사는 후배 신입 보육교사를 잘 교육하여 전문성을 갖춘 보육교사로 성장시킨다는 책임감을 가지고 멘토링하고, 초임보육교사는 선배의 조언을 긍정적으로 수용하는 자세를 가지는 것이 필요하다. 경력과 연령이 비슷한 경우라면 서로 간 객관적인 피드백을 통해 보육교사로서의 성장을 위한 파트너십을 조성한다.

(2) 필요한 정보 찾아보기

보육교사가 스스로 자기 발전을 하기 위해서는 새로운 정보를 얻으려는 꾸준한 노력이 필요하다. 새로운 정보를 얻기 위해서는 기본적으로 보육관련 참고 문헌이 그 대표적 방법인데, 보육교사들은 주로 교수 학습 방법이나 발달에 관한 이론서를 통해 현장에서의 궁금증과 어려움을 해결한다. 최근에는 인터넷 사이트를 통해 제공되는 보육 영역별 자료, 국가 간행물, 궁금한 주제의 학위 논문 내용 등으로 구체적인 도움을 받을 수 있다. 예를 들어 육아정책연구소의 '영유아 문제행동지도 프로그램 개발-보육교사 지침서'로 현장 보육교사로서 문제행동 관련 생활지도에 대한 궁금증과 구체적 방안에 대한 전문적인 정보를, 한국보육진흥원 동영상 자료

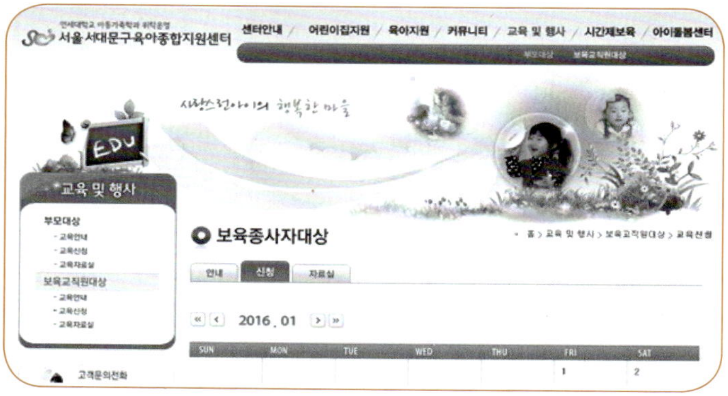

출처: http://www.sdmccic.or.kr

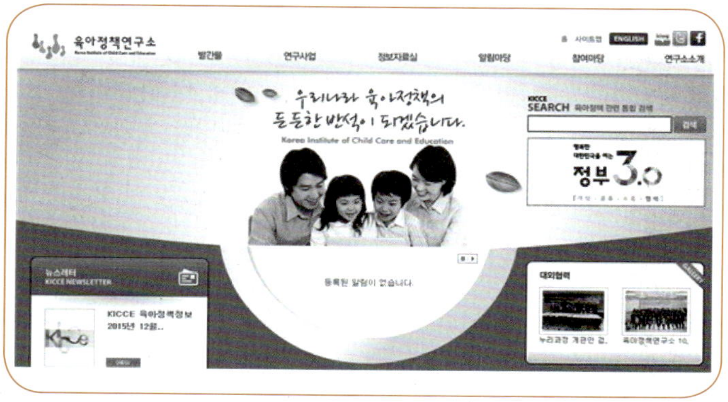

출처: http://www.kicce.re.kr

출처: http://central.childcare.go.kr

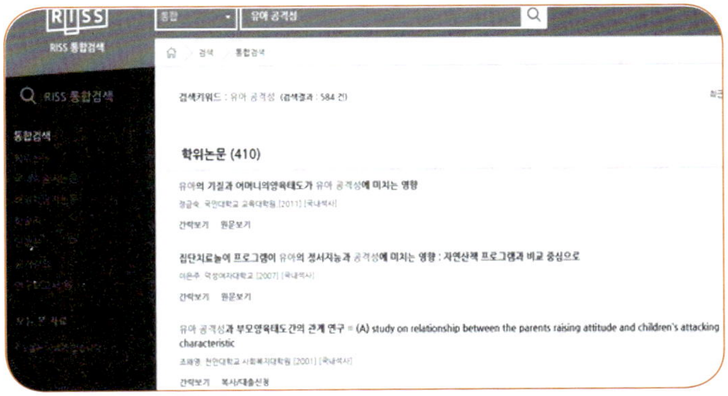

출처: http://www.riss.kr

를 통해 평가인증의 정확한 내용을, 중앙육아종합지원센터의 e-러닝을 통해 아동학대 예방교육을, 학술연구정보서비스(RISS)를 통해 유아 공격성 연구에 대한 정보를 얻을 수 있다. 각 시 · 군별 육아종합지원센터에서 주최하는 보육교사 교육과 자료들을 통해서도 전문성 신장을 위한 필요 정보를 취할 수 있다.

이와 관련하여 영국이나 호주 경우, 보육교사들의 전문성 향상에 도움을 주기 위해 매우 다양한 보육교사교육이 온라인으로 제공되고 있는데, 이는 보육교사 경력을 기준으로 모든 보육교사가 같은 내용을 배워야 하는 천편일률적으로 이루어지는 온라인 보수교육이 아니다. 보육교사가 되기 위한 다양한 과정과 경력이 고려되고, 무엇보다 자신이 더 개발시키고 싶거나 가장 취약하다 여겨지는 영역을

영국과 호주의 교사 재교육 사이트 예

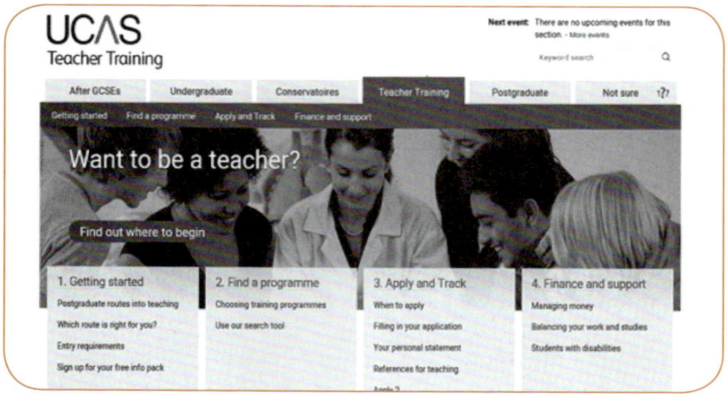

출처: www.ucas.com

출처: www.pacey.org.uk

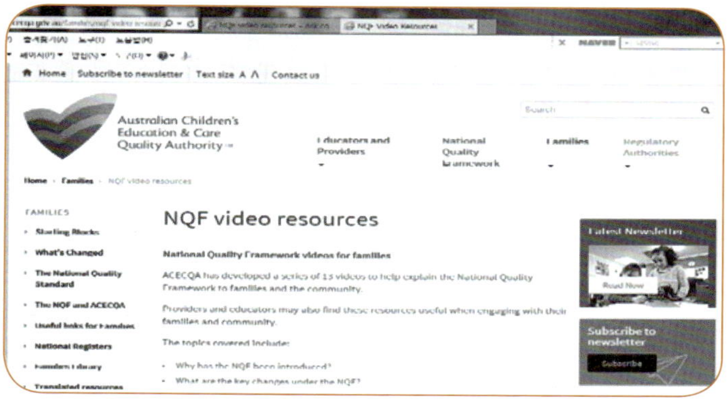

출처: http://www.acecqa.gov.au/families/nqf-video-resources

선택하여 본인의 욕구에 맞춰 이루어 가는 온라인 보육교사 교육이다. 즉, 개인별 맞춤 보육교사 교육을 통해 개인 보육교사로서의 전문성을 키워 나가는 기회를 제공한다. 특히 연령과 영역을 자세하게 구분하고 그에 적합한 상호작용을 다양한 동영상으로 제공하므로 보육교사의 개별적 흥미와 관심에 따라 구체적인 도움을 받을 수 있도록 구성한다.

최근 우리나라도 한국보육진흥원, 중앙육아종합지원센터 등을 중심으로 현장 보육교사들이 실제적인 어려움을 느끼고 도움을 받고 싶어 하는 상호작용 등의 내용을 동영상으로 제작하여 재교육을 통한 전문성 향상에 도움을 주고 있다.

출처: https://www.kcpi.or.kr

(3) 원내교육과 외부교육

개인적인 노력으로 참고문헌이나 보육교사 교육관련 동영상 사이트를 이용하는 것 외에 필요한 정보를 구하는 익숙한 방법 중 하나는 같이 모여 세미나를 실시하거나 강연회나 워크숍에 참여하는 것이다. 세미나, 강연회, 워크숍을 통해 영유아 발달에 대해 점검하고 그에 맞는 적절한 상호작용과 교수 방법을 접하는 것으로 보육교사의 전문성 개발을 도모한다. 이런 형태의 교육은 크게 원내교육과 외부교육으로 나눌 수 있다.

① 원내교육

원내교육은 어린이집 자체적으로 원장이 주도하거나 보육교사들끼리 흥미 있는 주제를 정해 실시하는 것을 말한다. 일반적으로 원내교육 주제는 연간계획안을 수립하듯 월별로 미리 정한다. 원내교육은 하나의 큰 주제와 그에 따른 세부 계획을 정해 주기적으로 실시할 수도 있고, 연관성은 없지만 보육교사들이 알고 점검해야 할 내용들을 모아 구성하기도 한다. 학기 초거나 초보보육교사가 많은 경우는 대부분 원장이 주체가 되어 주제를 정하고 내용을 준비하여 전달하는 방식을 사용한다. 그러나 경력 있는 보육교사들이 섞여 있거나 새 학기 적응 시간이 지난 학기 중반으로 들어서면 보육교사들이 주체가 되어 원내교육을 구성하여 진행하기도 한다. 보육교사들이 주체가 되어 주제를 정해 원내교육을 실시하는 경우, 본인이 맡은 세미나 혹은 워크숍을 준비하면서 주제와 관련한 다양한 정보와 많은 사례를 찾아보며 접하게 된다. 그 과정을 통해 보육교사로서의 자기 모습을 돌아보며 정확히 몰랐던 부분을 깨닫고 새롭게 알아가면서 보육교사로서 한층 성장하는 기회로 삼을 수 있다.

원내교육의 예(한 가지 주제에 따른 세부 내용 – 영유아와의 상호작용)

시기	주제	담당
4월	긍정적 상호작용	원장
6월	식사지도 시 상호작용	원장
8월	갈등 중재 상호작용	원장
10월	보육교사 상호작용 점검 I	원장
12월	보육교사 상호작용 점검 II	원장

원내교육의 예(한 가지 주제에 따른 세부 내용 – 놀이 상호작용)

시기	주제	담당
3월	놀이에서의 상호작용	원장
5월	영아반 상호작용의 실제 I (신체 중심)	영아반1 보육교사
7월	유아반 상호작용의 실제 I (극화 쌓기 중심)	유아반1 보육교사
9월	영아반 상호작용의 실제 II (탐색 표현 중심)	영아반2 보육교사
11월	유아반 상호작용의 실제 II (미술 음률 중심)	유아반2 보육교사

원내교육의 예(필요에 따른 다양한 주제)

시기	주제	담당
3월	부모 면담	원장
5월	기본생활습관	영아반1 보육교사, 유아반1 보육교사
7월	아동 인권	원장
9월	문제행동지도	영아반2 보육교사, 유아반2 보육교사
11월	영유아 평가	원장

② 외부교육

외부교육은 법정 보수교육을 포함하여 어린이집이 아닌 외부에서 외부 강사에 의해 진행되는 교육을 말한다. 외부교육의 주체는 법정 보수교육의 경우 한국보육진흥원을 비롯하여 위탁선정 기관이 될 수 있고, 일반적으로 어린이집 보육교사를 위해서는 중앙을 비롯한 각 지역별 육아종합지역센터가 주체가 되어 진행한다. 그 외에도 법인 단체나 사설기관이 주관이 되어 현장의 필요와 보육교사의 요구에 맞는 다양한 교육프로그램을 구성하여 진행한다.

사전에 계획되지는 않았지만 평소 관심 있는 주제의 외부교육에 참여하고자 할 때는 미리 원장과 상의하여 어린이집 전체의 운영에 차질이 생기지 않도록 한다. 외부교육 참가 후 자격증이나 수료증을 발부해 준다는 것을 강조하며 교육의 참여를 홍보하는 경우가 있는데, 이때 검증되지 않는 내용이나 영유아 발달에 적합하지 않은 프로그램들도 있을 수 있다. 따라서 실제적으로 현장에서 유용하게 활용될 수 있는 꼭 필요한 교육인지 먼저 살펴보고, 교육의 주체가 신뢰할 수 있는 기관인지를 점검하고 참여하는 신중함이 필요하다.

보육교사의 전문성 향상을 위해서는 보육관련정보 외에 인간관계나 연차가 높아지면서 요구되는 리더십 관련 훈련 경험이 필요하다. 특히 타인에게 영향력을 미치며 상호관계 속에 이루어지는 리더십은 단편적인 경험으로 이루어지는 것이 아니므로, 연차와 역할 변화에 따라 지속적인 훈련과 자기관리를 위해 끊임없이 노력해야 한다. 이는 한 조직의 리더로서의 반성적 사고와 보육교사 전문가 공동체에 대한 헌신과 함께 이루어지는데, 외부교육 기회를 통해 구체적인 방법을 접하게 되기도 한다. 이와 관련된 리더십 주제는 경력이 있는 주임보육교사 이상에서 참여하여 중간관리자로서의 역할에 도움을 받는 것이 바람직하다. 그리고 일반적으로 외부교육에 참여하는 경우, 교육을 마치고 나서 자료나 내용을 다른 보육교사와 공유하기 위해 원내교육과 연계하기도 한다. 이를 통해 이론이나 실제의 예로 접한 부분을 내 보육 현장에 직접 적용해 보는 기회로 삼는다.

(4) 장학

장학이라는 말은 현장 보육교사들에게 다소 부담스럽고 불편한 과정으로 여겨지는 경향이 있는데, 이는 장학을 상부 사람으로부터 평가받는 것 혹은 하나의 결과로 인식하기 때문에 생기는 오류일 수 있다. 컨설팅을 비롯한 다양한 용어로 표현되고 있는 장학의 목적을 살펴보면, 장학이란 교육활동의 개선을 위해 기관의 구성원들이 노력하는 과정으로, 보육교사에 대한 평가가 아니라 보육교사에게 도움을 주어 교수를 개선하고 보육교사의 발전을 위하여 함께 참여하는 것이다(조부경 외, 2001). 보육교사의 지속적인 발전을 위한 보다 적극적이고 체계적인 노력이 장학이라는 과정을 통해 이루어지므로(백혜리, 2008) 결국 장학의 궁극적인 목적은, 보육교사의 전문성 발달이라 할 수 있다.

① 현장 장학

현장 장학이란 원장이나 경력 많은 선임 보육교사, 보육컨설턴트 혹은 위탁기관 관리자 등이 보육교사로서의 역할에 도움을 주기 위해 직접 보육교사의 모습을 관찰하기 위해 현장에 참여하는 것을 말한다. 예를 들어 현장 경력과 이론적 토대가 탄탄한 원장은 자기 어린이집 보육교사들의 필요와 요구에 부응하는 피드백과 조언, 더 나아가 필요한 훈련을 통해 보육교사의 전문성 향상을 도모할 수 있다. 그 구체적인 방법의 가장 기본 토대가 되는 것이 바로 이 현장 장학이다.

이는 어린이집에서 원장들이 매일 아침 각 반을 돌며 전체적인 보육교사와 아이들의 상황을 둘러보는 것과는 별개로, 장학을 목적으로 반에 들어가 자유놀이나 대집단 등 정해진 일정 시간 동안 보육교사를 관찰하는 것으로 시작된다. 관찰 내용은 주제 관련 활동 전개 방식, 보육교사와 아이의 상호작용, 자유 선택활동 운영 등 보육교사가 반에서 행하는 말과 행동 전반에 관한 것이고, 관찰 이후 보육교사 역할에 도움이 될 피드백을 제공하고 수정 방안에 대해 논의하거나 제시한다. 현장 장학을 실시하는 방법에는 눈에 보이는 대로 서술하는 기술 관찰과 특정 기준의 평정 척도를 가진 체크리스트를 통한 상황 관찰과 평정 방법이 있다. 기술 관찰에서는 여러 가지 정보를 다양하게 수집할 수 있으나 관찰의 초점을 어디다 둘지 어렵고 기록에 대해 부담이 따른다. 반면 체크리스트를 활용하면 기록의 부담 없이 관찰과 평정이 가능하고, 평정 뒤에 객관적 수치에 대한 비교가 가능하다. 그러나 체크리스트 경우 상호작용 상황의 맥락이 누락되고 체크리스트로 다 살필 수 없는 측면이 발생할 수 있기 때문에, 장학 목적에 따라 어떤 방법을 선택할 것인지를 사전에 미리 결정해야 한다.

최근 각 육아종합지원센터를 중심으로 진행되는 현장 장학의 한 형태인 컨설팅에 참여하여 운영 계획문서 작성과 함께 자유놀이시간 운영이나 영유아와의 상호작용에 대한 직접적인 컨설팅을 받아보는 것도 보육교사 자신의 모습을 객관적으로 평가받고 도움받을 수 있는 좋은 기회가 된다.

② **비디오 장학**

비디오 장학은 영유아와 보육교사 간의 상호작용 장면을 녹음하거나 촬영한 자료를 바탕으로 장학하는 방법이다. 위에서 소개한 멘토링이나 피드백 경우, 경력과 실력의 선후배가 파트너가 되어 서로의 성장을 위해 상호 노력하는 것이 가장 자연스럽지만, 실제 현장 상황이 늘 그렇게 구성되지는 않는다. 따라서 그 차선책으로 교실에서의 보육교사와 영유아 상호작용을 녹화한 비디오를 통해 보육교사의 말과 행동을 분석하는 비디오 장학을 고려할 수 있다. 그러나 누구든지 자신의 모습이 동영상으로 찍히는 것 자체에 부담감을 느낄 수 있고, 특히 찍힌 비디오를 통해 어떤 평가를 받는다는 것이 심리적으로 불편하기 때문에, 비디오 장학에 앞서 이 방법을 사용하는 목적에 대해 충분히 설명하여 대상자가 기꺼운 마음으로 참여하도록 하는 것이 필요하다.

비디오 촬영 동영상을 이용하는 비디오 장학을 통해 기존의 원장 장학과 동료 장학, 그리고 자기 장학을 동시에 이룰 수 있다. 특히 동료의 수업을 직접 관찰하고 분석하는 동료 장학의 경우 전문성 발달에 매우 유용한 방법이지만, 실제 보육현장 상황상 자기반 수업을 들어가지 않고 다른 반 수업에 관찰을 목적으로 들어가는 것은 어려운 일이다. 또 누군가 나를 직접 쳐다보는 가운데 평소와 같이 자연스러운 모습으로 상호작용하는 것은 쉽지 않기 때문에 현장 장학보다 오히려 비디오 촬영이 더 수월한 면이 있다. 이때 비디오 촬영 자체가 덜 불편하려면, 익숙한 사람이 반에 들어와 사전에 여러 번 찍어서 비디오 찍히는 것에 대한 심리적 부담감을 줄이거나, 아니면 캠코더를 눈에 띄지 않는 곳에 설치해 대상자가 동영상이 촬영되고 있다는 사실에 무뎌지게 하는 방법이 있다. 비디오를 통한 동료 장학을 실시할 경우, 사전 교육을 통해 동료 장학이 서로의 단점을 평가하는 것이 아니라 서로의 성장을 위한 일임을 명확히 하고 보육교사들이 서로의 장점을 통해 배울 수 있는 기회가 되도록 해야 한다. 비디오 장학은 녹음과 촬영을 위한 수고로움이 수반되며 자료를 분석하기 위해 다시 많은 시간이 걸린다는 것이 단점이지만, 기록에 대한 부담 없이 상호작용의 원래 상황을 파악할 수 있다는 장점이 있다.

촬영된 비디오 동영상은 동료 장학 외에 실제 자기의 수업 모습을 통해 보육교사로서 반을 운영하고 아이들과 상호작용 하는 자기의 모습을 관찰자적 입장에서 객관적으로 살펴볼 수 있기 때문에 동시에 자기 장학의 효과를 가진다. 즉, 보육교사의 반성적 사고 능력을 신장시키는 탁월한 수단이 된다. 일반 멘토링이나 피드백 경우, 지나간 말과 행동을 기억에 의존하며 평가받는 것이라면, 비디오 장학은 동영상을 반복해서 관찰하며 분석할 수 있으므로 평가와 수정을 위한 기초 자료가 될 수 있다는 점에서 보육교사 전문성 관련 활용도가 높다. 장학은 원장이 보육교사들의 우열을 따지거나 동료 보육교사가 다른 보육교사들의 단점을 찾아내기 위한 것이 아니라 서로의 성장을 위한 일이며 궁극적으로 보육교사 자신의 성장을 위한 일이다. 따라서 원장 장학이나 동료 장학도 중요하지만 가장 중요한 것을 결국 보육교사의 자기 장학이다.

동영상 촬영의 시간대는 무엇을 집중적으로 살펴보고 싶은지에 따라 결정한다. 보육교사의 놀이 상호작용을 점검하기 위한 목적이라면 우선적으로 실내외 자유놀이를 촬영하는 것이 좋고, 교수 내용과 방법에 대한 내용이 목적이라면 대집단 활동 시간을 녹화해도 도움이 된다. 비디오 장학의 내용과 형태 역시 목적에 따라 원 사정에 맞춰 조정한다. 예를 들어 '동료 보육교사의 전문성 평가'가 주제라면 동료 보육교사가 촬영된 비디오를 보면서 미리 정한 문항표에 체크를 하거나 나의 주관적인 의견을 메모하는 활동을 통해 상대의 전문성을 평가한다. 이때 찍힌 비디오를 혼자 볼 수도 있지만, 다른 동료들과 함께 보면서 보육교사의 말과 행동에 대한 서로의 의견을 나누는 것이 좋다. 그리고 나눈 의견에 대해서는 정리하여 대상 보육교사에게 전달한다. 이에 대해 동료 보육교사의 피드백을 들은 보육교사는 본인의 수업을 되돌아보면서 수업 개선의 기회로 삼는다. 또 "나의 전문성 돌아보기"를 주제로 정했다면, 수업하는 나의 모습을 관찰하면서 보육교사로서 나의 장점과 단점을 찾아보고, 평소 의식하지 못했던 본인의 비언어적 표현이나 습관을 주의 깊게 살펴본다. 이런 경우 타인을 평가하든, 자기 스스로를 평가하든지 주의할 것은 비디오 속 보육교사가 '잘한다', '못한다'라는 단순한 주관적 평가를 하기보다 '어떤 면이 왜 적절했고', '어떤 면이 왜 부적절한지'에 대한 객관성을 유지하는 것이다. 나아가 동영상 속 모습에 대해 반성적 사고를 기초로 저널 쓰기를 연결시킨다면 보육교사 전문성 함양을 위한 좋은 기회로 확장될 것이다. 비디오를 통한 장학의 효과는 미국의 전국전문교육기준위(NBPTS) 등에서 이미 검증된 방법으로, 보육교사의 전문성 향상을 위한 강력한 수단 중 하나로 수업 비디오를 분석한 동료 보육교사의 피드백을 통한 수업 개선을 강조하고 있다.

(5) 반성적 사고와 저널 쓰기

반성적 사고란 자신의 신념이나 실천행위에 대해 그것의 원인이나 궁극적인 결과를 적극적이며 주의 깊게 고려하는 것이라 정의하였고(Dewey, 1933) 박은혜 외(2014)는 과거와 현재에 일어나고 있는 실천적 행위에 대한 사려 깊고 분석적인 사고로부터 미래 행위에 대한 방향을 결정하는 자연스러운 과정이 반성적 사고라 했다. 이를 보육 현장에 접목시켜 보면, 보육교사가 자신이 행한 교수 방법을 되돌아 생각해 보고 행위의 이유를 진술하여 평가하며 보다 나은 의사결정을 모색하는 일련의 자기성찰과 향상의 과정이라 할 수 있다. 이와 같은 반성적 사고를 길러 줄 수 있는 방법 중 하나로 저널 쓰기가 있는데 이는 글을 통해 비판적으로 자기평가의 기회를 제공함으로써 현장에서 보육교사들의 전문성 향상을 위한 훈련으로 흔히 사용된다.

저널을 쓴다는 것은 일상 생활에서 직면한 상황이나 문제에 대해 기록하고 해석함으로 개인적 수준에서 상황을 점검해 보는 것이다. 일상의 상황을 기록하는 일기와의 차이는 일기가 일상에 대한 자신의 생각에 대한 기록이라면, 저널은 발생한 상황에 대해 전문적인 의견과 관점을 기준으로 상황의 원인을 규명하고 문제의 대응책을 모색하고자 하는 데 있다.

저널 쓰는 방법은 학자마다 약간씩의 차이가 있으나 공통적인 구성은, 첫째, 경험한 사실에 대해 있는 그대로 진술한다. 둘째, 분석하며 의미를 찾는다. 마지막으로 이를 통해 무엇을 배웠는지 나아가 향후 어떻게 하겠는지에 대해 기술한다.

예를 들어 유아반의 월요일 대집단은 주말 지낸 이야기 나누기를 하는 기관이 많은데, 이에 대한 반성적 사고를 저널 쓰기로 표현해 보자면, 주말 지낸 이야기를 나눈 자체가 첫째 경험한 사실에 해당된다. 그리고 두 번째 단계에서는 그 의미를 분석해 보는 것이다. '주말 지낸 이야기를 매주 실시하는 이유와 목적은 무엇일까?', '매주 반복해서 할 만큼 의미가 있는 활동인가?', '혹시 습관적으로 매번 실시한 내용이기 때문에 별 생각 없이 반복하고 있는 것은 아닌가?', '아니면 보육교사가 아이들의 기관 밖에서의 관심과 흥미거리를 알고 싶어서, 혹은 또래 앞에 나와 발표해 보는 경험을 가지게 하는 방법으로?' 등으로 분석할 수 있다. 세 번째 단계로 발전되면 이 활동을 향후 어떻게 할 것인가에 초점을 맞추어 서술한다. 만약 아이들의 관심이나 흥미를 파악하기 위한 목적으로 주말 지낸 이야기를 월요일 대집단 때마다 했다면, '등원 후 간식 시간을 이용해 보육교사와 소집단으로 자연스럽게 해도 될 것이고 또 다른 새로운 방법을 찾아 변화를 주는 것도 도움이 될 것이다'라고 기술한다.

저널 쓰기에는 자연스럽게 쓰는 방법과 한계를 지정해 주는 방법이 있는데, 저널 쓰기의 경험 유무에 따라 초보자는 특정 주제를 정해 주는 것이 오히려 무엇을 써야 하는지 명확히 전달되어 훈련에 도움이 될 수 있다.

3) 보육교사의 전문영역과 관심사 발달

위에서 언급된 전문성 향상을 위한 구체적인 방안들을 통해 보육교사로서의 전문성을 만들어가는 과정은, 기본적으로 보육교사 발달 단계에 따른 주기적 변화 요구에 부응하는 것이다. 그러나 보육교사로서의 전문성을 쌓는다는 것에는 '보육교사 ○○○만의 전문성'을 만들어 가는 것이 포함된다. 즉, 어떤 분야를 생각하면

바로 보육교사 ○○○를 머리에 떠올릴 수 있는 그만의 전문성을 만들어 가는 것을 말한다. 예를 들어 국가 차원의 영유아 음률 보육교사용 지침서를 만드는 과정에 현재 어린이집에 근무하는 현장 보육교사가 집필진으로 구성되어야 할 경우, 평범한 10년차 주임보육교사와 평소 영유아 음률에 깊은 관심을 가지고 꾸준히 음률활동 자료를 개발하고 아이들과 적극적으로 상호작용하고 있는 5년차 보육교사 중 누가 추천될 것인가?

보육교사의 전문영역을 개발시키는 시기와 기준이 따로 정해져 있는 것은 아니지만, 일반적으로 보육교사 발달 주기 단계상 생존기를 지나 강화기나 갱신기로 들어서면서 만들어 가는 것이 바람직하다. 생존기에는 하루하루 보육교사로서 생활하는 것 자체에 대한 적응이 더 시급하기 때문에 현실적으로 자신의 전문영역 개발에 대한 여유가 없고, 강화기에 들어가면서 집중적으로 자기훈련을 하여 자기만의 전문성을 만들어 가고자 하는 욕구와 갱신기 보육교사로서의 새로운 시도 등이 필요하기 때문이다. 보육교사로서 관심을 가져야 할 전문영역을 찾아보기 위해서 기본적으로 표준보육과정의 영역 구분을 참고한다. 기본생활, 신체운동, 의사소통, 사회관계, 예술경험, 자연탐구를 놓고 그중 좀 더 관심이 가는 영역이 어딘지 생각해 보면서 그에 관한 참고 문헌, 강연회와 세미나, 워크숍 등을 참석하면서 자신만의 전문영역을 개발한다.

보육교사의 전문영역과 관심사를 발달시키는 것은 단순히 보육교사의 특기를 개발하는 것과는 다른 차원이다. 보육교사가 되기 전부터 관심이 있거나 재능 있는 분야를 보육교사가 된 이후에도 계속해서 개발하여 영유아와의 상호작용 속에서 자신만의 고유 영역으로 발전시킬 수도 있다. 하지만 전부터의 관심과 남다른 능력이 아니더라도 현장에서 보육교사를 하면서 본인이 중요하다 생각되는 부분에 관심을 모아 지속적으로 자신의 관심을 현장과 접목시키는 노력을 기울이는 가운데 보육교사로서의 전문영역이 만들어져 나간다.

이런 전문영역과 관심사를 발달시켜 나가는 과정에서 중요하게 고려할 점은, 해당 보육교사 자신뿐 아니라 함께하는 영유아들과 소속된 기관의 구성원들에게 상호 성장의 자극과 기회가 되는지를 수시로 점검하는 것이다. 보육교사의 관심 영역이 실제 그 보육교사와 상호작용하는 아이들에게 긍정적인 영향을 미치는지, 또 함께 근무하는 동료 보육교사나 원장님과 원활한 의사소통 가운데 진행되는지, 부모나 지역사회와의 관계를 유지하는 데 도움이 되는지 등을 고려해야 한다. 이렇게 보육교사를 둘러싼 여러 환경과의 지지적 관계 속에서 만들어진 한 보육교사의 고유한 전문성은 본인의 성장은 물론 영유아 발달과 나아가 동료 보육교사들에게도 각자의 전문성 신장을 위한 긍정적인 자극제가 된다.

CHAPTER 13

보육교사의 스트레스 관리

1. 스트레스 요인
2. 스트레스 관리
3. 보육교사직과 몰입

1. 스트레스 요인

누구나 살아가면서 어느 정도의 스트레스를 경험한다. 적절한 수준의 스트레스는 개인이 스트레스 상황을 극복하기 위해 노력하도록 하기 때문에 도움이 될 수도 있지만 일정 수준 이상의 스트레스는 심리적인 측면뿐만 아니라 신체적인 측면에도 부정적인 영향을 주기 때문에 적절히 관리되어야 한다. 일반적으로 교사들이 경험하는 스트레스에 대한 내용을 요약하면 다음 표 13-1 과 같다(김정휘, 고홍화, 1994).

표 13-1 교사의 스트레스 유발 요인

연구자	주요 스트레스 유발 요인	세부 스트레스 유발 요인
Beer와 Gupta (1978)	환경 요인	• 직무 요건 및 과제 특성 • 역할 요건 또는 기대 • 조직의 특성 및 조건 • 조직 외적 요건 및 조건
	개인 요인	• 심리적 조건(성격 및 행동 특성) • 신체적 조건 • 생활 단계 조건 • 인구통계학적 특성
	과정 요인	• 심리적 과정 • 신체적 과정

<table>
<tr><th>연구자</th><th>주요 스트레스 유발 요인</th><th colspan="2">세부 스트레스 유발 요인</th></tr>
<tr><td rowspan="5">Ivancevich와 Matteson(1980)</td><td>물리적 환경 요인</td><td>• 조명
• 온도
• 공기오염</td><td>• 소음
• 진동</td></tr>
<tr><td>개인 수준 요인</td><td>• 역할 갈등
• 직업 과정
• 직업 발달 요인</td><td>• 역할 모호성
• 책임성</td></tr>
<tr><td>집단 요인</td><td>• 집단 응집력 부족
• 부적절한 집단 지원
• 집단 내 집단 간 갈등</td><td></td></tr>
<tr><td>조직 요인</td><td>• 조직 풍토
• 조직 영역
• 기술</td><td>• 조직 구조
• 과제 특성</td></tr>
<tr><td>조직 외적 요인</td><td>• 가족
• 경제력</td><td>• 이사</td></tr>
<tr><td rowspan="3">Brief와 Schuler (1990)</td><td>조직 특성 및 과정</td><td>• 조직의 정책
• 조직의 과정</td><td>• 조직의 구조</td></tr>
<tr><td>직무 요건 및 역할 특성</td><td>• 작업 조건
• 직무 요건</td><td>• 대인관계
• 역할 특성</td></tr>
<tr><td>개인 특성 및 기대</td><td>• 경력 관계</td><td>• 개인적 특성</td></tr>
<tr><td rowspan="4">Quick과 Quick (1984)</td><td>과업 요건</td><td>• 직업 범주
• 경력 발달
• 작업 과정</td><td>• 관리 직무
• 일상 직무
• 직무 불안정</td></tr>
<tr><td>물리적 요건</td><td>• 온도
• 음파 및 진동</td><td>• 조명
• 사무실 설계</td></tr>
<tr><td>역할 요건</td><td>• 역할 갈등</td><td>• 역할 모호성</td></tr>
<tr><td>대인 관계 요건</td><td>• 지위 부조화
• 조급한 성격
• 집단 압력</td><td>• 사회적 밀도
• 지도 유형</td></tr>
</table>

연구자	주요 스트레스 유발 요인	세부 스트레스 유발 요인	
Baron(1986)	조직 요인	• 직업 요건 • 역할 모호성 • 책임 과다 • 의사결정에의 참여 부족	• 역할 갈등 • 작업 과적 • 사회적 지원 부족 • 불공평한 업적 평가
	개인적 요인	• 생활 사건	• 태도
Beech, Burns와 Scheffield(1982)	업무 부하의 문제	• 업무 과부화	• 업무 과소부하
	직무상의 욕구 좌절상의 문제	• 역할 모호성 • 고도의 전문화 • 불만스러운 경력개발제도 • 불만스러운 의사소통	• 역할 갈등 • 관료사회의 문제
	직업 변화	• 과학 발달 • 재배치 • 수요, 공급 과잉	• 승진 • 조직 개편 • 은퇴

한편, Alderfer는 직장인이 효율적으로 일하고 행복감을 느끼기 위해서는 인간의 3단계 욕구를 고려해야 한다고 주장하였다(권석만, 2008, 재인용). 즉, ① 직장인은 생존에 필요한 굶주림이나 갈증 해소, 월급과 상여금 및 안전한 작업환경을 원하는 생존 욕구가 충족되어야 하고, ② 자신이 중요한 타인과 친밀하고 신뢰할 수 있는 인간관계를 형성하고 유지하려는 관계 욕구가 충족되어야 하며, ③ 개인이 중요하게 생각하는 능력이나 잠재력을 발전시키려는 성장 욕구를 충족시켜야 한다는 것이다. 표 13-1 에 제시된 교사의 스트레스 유발 요인들은 대체로 직장인의 생존 욕구, 관계 욕구, 성장 욕구 3단계 욕구에 해당된다고 할 수 있다.

모든 사람이 동일한 요인에 의해 스트레스를 받는 것은 아니다. 어떤 교사가 스트레스를 받는 요인이더라도 어떤 교사는 그렇지 않는 경우가 많기 때문이다. 어떤 교사는 인간관계에서 더 많은 스트레스를 경험하는 경우도 있고, 또 어떤 교사는 자신의 업무처리 능력을 스스로 만족하지 못해 직무스트레스를 더 많이 경험하는 경우도 있다. 선행연구들에 의하면 영유아 교사의 경우 대체로 동료와의 관계, 직무의 특성, 보수, 승진의 기회, 근무환경 등과 관련된 직무 스트레스를 공통적으로 경험한다고 보고되고 있다(민선우, 2004; 정향림, 2005). 거의 하루 종일 영유아와 직접적으로 상호작용 하는 영유아 교사는 최대한 스트레스 없는 정신적 · 신체적 건강을 유지해야 하므로 스트레스를 적절히 관리해야만 한다. 건강한 교사가 영유아의 건강한 발달을 지원할 수 있기 때문이다.

2. 스트레스 관리

영유아를 가르치는 교사의 스트레스의 원인은 접근하는 관점에 따라 다양한 차원으로 나눌 수 있지만 여기서는 보육교사의 직무와 어린이집 조직문화 특성을 토대로 스트레스 원인을 직무와 관련된 스트레스, 인간관계와 관련된 스트레스로 나누어 관리 방법을 살펴보고자 한다.

1) 직무관련 스트레스 관리

보육교사 직무와 관련된 스트레스는 과다한 업무 및 시간 부족으로 인한 경우, 보육과정 계획 및 실행의 전문성 부족으로 인한 경우, 물리적 환경이나 활동 자료 부족으로 인한 경우 등이 있다. 각각에 대한 스트레스 관리 방법을 살펴보면 다음과 같다.

1 과다한 업무 및 시간 부족으로 인한 스트레스 관리

다양한 역할을 수행해야 하는 보육교사는 과도한 업무 및 시간 부족으로 인해 종종 스트레스를 받는다. 이를 예방하기 위해서 보육교사는 다음과 같이 시간 관리를 효과적으로 하는 것이 좋다.

- 1단계: 보육교사의 하루 일과 정리

먼저, 보육교사는 자신의 근무 시간 내의 업무나 활동 내용을 시간대별로 상세히 기록한다. 이를 통해 자신의 업무 패턴을 분석할 수 있으며, 유사한 속성을 가진 업무를 함께 처리하는 등 보다 효율적으로 시간을 활용할 수 있다.

- 2단계: 업무의 우선순위 정하기

일일 또는 주간 업무를 목록으로 정리하고 업무의 중요도와 긴급성에 따라 순위를 부여한다. 예를 들어 가장 중요하고 긴급한 업무는 1순위로, 중간 정도의 업무는 2순위, 하위 수준의 업무는 3순위로 각 업무를 평정한다. 평정한 결과에 따라 중요하고 긴급한 업무 순으로 계획에 배치함으로써 업무 스트레스를 줄일 수 있다.

- 3단계: 연간, 월간 및 주간 업무 계획하기

일상생활에서 다이어리를 활용하는 방법과 유사하게 연간, 월간 및 주간 업무를 사전에 계획한다. 즉, 새해가 되면 한 해 동안 해야 할 주요 업무를 월별로 균형 있게 배치하여 연간계획을 수립한다. 매달 마지막 주에는 연간 계획을 토대로 다음 달의 월간 업무 계획을 수립한다. 해당 월의 직무 중 중요한 업무 위주로 계획하되, 업무 처리 기간을 고려하여 균형 있게 배치한다. 주간 업무 계획도 월간 업무 계획과 동일한 방법으로 계획하되 주간보육과정 및 어린이집의 행사, 동료 교사의 휴가 등을 고려하여 계획한다. 또한 주간 업무 계획 시 반드시 반나절이나 하루 정도는 여유 있게 계획하고 해당 일에 실행하지 못한 업무나 갑자기 발생한 업무를 실행한다면 업무로 인한 스트레스를 예방할 수 있다.

- 4단계: 업무 계획 실행 및 평가

보육교사는 일과를 시작하기 전에 하루의 업무 목표를 수립하거나 반드시 실행해야 하는 업무를 목록으로 정리하여 실행하고 마지막에 평가해 봄으로써 스트레스를 예방할 수 있고 직무 만족감도 높일 수 있다. 일과를 계획할 때 실행 가능한 수준의 업무를 계획해야만 하고 잠깐의 휴식 시간도 계획함으로써 건강하게 직무를 수행하도록 한다. 일과를 마무리할 때 아침에 수립한 목표나 업무 목록을 확인하면서 달성한 부분에 대해서 먼저 평가하도록 한다. 다양한 역할 수행과 다양한 직무로 인해 분주함에도 불구하고 실행한 부분에 대해 자신에게 긍정적으로 평가함으로써 만족감을 높이도록 한다. 그다음 실행하지 못한 부분에 대해 분석하되 과도한 계획이었는지 등을 살펴보고 실행하지 못한 일을 실행할 시기와 방법에 중점을 두도록 한다.

2 보육과정 계획 및 실행의 전문성 부족으로 인한 스트레스 관리

교사가 보육과정에 대한 전문성이 부족하다면 먼저, 자신의 수준에 적합한 보육과정을 계획하고 실행함으로써 스트레스를 최소화할 수 있다. 또한 동시에 보육과정과 관련된 전문성을 향상하기 위한 동료교사와의 세미나 혹은 선임 교사와의 세미나 등에 참여한다. 이 과정에서 부족한 부분을 보완할 뿐만 아니라 전문성에 대한 자신감도 보완될 수 있기 때문이다. 따라서 어린이집 내의 자율 장학과 같은 교사 세미나 방법은 효과적이다. 단, 각 교사의 장점을 지지하고 개발하는 것에 보다 중점을 두어야 한다.

3 물리적 환경 및 자료 부족으로 인한 스트레스 관리

어린이집 내에 보육을 제공하기 위해 필요한 기자재 및 참고 도서와 교재 · 교구가 충분해야 계획한 보육을 실행하기 수월하다. 만약 관련 기자재 및 교재 · 교구가 부족하다면 먼저 어린이집 내에서 활용 가능한 기자재 등을 파악하여 최대한 활용하도록 한다. 보육활동에 필요한 자료 중 가정의 협조가 가능한 것이 있는지 분석한 후, 충분한 기간을 두고 가정에 협력을 요청하도록 한다. 보육활동이나 게시물 등을 제작해야만 하는 경우에는 인터넷 검색 등을 통해 충분히 검색한 후 효과적인 방법으로 제작한다.

Tip 13-1 스트레스를 받았을 때 반응하는 유형

❶ A유형(사회적 지지형)
- 가까운 사람들에게 자신의 스트레스 상황, 감정 등을 털어놓는다.
- 다른 사람들이 하는 위로나 이해의 말들로 인해 위로받는다.
- 나와 비슷한 문제를 경험한 주위 사람들이 이해해 주거나 위로해 주면 도움이 된다.

❷ B유형(문제해결형)
- 문제를 해결하기 위해 주변 상황을 다시 정리해 본다.
- 문제를 다루기 위해 목표를 세운다.
- 선택한 대안들을 신중하게 검토한다.
- 문제 상황을 바로잡기 위해 필요한 것들을 생각하고 해결하기 위해 노력한다.

❸ C유형(회피형)
- 문제를 외면하고 관심을 다른 곳으로 돌린다.
- 더 좋은 때를 그리며 몽상을 한다.
- 문제를 잊기 위해 취미 활동에 몰두한다.
- 평소보다 많이 잔다.

2) 인간관계 관련 스트레스 관리

보육교사는 영유아뿐만 아니라 부모, 동료 교사나 선임 교사 및 원장 등 다양한 사람들과 상호작용하기 때문에 각각의 관계에서 종종 스트레스를 받는다. 이를 예방하기 위해서는 어린이집 조직문화를 건강하게 조성하는 방법과 개인적으로 분노와 같은 부정적 감정을 관리하는 것이 효과적이다.

❶ 건강한 조직문화 조성

어린이집의 조직문화가 개방적이고 긍정적이며 서로 지지하는 분위기라면 모든 보육교직원의 스트레스를 예방할 수 있다. 보육교사는 직무 특성상 다양한 유형의 상호작용을 해야 하기 때문에 양방향적인 의사소통을 할 수 있다면 효과적으로 직무를 수행할 수 있을 뿐만 아니라 부적절한 오해 등을 줄일 수 있기 때문이다. 특히 보육교사가 직무 수행과 관련된 요구를 요청할 수 있으며 자신의 직무를 능동적으로 처리할 수 있는 분위기를 조성하는 방법도 매우 효과적이다. 건강한 조직문화는 어린이집 원장뿐만 아니라 모든 보육교직원이 함께 협력해야만 가능하다.

2 부정적인 감정 관리

일반적으로 분노와 같은 부정적인 감정은 낯선 사람보다는 빈번하게 상호작용을 주고받는 밀접한 사람과의 관계에서 더 자주 경험한다. 보육교사는 일과 중 영유아와 가장 많은 상호작용을 하기 때문에 영유아에게 부정적인 감정을 나타내기 쉽다. 밀접한 관계의 사람과는 감정적으로 더 깊이 관여되어 있기 때문에 보다 쉽게 상처를 주고받을 가능성이 많기 때문이다. 따라서 보육교사는 자신의 부정적인 감정을 잘 관리해야 한다.

Tip 13-2 분노가 나타나기 쉬운 상황

- 부당하거나 불공정한 대우를 받는 상황
- 외부에서 언어적 폭력, 신체적 폭력, 도덕적 모욕감을 주어 악의적으로 자기를 공격하는 상황
- 자신이 진심으로 원했던 것을 달성하지 못한 상황
- 강하고 지속적인 스트레스를(소진) 받는 상황
- 혐오스러운 환경(극한 추위, 더위, 소음, 진동, 악취 등)에 노출된 상황

출처: 한국보육진흥원(2014)

부정적인 감정의 대표적인 것은 '분노'인데, 분노란 자기의 욕구나 목표를 달성하고자 하는 정당한 행동이 방해받거나 격심한 스트레스를 유발하는 사건을 당면하면 경험하게 되는 불쾌한 정서적 · 생리적 반응이다. 분노는 가볍게는 짜증스러운 느낌을 갖는 것부터 시작하여 신경질이 나고 불쾌감으로 인해 고함이나 욕설, 협박, 폭력적 행위까지 나타나기도 한다. 분노는 화난 감정뿐만 아니라 불안, 우울감, 슬픔, 적대감, 증오심 등을 함께 경험하기 때문이다.

Tip 13-3 Siegel의 분노경향성 척도

• 다음을 읽고 각 문장이 자신과 일치되는 정도에 따라서 해당 숫자에 v 표 하시오. 이 질문에는 옳고 그른 것이 없으니, 자신의 생각을 솔직하게 대답하시오.

전혀 그렇지 않다. 중간이다. 전적으로 그렇다.

1———————2———————3———————4———————5

1. 나는 대부분의 사람들 보다 더 자주 화가 나는 편이다.
2. 다른 사람들은 비슷한 상황에서 나보다 쉽게 화가 나는 것 같다.
3. 나는 누구에게도 말하지 않는 불만들을 품는다.
4. 나는 다른 사람에게 화가 났을 때, 복수하려고 한다.
5. 나는 은근히 남에 대해서 꽤 비판적이다.
6. 나를 화나게 하는 것은 쉽다.
7. 다른 사람 때문에 화가 났다는 것을 나는 다른 사람에게 알린다.
8. 나보다 별로 낫지 않으면서도 전문가로 알려진 사람들을 흔히 본다.
9. 거의 매일 화가 날 만한 일들이 있다.
10. 나는 필요 이상으로 화를 낸다.
11. 나는 내가 분노를 표현하는 것에 대해 죄책감을 느낀다.
12. 다른 사람들 때문에 화가 났을때, 나는 누구든 주변 사람에게 화풀이를 한다.
13. 내 친구들은 나를 짜증나게 하는 여러 습관들을 지니고 있다.
14. 나는 내가 얼마나 자주 화를 느끼는지에 대해 놀란다.
15. 일단 내가 화가 났다는 것을 사람들에게 알리고 나면, 그것을 마음 속에서 지워버린다.
16. 사람들은 종종 나에 대해 뒷말을 한다.
17. 때때로 나는 특별한 이유 없이 화가 난다.
18. 나는 과거에 있었던 일에 대해서 생각나는 것만으로도 스스로에게 화가 날 수 있다.
19. 분노를 표현한 후에도 나는 그것을 잊기가 어렵다.
20. 다른 사람에게 나의 화를 숨길 때, 나는 그것에 대해 오랫동안 생각한다.
21. 사람들이 단지 내 곁에 있다는 것만으로 난 귀찮아질 때가 있다.
22. 나는 한 번 화가 나면 몇 시간씩 지속된다.
23. 다른 사람에게 분노를 숨길 때, 나는 그것을 빨리 잊는다.
24. 나는 내가 화가 난 것을 사람들에게 알리지 않은 채 사람들과 문제에 대해서 이야기하려고 한다.
25. 화가 날 때, 나는 대부분의 사람들보다 빨리 가라앉힌다.
26. 화가 날 때, 나는 통제감을 잃을 것만 같다.
27. 내가 느끼는 대로 표현해 버리면, 다른 사람들은 나를 같이 지내기 어려운 사람으로 여

길 것이다.
28. 내가 예상했던 것보다 더 친절한 사람을 만나면 경계하게 된다.
29. 나는 다른 사람에게 내가 화가 났다는 것을 알리는 것이 어렵다.
30. 나는 누군가가 나를 실망시킬 때 화가 난다.
31. 나는 사람들이 불공정하다고 느낄 때 화가 난다.
32. 나는 내 계획들이 방해를 받을 때 화가 난다.
33. 나는 내가 지연당할 때 화가 난다.
34. 다른 사람이 나를 당황스럽게 할 때 화가 난다.
35. 나보다 무능한 사람으로부터 지시를 받아야 할 때 화가 난다.
36. 내가 어리석은 짓을 했을 때 화가 난다.
37. 내가 한 일에 대해서 인정을 받지 못할 때 화가 난다.

〈채점방식〉

분노성향 범주	하위범주	문항
분노각성	빈도	1, 6, 9, 14, 17
	강도	2(−), 10, 18, 26
	지속시간	22, 25(−)
분노표현	분노(안)	3, 11, 20, 23(−), 24(−), 27, 29
	분노(밖)	4, 7, 12, 15, 19
적대감		5, 8, 13, 16, 21, 28
분노유발상황		30, 31, 32, 33, 34, 35, 36, 37

다음(−)표시는 역채점 문항임
점수가 높을수록 분노 수준이 높은 것임. 문항 평균 점수가 중간점수인 3보다 높으면 다소 높은 것으로 해석
출처: 김세진(1999)

분노와 같은 부정적인 감정을 관리하기 위해서는 먼저 자신의 부정적인 감정을 지각해야 하고 그다음에는 긍정적인 방법으로 해결해야 한다.

- 1단계: 부정적인 감정 지각

사람은 분노와 같은 부정적인 감정을 경험하면 신체적으로 반응할 뿐만 아니라

부정적인 감정과 상관없는 일에 시비를 걸거나 짜증을 낸다. 따라서 평소와 다르게 짜증이 과하게 표현되거나 특별한 이유 없이 시비를 거는 행동 등을 한다면 자신의 부정적인 감정과 그 원인을 분명히 분석하고 쓸데없이 분노를 표출하지 않도록 주의해야 한다. 또한 부정적인 감정은 신체적으로도 나타나므로 다음과 같은 신체 증상이 있을 때도 주의해야 한다.

◈ 신체적으로 나타나는 부정적인 감정

- 얼굴이 창백해진다.
- 가슴이 조마조마하다.
- 맥박이 증가한다.
- 얼굴이 붉어지고 흥분된다.
- 얼굴과 몸이 굳어진다.
- 몸이 떨린다.
- 기운이 쏙 빠진다.
- 진땀이 난다.
- 가슴이 뛴다.
- 입이 마른다.

◈ 부정적인 감정으로 인한 분노 행동

- 거의 들리지 않는 목소리로 말한다.
- 횡설수설한다.
- 침묵한다.
- 얼굴, 주먹, 턱 근육을 긴장시킨다.
- 말을 더듬거린다.
- 울음을 터뜨린다.
- 욕설을 하고 물건을 집어던진다.
- 눈을 부릅뜨고 큰소리를 낸다.

- 눈을 응시하지 못한다.
- 불만을 끊임없이 늘어놓는다.
- 움츠러든 자세가 된다.

• **2단계: 근원적인 원인 분석**

작은 일에도 쉽게 분노하는 등 부정적인 감정을 쉽게 경험하는 경우는 대체로 현재 당면한 문제보다는 근원적인 과거의 경험에서 비롯되는 경우가 많다. 따라서 자신의 과거의 상처받은 나를 점검함으로써 부정적인 감정의 근원을 탐색한다면 자신의 부정적인 감정을 보다 효율적으로 관리할 수 있다.

◈ **자신의 어린시절 탐색하기**

먼저 자신이 기억할 수 있는 최대한의 어린시절을 탐색한다. 어떤 사람이 떠오르는가? 어떤 상황이 떠오르는가? 그 사람 혹은 그 상황을 떠올리면 어떤 감정이 떠오르는가? 다음 Tip 13-4 기법을 따라가면 보다 쉽게 어린시절을 탐색할 수 있다.

Tip 13-4 어린시절 탐색하기

어린시절 탐색 – Guided Imagery [과거로의 여행]

"눈을 감고 가장 편한 자세를 취해 보세요. 그리고 편하게 숨을 쉬어 보세요. 지금 이 공간에서 어떤 소리와 어떤 감촉이 느껴지나요? 숨을 들이쉬고 내쉬고, 들이쉬고 내쉬고…. 편안한 자세로 이야기를 잘 따라오세요.

자, 지금 우리는 이 공간에 이렇게 편하게 앉아 있습니다. 지금부터 어린시절로 조금씩 내려가 보겠습니다. 고등학교 시절의 나를 떠올려 보세요. 나는 무엇을 하고 있고 어디에 있지요? 내 주변에는 무엇이 보이나요?

자, 이제 중학교 시절로 내려가 봅니다. 나는 무엇을 하고 있고 어디에 있나요? 내 주변에는 무엇이 보이나요?

초등학교 시절로 더 내려가 봅니다. 나는 무엇을 하고 있고 어디에 있나요? 내 주변에는 무엇이 보이지요?

자, 이제 더 어린시절로 내려가 봅니다. 유아기 시절 나는 무엇을 하고 있나요? 나는 어디에 있고 무슨 일이 벌어지고 있나요? 내 주변에는 무엇이 보이지요?

이제 더 내려가 봅니다. 아주 어린 아기 시절 내가 기억하는 가장 어린시절로 내려가 봅니다. 나는 무엇을 하고 있고 어디에 있는지요? 내 주변에는 무엇이 보이는지요. 내가 너무 슬퍼합니다. 나는 무엇 때문에 슬퍼하고 있는지요?"

- 과거에 경험한 자신의 상처와 마주하고 느껴지는 그대로의 슬픔이나 분노의 감정을 직면하도록 한다. 신뢰할 수 있는 사람에게 과거의 슬픔이나 분노에 대해 이야기하거나 혹은 혼자 조용히 종이에 글이나 그림으로 표현하면서 자신의 부정적인 감정과 직면하도록 한다.
- 과거 자신의 경험과 관련된 사람들에게 자신이 하고 싶었던 말을 글로 적거나 말해 본다.
- 어린 자신에게 "힘들었겠다" 혹은 "괜찮아. 있는 그대로의 너만으로도 충분해", "완벽하지 않아도 괜찮아" 등과 같은 위로의 말을 수시로 해 주면서 자신의 어린시절을 돌봐 주도록 한다. 힘들었던 어린시절을 공감하고 위로해 주는 과정을 통해 근원적인 원인을 해결할 수 있기 때문이다.
- 어린시절의 자신을 회상하면서 자신이 진심으로 원했던 욕구를 알아내는 것도 효과적이다. 진심으로 원했던 것이 무엇인지 생각하고 이 욕구를 지금이라도 충족시키기 위해 노력한다면 어린시절의 상처가 치유될 수도 있기 때문이다.

출처: 한국보육진흥원(2013)

• 3단계: 나의 인생 그래프 그리기

다음 그림과 같이 자신의 인생 그래프를 그려볼 수 있다. 종이 한 장에 그래프를 그리되 자신의 연령대 순서대로 과거 경험이 좋았을 때는 올라가는 선으로 어려웠을 때는 내려가는 선으로 그리도록 한다.

이와 같이 자신의 연령에 따라 그래프를 그리면서 자신이 어려웠던 시기는 언제

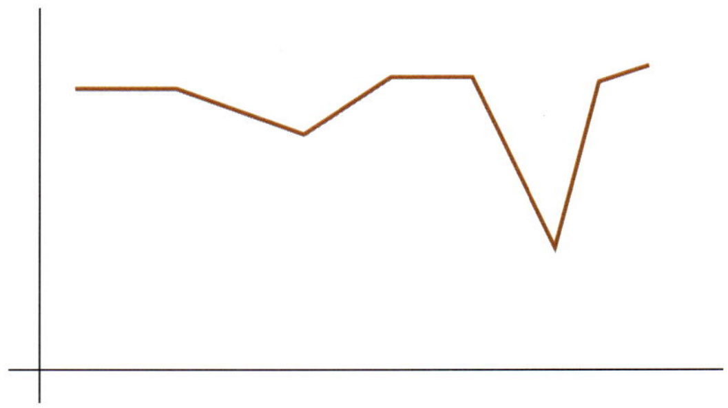

그림 13-1 영아기 유아기 학령기 청소년기 대학시절

였는지, 그리고 그것을 어떤 계기로 벗어나게 되었는지를 회상해 보도록 한다. 이 과정을 통해 유사한 어려움이 생길 때 대처할 수 있는 방법을 찾을 수 있다.

3) 기타 도움이 되는 스트레스 관리

1 유머

유머(humor)는 개인의 정서를 안녕한 상태로 만드는 데 중요한 기제로 여겨지고 있다. 유머는 즐거움과 웃음을 주며 긴장을 완화시킨다. 인간만이 가진 특성인 유머는 최근에는 치료적인 목적으로도 사용되고 있다. 유머는 재미있는 영상을 보며 웃는 정도의 정서가 아니고 상당히 인지적인 정신적 경험이다(민성혜 외, 2014, 재인용). 유머는 어떤 상황에서 자연스럽게 발생하는 부정적 영향으로부터 자신을 보호하기 위해 부정적인 정서표출의 가능성을 농담이나 익살로 무마시키도록 하여 스스로 비탄적이지 않고 해가 덜 되게 하는 심리적 방어기제이다. 본인 스스로 유머를 좋아하고 즐길 때 유머 능력이 향상될 수 있다. 특히 영유아들과의 생활은 예기치 못한 스트레스 상황이 나타나기 쉽기 때문에 보육교사가 유머를 즐기는 것이 효과적인 방법이 될 수 있다. 각성이론(Arousal Theory)에 의하면 웃음으로 인해 긴장감이 감소될 수 있기 때문이다. 부정적인 감정들을 웃음을 통해 방출한다면 다시 긍정적인 에너지가 생겨날 수 있을 것이다.

2 긍정적인 관계 누리기

사람은 사회적인 동물이기 때문에 다른 사람과의 관계에서 상처를 받기도 하지만 반대로 다른 사람과의 친밀한 관계를 통해 위로받고 부정적인 경험이나 감정을 회복할 수도 있다. 사람의 낙관성에 대한 연구를 보면 심리적으로 건강한 사람은 힘들거나 부정적인 현실을 자신에게 유리하게 왜곡시키는 긍정적으로 환상(positive illusion)을 자주 사용하며 이것은 자기와 가까운 사람에게까지 확장된다(백혜영, 2007). 따라서 심리적으로 안정되고 건강한 사람과 친밀감을 형성하고 관계를 유지하면 부정적인 감정을 경험할 때 분노를 표현하지 않고 긍정적인 방법으로 표출하거나 해결할 수 있다.

3 건강한 여가 활동 즐기기

업무가 과하거나 신체적 · 육체적으로 심약할 때 부정적인 감정을 경험하기 쉽다. 일상생활에서 즐길 수 있는 운동, 음악, 취미 생활 등을 통해 부정적인 감정이나 스트레스를 발산한다면 분노를 경험할 수밖에 없는 상황이더라도 자신의 분노를 조절하기 쉽다. 따라서 정기적으로 여가를 즐길 수 있도록 자신의 생활 리듬을 운영하도록 한다.

3. 보육교사직과 몰입

대체로 사람은 자신의 직업을 좋아하고 만족하는 경우 스트레스가 적으며 정신적으로 건강한데, 이런 사람들은 직업적 활동을 할 때 '몰입'한다. 몰입은 직업 활동이 주는 즐거움 때문에 자신의 직업 활동에 심리적으로 열중하는 것이다(문은영, 2011). Csikszentmihalyi(1990)는 "몰입은 인생을 더 즐기고 행복하게 살며 다양한 상황에서 더 잘 기능하도록 만든다"고 하였다. 따라서 보육교사가 스트레스를 줄이고 건강하고 행복한 삶을 누리기 위해서는 보육교사직에 몰입하는 것이 중요하다. Csikszentmihalyi가 제시한 몰입을 촉진하는 조건에 따라 보육교사직에 몰입할 수 있는 방법을 살펴보면 다음과 같다.

1 분명한 목표가 있는 활동에서 몰입이 잘 일어난다.

현재 자신이 수행하고 있는 보육교사직의 목표가 무엇인지 명확히 인식하는 것이 중요하다. 너무 거창하고 추상적인 목표보다는 구체적이고 실행 가능한 목표를 위한 활동을 하도록 한다. 예를 들면 '이번 주에는 영유아들의 행동관찰을 좀 더 잘해야지'라는 목표보다는 '이번 주에는 매일 적어도 3명 이상의 영유아를 관찰해야지'라는 목표를 계획한다면 보육교사는 몰입 경험을 할 가능성이 높다.

> 주임교사가 되니 윗사람으로서 할 일도 많아지고 아랫사람 관리도 해야 하고 그래서 업무가 너무 많은 거야. 일이 많아서 힘은 드는데 거기서 오는 책임감도 생기는 거야. 내가 여기서 그만두면 어린이집 운영이야 어떻게든 되겠지만, 아이들이나 동료 교사들이 힘들어지겠구나 하는 생각이 드는 거야. 그래서 내가 하는 역할이 커 보이고 꼭 필요한 존재 같고 그런 마음에 더 열심히 일하게 된 거 같아.
>
> 출처: 박소영(2009)

2 즉각적인 피드백이 주어지는 활동에서 몰입이 잘 일어난다.

즉각적인 피드백은 목표를 달성하기 위해서 현재 자신이 어떤 위치에 있는지, 어떤 행위를 해야 하는지를 분명하게 알려주기 때문에 몰입을 잘할 수 있다. 예를 들어 자신의 교수방법이나 영유아와 상호작용 수준을 향상하고 싶다면 동료 교사 앞에서 자신의 교수활동이나 상호작용을 실행하고 동료 교사에게 즉각적인 피드백을 받거나 영상으로 촬영하여 스스로 점검하는 방법을 반복적으로 사용하면 자신의 능력이 증진되는 변화 과정을 알 수 있기 때문에 효과적이다.

3 몰입 상태를 촉발하기 위해서는 개인의 기술 수준과 과제의 난이도가 적절한 균형을 이루어야 한다.

자신에게 주어진 과제가 너무 쉽거나 너무 어려우면 과제에 대한 흥미가 떨어질 수밖에 없다. 즉, 과제의 난이도가 다소 높고 또한 이를 실행하기 위한 교사의 기술 수준도 다소 높을 때 과제에 좀 더 집중할 수 있다. 예를 들면 매일 반복되는 일과보다는 여러 가지 어려움이 예상되는 견학이나 특별한 활동을 진행할 때 보육교사는 사전에 좀 더 구체적이고 철저하게 계획하고 준비한다. 종종 어린이집의 큰 행사는 사전에 실전과 동일한 절차로 모의 시연을 하는 등 철저하게 준비하면, 그 결과 행사 진행과정에 더욱 몰입하여 성공적으로 행사를 마무리하게 된다.

4 개인의 흥미와 과제의 특성이 잘 일치해야 한다.

인간은 흥미를 느끼는 활동에서 즐거움을 느끼며 몰입하게 되므로 다양한 보육교사의 직무 중에서 가장 흥미로운 것부터 집중하는 것이 효과적이다. 예를 들어 교재 · 교구에 흥미가 많다면 보육활동을 계획하고 실행하기 전에 각 보육활동에 적절한 교재 · 교구 준비나 제작에 먼저 집중하도록 한다. 자신이 즐거워하는 교재 · 교구에 집중하면서 그 교구로 할 수 있는 활동 방법이나 상호작용 방법이 자연스럽게 연상되고 실제 영유아와의 교육활동도 즐겁게 운영할 수 있다.

5 과제에 대한 내적 동기와 호기심이 몰입을 촉진한다.

대체로 인간은 내적 동기가 있어야 효과적으로 목표를 달성할 수 있다. 따라서 자신이 담당한 과제에 대한 개인적인 내적 동기가 무엇인지 분석한다면 과제를 효과적으로 실행할 것이다. 예를 들어 특별한 이유 없이 또래들과 갈등이 심하고 공격적인 행동이 잦은 유아 때문에 학급 운영이 힘들 경우 대상 영유아의 특성 및 공격적인 행동의 원인에 대해 호기심을 갖는 것이 중요하다. 대상 영유아가 어떤 특성을 가지고 있는지, 어떤 가족 특성을 가지고 있는지 등을 알아보면서 관련 정보를 수집하고 또래와 갈등 상황을 집중 관찰하는 과정에서 대상 영유아를 보다 구체적으로 알게 되어 또래와의 갈등 상황 등을 효과적으로 중재하고 학급 운영을 정상적으로 할 수 있게 된다. 이 과정이 다소 힘들고 어렵기는 하지만 보육교사는 이 과정을 통해 자신의 전문성 성장을 경험하게 되어 어렵고 힘든 과제를 두려워하기 보다는 즐겁게 도전할 수 있게 된다.

보육교사가 자신의 직무에 몰입하면 당연히 직무만족도가 높아서 직장에서의 스트레스가 적게 된다. 직무 만족도란 자신의 직업적 활동이 생산적이며 가치 있는 일이라는 인식에 근거한 정서적 반응으로 한 개인이 직무를 얼마나 좋아하고 있는가에 대한 정서적 선호도이다(문은영, 2011). 따라서 보육교사가 직무 만족도가 높으면 업무 활동이 즐겁고 행복하기 때문에 스트레스가 적을 것이다.

보육교사 직무 만족도 구성 요소인 동료애, 업무부담, 보상, 혁신성, 교직의식,

발전성, 자율성(노종희, 2001)에 대한 내용과 각 구성요소와 관련된 보육교사 개인적 경험담을 살펴보면 다음과 같다.

1 동료애: 교사들 간에 이루어지는 인간관계에 대해 느끼는 심적 상태

같은 일에 종사함으로써 공감대가 형성되기 때문에 서로 위로도 되고 힘도 되며 동기부여도 된다. 또한 서로 협력하며 외롭지 않게 일을 할 수 있다.

동료들이 너무 좋은 거야. 그러니까 출근하는 게 재밌고 또 내가 어려운 일을 당할 때 조언해 줄 수 있는 사람들이 많았고. 니 일 내 일 나눈 것이 아니라 함께해 나가니까 일에 대한 부담감이 많이 줄어 편했던 것 같아. 무슨 일이 생기면 혼자서 책임져야 한다는 게 가장 많이 힘들었는데 동료들이 좋으니까 혼자가 아니라는 느낌이 큰 힘이 되었던 거 같아. 아이가 다쳤을 때 혼자 힘든데 동료들이 옆에 있어 주니까 넘어가게 되더라고.

출처: 박소영(2009)

2 업무부담: 교사에게 부과되고 있는 수업시간, 학생 지도, 사무처리 등에 대해 느끼는 심리적 상태

교사는 영유아에게 제공하는 보육과 관련된 업무뿐만 아니라 학급 및 어린이집 운영 등에 대한 다양한 업무를 처리해야 하므로 업무에 대한 부담이 많을 수 있다. 그러나 업무의 특성이 각각 다르므로 모든 교사마다 각자의 강점에 따라 보다 효율적으로 처리하는 업무가 있다. 자신이 보다 효율적으로 처리하는 업무에서 만족감을 느낄 수 있으므로 이를 토대로 다른 업무도 효율적으로 담당할 가능성이 높다.

교사마다 다 특색 있고 잘하는 게 다른 거예요. 그래서 한 사람 한 사람 강점을 살려 업무를 주는 거예요. 가령 저는 주임이고 일을 기획하고 처리하는 것을 좋아하기 때문에 주로 행사 준비를 총괄하고 있어요. 제게 딱 맞는 업무예요. 좋은 장소 섭외부터 행사 기획하고 진행하고 마무리까지 한 후 보고서를 제출하면 기분이 좋은 거죠. 잘했다, 성취감도 있고 더 좋은 생각도 들고 그렇게 교사의 색깔을 파악해서 업무를 주는 것이 좋은 것 같아요.

출처: 박소영(2009)

■3 **보상:** 교사에게 주어지는 보수, 후생복지 등에 대해 느끼는 심적 상태

보육교사이기 때문에 좀 더 누릴 수 있는 후생복지 등으로 인한 만족감이다.

> 노동법에 의하면 육아휴직이 있기는 하지만 실제로 육아휴직을 사용할 수 있는 직종은 몇 개 안 되잖아요. 특히 눈치 안 보고 육아 휴직을 쓸 수 있는 직업이어서 너무 좋아요. 동료 선생님 중에서 아기 낳고 산휴휴가 포함해서 육아휴직까지 15개월을 쉬고 복직하는 선생님을 보면서 나도 저렇게 해야지 하는 생각을 했어요. 아이의 처음 1년을 함께할 수 있는 직업이라는 점이 매력적이에요.
>
> 출처: 박소영(2009)

■4 **혁신성:** 인습적 사고와 낡은 관행에서 벗어나 교사가 창의적이며 도전적으로 수행하고 있는 직무에 대해 느끼는 심적 상태

교사직은 발달특성상 예측하기 힘든 영유아를 가르치는 일이기 때문에 역동적이고 창의적으로 업무를 수행하게 된다. 이로 인해 교사는 새로운 방법을 도전하게 되고 이 과정에서 만족감을 경험하게 된다.

> 우리 어린이집은 매년 동일한 행사를 같은 방식으로 운영하지 않아요. 이게 힘들 수도 있지만 저는 오히려 더 재미있어요. 작년에는 부모교육 프로그램을 부모님들과 아이들 놀잇감 만들기를 했는데 올해는 작은 음악회로 했어요. 악기를 다루시는 부모님들의 지원도 받았고 지역사회 내 대학생들의 지원도 받아서 진행했는데 아이들과 부모님들의 반응이 좋아서 함께 준비한 교사들이 너무 행복했어요. 매번 색다른 행사를 기획하고 실행하는 일이 제게는 신나고 행복한 일이에요.
>
> 출처: 박소영(2009)

■5 **교직의식:** 교직 생활에 대한 자신의 지향성에 대해 느끼는 심적 상태

영유아의 특성을 이해하고 바람직한 성장을 도모하기 위해 지도하고 지원하는 일에 대한 신념을 가지고 이 신념을 추구하는 자신에게 만족감을 느낀다.

중요한 건 교사들 간에 꿈이 있다는 거예요. 계속 그곳에서 근무하겠다는 것만이 아니라 몇 년 후에는 무엇을 해야지 하는 꿈, 비전이 있었어요. 입사할 때 동료 교사들 중에서 벌써 4명이 시설장으로 근무 중이에요. 이곳에서 보육교사로 오래 버티자가 아니라 열심히 근무하고 보람도 느끼고 배우고 발전해서 다음 목표가 있는 거예요. 가까운 목표도 좋고 그 기대감에 힘이 되었어요.

출처: 박소영(2009)

6 발전성: 교사의 전문성 성장을 촉진하기 위해 제공되는 활동에 대해 느끼는 심적 상태

교사들은 경력이 많아지면 실력도 늘어나고 있다고 생각한다. 보육 현장 경험을 통해서 업무적인 능력이 발전할 뿐만 아니라 업무 외적인 교육(예: 보수 교육 등)을 받으면서 스스로 업무 능력이 숙련된다고 생각한다. 또한 경력이 쌓이면 시간만 쌓이는 것뿐만 아니라 경험과 지혜, 실력도 쌓인다.

내가 정리한 파일도 보고 선배들이 정리한 파일도 보고 신입 교사들이 정리한 파일도 보았는데 이게 정리한 수준이 달라요. 나도 5년 했으니까 한다고 했지만 어딘가 많이 어색하고 흐름에 아닌 거야. 그래서 경력이 세월이 그냥 주는 게 아니구나 하는 생각이 들더라고요.

출처: 박소영(2009)

7 자율성: 외부의 부당한 간섭이나 통제로부터 벗어나 교사 자신 행사하고 있는 전문적 권한에 대한 느끼는 심적 상태

보육교사는 자신이 담당한 학급 운영 및 영유아 보육을 자율적으로 계획하고 실행하며 스스로 평가함으로써 다른 사람의 간섭이나 통제가 비교적 적다. 또한 다양한 업무를 효율적으로 처리하는 능력을 갖춤으로써 스스로에 대한 만족감을 높일 수 있다.

일 자체만 보면 매력적이라고 생각해요. 우리반 보육은 나 자신의 생각대로 계획하고 운영할 수 있으니까. 그리고 나 스스로 평가하고 그 결과를 다시 반영하면서 나 자신이 성장하고 있다는 것을 느낄 수 있어요. 그래서 이 일이 너무 좋아요. 특히 지난 학기에 우리반 아이들과 프로젝트 수업을 하면서 내가 오히려 더 많이 배웠어요. 아이들이 궁금해 하는 주제에 대해서 알아보고 아이들과 함께 탐구하면서 창의적으로 문제를 해결하는 아이들과 나 스스로가 너무 대견스러웠어요. 가끔은 해야 할 일이 너무 많아서 힘들 때도 있지만 그래도 이 일이 너무 좋아요.

출처: 박소영(2009)

참고문헌

강문숙(2008). 보육교사의 직무에 대한 내용 분석 및 인식조사. 부산대학교 대학원 석사학위논문.

강진이, 이지연(2014). 교사의 소명의식이 삶의 만족도에 미치는 영향. **한국심리학회지 상담 및 심리치료**. **26**(1), 123-146.

곽승주(2003). 영아-교사 간 상호작용에 관한 문화기술적 연구: 2세 영아를 중심으로. 성신여자대학원 석사학위논문.

국가직무능력표준(NCS)(2014). 보육(웹사이트 http://ncs.go.kr에서 2014년 9월 26일 인출).

권동택(2012). 교원양성, 임용, 연수에서의 인성교육강화 방안 연구. 교육과학기술부 · 충청북도교육청.

권석만(2008). **긍정의 심리학**. 학지사.

김명순(2015). 보육교직원 전문성 향상을 위한 보수교육체제의 다각적 고찰 및 현행체계 진단과 개선방안. 보육관련 5개 학회 2015년 춘계통합학술대회 발표자료. 101-126.

김명순, 황혜정, 박영림, 김지연(2013). 국가직업능력표준(NCS): 보육분야 개발과정. 한국아동학회 추계학술대회 발표자료. 152-156.

김미경(2005). 공립유치원 교사 종일반 운영에 대한 직무만족도 연구. 아주대학교 교육대학원 석사학위논문.

김선영(2000). 4년제 대학 여학생들의 취업직종 선택에 대한 연구: 여성 전통직과 여성 비전통직을 중심으로. **교육사회학연구**, **10**(1), 41-73.

김수천(2005). 국민의 교육받을 권리와 기초학력 책임지도제. **교육과정연구**, **23**(4), 157-174.

김순안(2006). 보육교사의 소진에 영향을 미치는 요인에 관한 연구. 충남대학교 대학원 석사학위논문.

김세진(1999). 성인의 애착유형에 따른 분노 경험의 양상의 차이. 서울대학교 석사학위논문.

김영명(1997). 어머니 및 보육교사에 대한 유아의 애착안정성에 따른 정서적 행동문제. 서울대학교 석사학위논문.

김은설(2015). 인성평가 어떻게 할 것인가?. 한국아동학회 추계학술대회 자료집. 81-102.

김은설, 안재진, 최윤경, 김의향, 양성은, 김문정(2009). 보육종사자의 전문성 제고 방안 연구. 육아정책연구소.

김은영(2013). 어린이집 교사의 직무분석에 기초한 전문성 제고 방안. 육아정책연구소.

김은영(2013). 유치원과 어린이집 교사의 직무 및 수행여부 분석. **한국교원교육연구, 30**(2). 121-145.

김은희(1992). 교사-유아 간 애착과 유아의 자아지각과의 관계. 성균관대학교 석사학위논문.

김의향(2013). 보육교직원 전문성 향상을 위한 자격관리와 처우개선방안. 한국보육지원학회 2013 춘계학술대회 자료집.

김정휘, 고홍화(1994). **교사 직무 스트레스 연구**. 배영사.

김현지(2008). 영아보육교사의 상호작용 증진을 위한 보육교사 교육프로그램 구성 및 효과. 경희대학교 대학원 박사학위논문.

김혜경(2013). 보육교사의 적성이 직무만족도에 미치는 영향. 인천대학교 교육대학원 석사학위논문.

김희용(2007). 좋은 교사의 자질. **교육철학, 38**, 27-46.

노종희(2001). 교원 직무만족의 개념화 및 측정에 관한 연구, **교육행정학연구, 19**(2), 163-181.

문은영(2011). 초임교사 입문교육의 운영형태에 따른 초김교사 교직적응. 연세대학교 교육대학원 석사학위논문.

문혁준, 안효진, 김경회, 김영심, 김정희(2014). **보육교사론**. 창지사.

민선우(2004). 유아교사의 자아개념과 직무스트레스 및 직무만족도의 관계. 가톨릭대학교 교육대학원 석사학위논문.

민성혜, 신혜원, 김의향(2012). **보육교사론**. 양서원.

민성혜, 신혜원, 김의향(2013). **보육교사론(개정판)**. 양서원.

박소영(2009). 보육교사로 살아가는 힘에 관한 이야기. 숙명여자대학교 석사학위 청구논문.

박순길, 이윤아, 정경희(2011). 보육교사들의 이직 결정 요인 분석. **인지발달중재학회지, 2**(1). 61-77.

박선미, 신세니, 조희숙(2009). 교사발달의 생존기에 대한 질적 연구: 생태보육기관 초임교사들의 경험을 중심으로. **한국아동학회, 30**(5), 41-55.

박은혜(2009). **유아교사론**. 창지사.

박은혜(2013). **유아교사론(개정판)**. 창지사.

박은혜 외(2014). **유치원 보육교사를 위한 교직실무**. 창지사.

박은혜, 김명순, 신동주, 정미라(2003). **세계의 유아교육제도**. 양서원.

박찬옥, 구수연, 이옥임(2010). **영아-보육교사 상호작용의 이론과 실제**. 정민사.

백승선(2010). 좋은교사의 특서에 대한 보육교사의 인식. 중앙대학교 대학원 석사학위논문.

백혜리(2008). **보육교사론**. 동문사.

백혜영(2007). 애정관계에서의 낙관성: 상대에 대한 긍정적 환상의 매개효과. 아주대학교 대학원 석사학위논문.

보건복지부(1997). 영유아보육사업지침.

보건복지부(2014). 제3차 어린이집 표준보육과정 보육교사용 지침서. 보건복지부 · 육아정책연구소.

보건복지부(2014). 어린이집 표준보육과정에 기초한 영아보육프로그램. 보건복지부 · 육아정책연구소.

보건복지부(2015). 2015년도 보육사업안내.

보건복지부(2015). 영유아보육법 및 동법 시행규칙 일부개정령안 입법예고. 보건복지부공고 제2015-559호. 2015년 9월 24일.

보건복지부, 한국보육진흥원(2014). 어린이집 평가 인증 안내: 3차 지표 시범사업용. 한국보육진흥원.

삼성복지재단(2003). **영유아프로그램 총론**. 다음세대.

서경혜, 최진영, 노선숙, 김수진, 이지영, 현성혜(2013). 예비교사 교직 인성 평가도구 개발 및 타당화. **교육과학연구, 44**(1), 147-176.

서문희, 이미화, 구미진(2006). 보육시설 종사자 직무 및 근로환경 실태 분석. 여성가족부.

서의석(2005). 보육교사의 근무환경 및 실태조사. 중앙대학교 대학원 석사학위논문.

서지영(2002). 유치원 교사의 이직의도에 관한 이론적 모형 연구. 숙명여자대학교 석사학위논문.

서현, 임지윤, 박미자(2013). 유아교사의 바람직한 인성에 대한 예비유아교사와 현직유아교사의 인식 비교. 한국영유아보육학회, 77, 41-71.

신윤정(2013). 그림책을 활용한 인성교육 프로그램이 유아의 정서지능에 미치는 영향. 학국외국어대학교 교육대학원 석사학위논문.

신윤정(2013). 대학생의 진로소명, 진로자기효능감 및 내적동기와 진로적응성의 관계. **상담학연구, 14**(1), 209-226.

신혜원, 김의향(2014). 국가직무능력표준(NCS)에 따른 보육분야 3 · 4수준 교사양성 방향성 모색. **한국보육학회, 14**(4), 1-38.

심수진(1998). 유아교사의 관심사에 따른 발달단계와 장학 요구도와의 관계 연구. 덕성여자대학교 석사학위논문.

안경자, 장경선, 박영신, 손유희, 김진희(2013). **보육교사-영유아 상호작용: 현장이야기.** 공동체.

안지혜(2015). 영유아의 인권, 보육교직원의 인권. 한국보육학회 2015 추계학술대회 자료집.

양정미(2004). 보육교사의 교사관심사 발달단계에 따른 장학실태 및 요구도 조사연구. 부산대학교 석사학위논문.

염지숙, 이명숙, 조형숙, 김현주(2014). **유아보육교사론**. 정민사.

오연주, 한유미(2005). 스웨덴과 한국 보육교사의 직무 만족도와 전문성에 대한 인식 비교 연구. **미래유아교육학회지, 12**(1), 99-122.

오숙자, 최진아(2014). 보육교사의 적성이 직무만족도에 미치는 영향. **한국부모놀이치료학회지, 5**, 47-61.

유미경(2000). 보육교사의 자기 장학 실태연구. 중앙대학교 석사학위논문.

육아정책연구소(2013). (연구보고서) 영유아 문제행동지도 프로그램 개발-보육교사 지침서.

윤영애(2002). 유아교사 관심사 발달단계에 따른 임상장학 모형개발. 덕성여자대학교 박사학위논문.

이근주(2013). 영아전담 어린이집 보육교사의 전문성 증진을 위한 자율장학 프로그램 개발 및 적용. 중앙대학교 대학원 박사학위논문.

이돈희(2000). 21세기 교사상과 교직. **한국교사교육, 17**(1). 1-18.

이미화, 강은진, 박진아, 윤재석, 신나리, 신혜원, 조아라(2015). 보육교직원 자격체계 개편 방안연구. 육아정책연구소.

이미화, 유희정(2004). 보육교사의 근무환경 및 직무실태 분석. 한국여성개발원.

이미화, 장명림, 신나리, 김문성, 김현철(2006). 육아지원인력의 수급전망과 전문성 제고 방안 연구. 육아정책개발센터.

이부미, 임현숙(2013). 보육교사 되어가기: 보육교사교육원을 중심으로. **열린유아교육연구, 18**(1), 95-135.

이수정(2008). 보육교사의 직업선택동기, 전문성 인식 및 역할수행에 대한 연구. 남서울대학교 대학원 석사학위논문.

이숙재(2014). **영유아 놀이의 이론과 실제**. 창지사.

이영, 이미란, 홍희영, 한성희, 민성혜, 박신진, 유영미, 신혜원, 민현숙, 정지나, 문영경,(2015). **영아발달**. 학지사.

이옥임(2013). 영유아의 발달을 지원하는 공공형 어린이집 상호작용. 한국보육진흥원.

이완정(2005). 어린이집 영유아의 권리보호를 위한 각국의 보육종사자 윤리강령 연구. **아동권리연구, 9**(4), 789-816.

이완정, 이윤성, 권기남(2015). 영유아, 교사, 부모를 위한 인성교육의 방향성. 한국아동학회 추계학술대회 자료집. 103-147.

이윤식(1999). **유치원, 초등, 중등 자율 장학론**. 교육과학사.

이은해, 김온기, 이미화, 이재선(1995). **어린이집 영아반 운영의 실제**. 교육과학사.

이은화, 배소연, 조부경(1995). **유아교사론**. 양서원.

이재경(2005). 보육교사의 이직과 전직에 영향을 미치는 요인 연구. 가톨릭대학교 석사학위논문.

이찬주(2002). 어머니-유아교사 관계에 대한 상호 인식 연구. 중앙대학교 대학원 석사학위논문.

이현호(1997). 영아-교사 간 애착안정성에 따른 사회적 놀이 참여 행동 연구. 건국대학교 석사학위논문.

이혜상(2005). 유아보육교사의 전문성 인식에 영향을 미치는 관련변인 탐색. **열린유아교육연구, 10**(1). 153-168.

이화여자대학교 교육과학연구소 아동교육연구부(2004). **영아를 위한 프로그램의 이론과 실제**. 창지사.

임숙이(2005). 보육교사의 이직의도 결정요인 연구. 건국대학교 석사학위논문.

임승렬, 김연미, 이은정(2014). **영유아 보육교사를 위한 보육교사론**. 파워북.

전재선(2011). 예비유아교사 인성교육 프로그램 모형 개발. **한국보육학회지, 13**(4), 305-327.

정계영, 김미애, 심지민(2000). 예비유아교사들의 교사양성과정의 유효성 인식과 교직 전문성 인식에 관한 연구. **논문집-경북전문대학, 18**(1).

정광자(2007). 공립 유치원 교사의 직무만족도와 헌신도 및 사회적 지원과의 관계. 원광대학교 대학원 석사학위논문.

정향림(2005). 공 · 사립 유치원 교사의 직무스트레스와 직무만족도와의 관계: 경인지역을 중심으로. 이화여자대학교 교육대학원 석사학위논문.

조부경, 백은주, 서소영(2001). **유아교사의 발달을 돕는 장학**. 양서원.

조성연, 이정희, 김은기, 제경숙, 황혜정, 나유미, 박진재, 송혜린, 임연진, 나종혜, 권연희(2006). **영유아보육의 이해**. 학지사.

조성연, 이정희, 박진재(2013). **영유아 보육의 이해.** 학지사.

조진희(1996). 어린이집 교육내용에 대한 교사와 어머니의 기대경향 비교연구. 동국대학교 석사학위논문.

조필수(2008). 보육교사의 교직 윤리의식에 관한 연구. 연세대학교 행정대학원 석사학위논문.

조혜진, 김옥주(2012). 영아반 초임교사의 직무교육에 대한 요구분석. **열린유아교육연구, 17**(2), 105-126.

조희숙(2008). 어머니-영아 간 상호작용 맥락에 따른 어머니의 대화전략 유형과 영아의 초기 어휘발달. **미래유아교육학회지, 15**(4), 177-204.

최보가, 전귀연(1993). 자아존중감 척도 개발에 관한 연구. **대학가정학회지.**

최수아(2005). 직장 보육시설 보육교사의 역할수행에 관한 교사 및 학부모의 인식조사 연구. 이화여자대학교 석사학위논문.

최인숙, 이혜숙, 임신일(2013). 보육교직원이 경험한 직무스트레스 개념도 연구: 원장과 보육교사 간 비교. **아동교육, 22**(4), 277-292.

통계청(2014). 보육통계.

푸른보육지원재단(2015). 푸르니 신입보육교사 사전직무교육.

한국보육시설연합회, 육아정책연구소(2010). 보육시설장 · 교사 윤리강령 개발 연구.

한국보육진흥원(2011). 보육교사 승급교육 교재.

한국보육진흥원(2012). 서울시 어린이집 원장 신규 직무교육 교재.

한국보육진흥원(2012). 보육교직원 자격제도 관계법령의 변천을 중심으로.

한국보육진흥원(2013). 아동학대자 교육명령제 도입에 따른 교육프로그램.

허정묵, 권민균(2006). 어머니의 언어통제 유형 및 유아의 정서조절능력과 유아의 공격성의 관계. 명지대학교생활과학연구소, 32, 159-170.

홍은경(2003). 유치원 초임교사를 위한 멘토링 과정. 중앙대학교 석사학위논문.

홍화연(2015). 유아교사의 교직 선택 동기와 교사 효능감이 직무만족도에 미치는 영향. 경희대학교 교육대학원 석사학위논문.

황성온(2006). 유아교사의 이직 결정 원인 조사. 중앙대학교 석사학위논문.

황옥경(2004). 보육의 전문성 향상과 공공성 확대를 위한 보육정책의 과제. 한국유아교육 · 보육행정학회 2004년 추계전국학술대회 자료집. 67-93.

황옥경(2005). 지방자치 정부의 아동권리 조례 제정의 함의: 부천시 사례를 중심으로. **한국아동권리학회, 9**(2), 181-202.

황옥경(2012). 보육교사 처우현황과 개선방안-보수체계를 중심으로. **한국보육지원학회지,**

8(3), 249-272.

황해익, 서정현, 송연숙, 이경화, 최혜진(2012). **유아교육개론**. 공동체.

황해익, 송연숙, 정혜영, 남미경, 정혜영(2015). **보육교사론**. 정민사.

Brock, A. (2013). Building a model of early years professionalism from practitioners' perspectives. *Journal of early childhood Research, 11*(1), 27-44.

Bryant, D., Downer, J., Hamre, B., Hong, S. S., Howes, C. & Pinata, R. (2011). Ensuring effective teaching in early childhood education through linked professional development systems, quality rating system and state competencies: The role of research in an evidence-driven system. In C. Howes & R. C. Pianta(Eds.), Foundations for teaching excellence: Connecting early childhood quality rating professional development, and competency system in States(p. 151-170). Baltimore, ML: Brookes.

Chrrington, S., Shuker, M. J., Stephenson, A., Glasgow, A., Rameka, L. & Thornton, K. (2013). Evaluation of ministry of education-funded early childhood education professinal development programmes. Final Report, Jessie Hetherington Contre for Educational Research, University of Wellington, Victoria, NZ.

Csikszentmihalyi, M. (1990). *Flow: the psychology of optimal experience*. New York: Harper & Row.

Dewey, J. (1933). How we think: A restatement of the reaction of reflective.

thinking to the educative process. Boston: D. C. Heath & Co.

Gimpel, G. A., & Holland, M. L. (2003). Emotinal and behavioral problems of young children. 방명애, 이효신 역. 시그마프레스.

Goossens, F. A. & van IJzendoorn, M. L. (1990). Quality of infants' attachment and day-care characteristics. *Child Development, 61*, 832-737.

Licokna, T. (1991). Educating for character: How our schools can teach respect and responsibility. NY: Bantam Books.

Martin, A. J. & Dowson, M. (2009). Interpersonal relationships, motivation, engagement, and achievement: Yields for theory, current issues, and educational practice. *Review of Educational Research, 79*(1), 327-365.

Murry, J. (2002). Between the chalkface and the ivory towers: A study of the professionalism of teacher educators working on primary Initial teacher education courses in the English education system. Collected *Original Resources in Education(CORE). 26*(3), 1–530.

Kail, R. V. (2006). **아동과 발달**. 권민균, 김정민, 최형석 공역(2008). 시그마프레스.

Katz, L. G. (1972). Developmental stage of preschool teachers. *Elementary School Journal, 73*, 50–54.

Saifer, S.(2001). Practically every problem: The early childhood teacher's manaual. 임승렬 역. 다음세대.

Saracho, O. N., & Spodek, B. (1993). Professionalism and the preparation of early childhood education practitioners. *Early Child Development and Care, 89*, 1–17.

Shaffer, D. R. (1999). Social and personality development. CA: Thomson Learning.

Stroot, S. A. (1999). Impact of a Collaborative Peer Assistance and Review Model on Entry–year Teacher in Large Urban School Setting. *Oral of Teacher Education*, 50(1), 27–41. Super. 1962.

Warner, L. & Lybch, S. A. (2004). Preschool classroom management. MD: Gryphon House, Inc.

시민언론 http://www.civicnews.com/news/articleView.htmlidxno=899(2013. 7. 17.).

인적자원관리용어사전(2015. 12. 8. 출력).

정책브리핑(2007) http://www.korea.kr/policy/mainView.do?newsId=148617302.

http://100.daum.net/encyclopedia/view/49XXX9202418

http://www.ucas.com/ucas/teacher–training.

http://www.unicef.or.kr

http://www.pacey.org.uk/.

http://www.sdmccic.or.kr.

http://www.kicce.re.kr.

http://cemtral.childcare.go.kr.

http://www.riss.kr.

http://www.kcpi.or.kr.

NQF Video Resources–acecqa.

http://www.acecqa.gov.au/families/nqf–video–resourcesNQF Video resources, National

Quality Framework videos, what is the National Quality Framework, ACECQA, childcare regulations..

ACECQA video resources.

http://www.acecqa.gov.au/SearchResults.aspx%3Fkeywords%3Dvideos16. results... NQF video resources. National Quality Framework videos for families. ACECQA has developed a series of 13 videos to help explain the National.

찾아보기

ㅈ

저자소개

신혜원

연세대학교 아동학과(학사)
연세대학교 아동가족학과(석사 · 박사)
선릉삼성어린이집 원장
연세대학교 어린이생활지도연구원 전문연구원
현, 서경대학교 아동학과 교수

민성혜

연세대학교 사회학과(학사)
연세대학교 사회복지학과(석사)
연세대학교 아동가족학과(박사)
이화여자대학교 교육대학원 유아교육과(석사)
연세어린이집 원장, 숲속유치원 부원장 역임
남서울대학교 아동복지학과, 고려사이버대학교 아동학과 교수 역임
현, 브레이너리(www.brainery.kr) 소장

김의향

Barry University(FL, USA) 유아/초등교육학, 몬테소리교육학 전공(학사 · 석사)
연세대학교 아동가족학과(박사)
건국대학교 부속어린이집 원감 및 보육교사교육원 전임교수 역임
Summit Private School(FL, USA) 책임교사 역임
현, 한국보육진흥원 평가인증국 국장

신윤승

연세대학교 아동가족학과(학사)
이화여자대학교 교육대학원 유아교육과(석사)
연세대학교 대학원 아동가족학 교육 전공 박사수료
연세대학교 어린이생활지도연구원 부원감 역임
연세대학교 직장보육 유진어린이집 원장 역임
현, 서경대학교 아동학과 초빙교수

보육교사론

1판 1쇄 발행 2016년 6월 10일
1판 2쇄 발행 2016년 8월 30일
1판 3쇄 발행 2017년 2월 25일
1판 4쇄 발행 2017년 7월 25일
1판 5쇄 발행 2018년 2월 10일
1판 6쇄 발행 2018년 8월 10일
1판 7쇄 발행 2019년 7월 30일
1판 8쇄 발행 2021년 2월 15일

저 자 | 신혜원 민성혜 김의향 신윤승
발 행 인 | 박철용
발 행 처 | 양서원
주 소 | 경기도 파주시 문발동 499-4 파주출판도시
전 화 | 031-955-8000(代)
팩 스 | 031-955-8005
홈페이지 | www.yswpub.co.kr
이 메 일 | yswgroup@naver.com
출판등록 | 1987년 11월 24일 제 406-2003-037 호

ISBN 978-89-994-0533-4

정가 19,000원